中国社会科学院创新工程学术出版资助项目
中国"一带一路"倡议研究丛书
总主编：金碚
丛书主编：杨世伟

U0671375

本书得到以下项目支持：四川省社科重点研究基地沱江流域高质量发展研究中心重大专项招标课题（TYZX2020-01）、中国攀西康养产业研究中心重点项目（PXKY-ZD-202005）、西部交通战略与区域发展研究中心一般项目（XJQ18003）、资源型城市发展研究中心重点项目（ZYZX-ZD-1703）、四川县域经济发展研究中心项目（xy2018027、xy2020074）、成渝地区双城经济圈科技创新与新经济研究中心项目、成都市软科学研究项目（2019-RK00-00181-ZF）、成都理工大学哲学社科研究基金项目（YJ2019-ZH002、YJ2019-JX004、YJ2017-JD003、2019-883）、地质灾害防治与环境保护国家重点实验室自主课题基金（SKLGP2015Z004）。

四川自贸区
践行"一带一路"倡议研究

黄　寰等著

Sichuan

Research on the Implementation of "One Belt One Road" Initiative in Sichuan Free Trade Area

经济管理出版社
ECONOMY & MANAGEMENT PUBLISHING HOUSE

图书在版编目（CIP）数据

四川自贸区践行"一带一路"倡议研究/ 黄寰等著 . —北京：经济管理出版社，2020. 5
ISBN 978-7-5096-7109-2

Ⅰ.①四…　Ⅱ.①黄…　Ⅲ.①自由贸易区—经济发展—研究—四川　Ⅳ.①F752. 8

中国版本图书馆 CIP 数据核字（2020）第 076945 号

组稿编辑：张永美
责任编辑：赵亚荣
责任印制：黄章平
责任校对：王淑卿

出版发行：经济管理出版社
　　　　　（北京市海淀区北蜂窝 8 号中雅大厦 A 座 11 层　100038）
网　　　址：www. E-mp. com. cn
电　　　话：(010) 51915602
印　　　刷：北京玺诚印务有限公司
经　　　销：新华书店
开　　　本：720mm×1000mm/16
印　　　张：13. 5
字　　　数：230 千字
版　　　次：2020 年 5 月第 1 版　　2020 年 5 月第 1 次印刷
书　　　号：ISBN 978-7-5096-7109-2
定　　　价：68. 00 元

前　言

　　"一带一路"倡议自启动建设至今,受到了沿线多国和地区的认可和赞扬。"一带一路"倡议以高瞻远瞩的方式协调国际和国内多向发展,标志着中国改革开放的新内涵,也开辟了区域经济新阶段,为欧亚大陆乃至整个世界的发展开辟了一条新的道路。"一带一路"倡议建设国以诚意与和平共处的原则对待其他国家,如一只和平鸽在天际展翅翱翔。"一带一路"建设是时代进步的必然趋势,符合各国的发展规律和利益导向原则,也是中国经济转型、平衡区域发展的推动力。"一带一路"倡议具有广阔的发展前景,实现了从概念到现实的美好转变。面对我国当前区域发展不均衡、不充分的经济环境,我们应更多地从区域协调发展、产业布局和对外贸易发展等方面着手,积极探索中国各地区践行"一带一路"倡议的科学道路。在具体实施"一带一路"建设时,要利用沿线国家的资源优势实现高效能的发展,同时也要考虑客观因素的限制,例如环境、地理位置、交通等,对产业及地理空间位置的非均衡特征和规律进行分析,充分考虑各地区具体的资源、经济、历史、空间等条件,实现均衡的区域增长和协调发展。

　　四川省位于"一带一路"与长江经济带交会处,地理位置优越。四川自贸区以内陆、城东和开溪为基地,服务全国,面向世界,是内陆开放战略支持与试点区、国际开放中心枢纽、内陆开放经济新高地。作为"一带一路"、西部大开发、长江经济带的重要支撑节点,四川自贸区面临着前所未有的机遇和挑战,有必要及时、清晰地回顾"一带一路"的发展现状和四川自贸区建设的现状,深化对四川自贸区与"一带一路"关系的思考,把四川自贸区纳入对外的"一带一路"建设与对内的长江经济带发展中,进而在研究"一带一路"倡议下四川自贸区的产业发展情况、对外贸易现状、建设情况、市场秩序的政府规制状况等基础上，促进四川自贸区产业的优化、四川自贸区与四川对外贸易的协调发展，为四川自贸区和"一带一路"倡议进一步建言献策，为推动四川自贸区经济增长方式转变、增强自贸区的国际地位和国际竞争力、加快四川形成"四向拓展，全域开放"立体全面开放新态势、提高地区竞争力和可持续发展能力提供参考。

目　录

1

"一带一路" 倡议概述

1.1 "一带一路" 倡议的背景及现状

1.1.1 "一带一路" 倡议的背景

近年来，世界经济增长速度缓慢，"二战"之后国际贸易形势发生了巨大的变化。随着科技的进步，贸易结构、运输方式、支付手段的变革带来了更多的机遇，尤其是步入21世纪后进入互联网时代，高新技术产品已成为贸易的主流，国际贸易的发展形成了发展知识的动机，交易的对象也在不断发展。交易方式网络化，并且发达国家发展迅速，形成经济片区合作模式。但与此同时，新的国际贸易保护主义抬头，出现了一些发达国家的贸易壁垒化、垄断化严重等特征。如何结合自身实际情况，发展合作共赢的新经济模式是中国必须直面的问题。2013年，在受经济危机影响的情况下，我国经济仍保持较高的增速，并成功跃升为世界第一大货物贸易国。为了持续稳健的发展，构建稳定的国际贸易模式，习近平总书记访问哈萨克斯坦和印度尼西亚时，提出了一项新的计划，打破现有的合作模式，即"丝绸之路经济带"和"21世纪海上丝绸之路"。随后，国家发展和改革委员会、外交部和商务部联合发布了《促进丝绸之路经济带和21世纪海上丝绸之路建设的愿景和行动》，阐述了"一带一路"倡议的发展原则，其中包括共建原则、框架思想、合作优先事项和合作机制等。

"一带一路"倡议是运用东方智慧指引中国与世界共同发展的计划。在这一倡议里，没有国别大小之分，没有发展阶段等带有歧视色彩的指标，表明我国是希望建立一个共同发展的大舞台,每个参与"一带一路"建设的国家都能够在舞台上找到属于本国的角色,发挥本国具有的比较优势,共同投身于经济建设的浪潮中,最终推动全球经济稳定、健康、有序发展,达到共赢局面。同时,"一带一路"倡议能实现世界人民寻求和平与发展的梦想。因此,"一带一路"倡议自推出以来受到了各国领导人的认可和大力支持。"一带一路"倡议也是中国发展海洋事务、发展周边和西部地区的伟大倡议,更可借此百年难遇的机会,加强我国对外开放的程度,释放经济发展的活力,做强做大国际贸易。

在新时代西部大开发的进一步发展中,四川正在诠释其战略地位对世界、中国和西部地区的重要性,并积极融入"一带一路"建设。同时,随着四川自贸区建设的深入推进,以及"蓉欧+"战略的不断延伸,四川与"一带一路"建设越来越紧密地联系在一起,体现了四川在"一带一路"建设中推动"丝绸之路"发展的重要地位。

1.1.2 "一带一路"倡议的发展现状

自 2013 年 9 月提出"一带一路"倡议以来,中国与亚欧、非洲、拉美、南太等地区 125 个国家 29 个国际组织形成广泛的国际合作共识,政策沟通良好,2016 年,联合国 193 个会员国呼吁国际社会共建"一带一路"经济合作倡议,并于 2017 年一致通过这一决议,截至 2019 年 3 月底中国与各国共签订 173 份战略合作文件。基础设施建设方面,搭建了铁路、公路、航运、航空、管道、空间等多方位、多层次的设施网络,进一步促进资源要素有序流动和配置,国际经济合作走廊和通道的建设对亚欧市场的高效交流起到了重要作用。与此同时,新亚欧大陆经济走廊、中俄蒙经济走廊、中国—中亚—西亚经济走廊、中国—中南半岛经济走廊、中巴经济走廊、孟中印缅经济走廊等的合作布局逐步形成,基础设施互联互通水平的提升深化了各地区在多领域的对接合作。2018 年底,中欧班列累计开行 1.3 万列次,覆盖 16 个国家及 108 个城市,运输货物 110 万标准箱。与 15 个沿线国家签署了 18 个双多边国际公路运输便利化协定,与 47 个沿线国家签署了 38 个双边和区域海运协定,与 126 个国家签署了双边政府间航空运输协定。

经过 5 年的发展,"一带一路"贸易规模不断扩大、自由贸易便利化水平不断提升,中国设立了 12 个自由贸易试验区,2013~2018 年中国对"一带一路"沿线国家直接投资超过 900 亿美元,工程营业额超过 4000 亿美元,进出口总额超过 6 万亿美元，占总贸易额的 27.4%。"一带一路"是一条以和平、繁荣、开放、绿色、创新、文明为愿景的全球发展路径，坚持共商共建共享原则，着力构建全球范围的互联互通伙伴，如今参与"一带一路"倡议的伙伴越来越多，合作质量越来越好。2019 年第二届"一带一路"国际合作高峰会议受到了世界的瞩目，有涵盖五大洲的 150 个国家、90 多个国际组织的 37 位国家元首和近 5000 位外宾出席论坛，达成了 283 项成果，签署了 640 多亿美元的项目合作协议。

1.2 "一带一路"倡议的内涵与意义

1.2.1 "一带一路"倡议的内涵

"一带一路"是通向和平与友谊的道路，增强了对信任的理解，加强了全面沟通。"一带一路"倡议带来的意义深远，是面对世界政治格局变动对中国全面围堵和国内经济增速放缓情况下，和平崛起的路径和贸易规则的重构，是一个多维构建、多层面的交流系统和贸易系统。"一带一路"倡议包含了以下内容：以和平崛起为基础建立良好的国际政治沟通渠道，巩固中国的国际地位、加强国家安全；建立相关基础设施让要素流动畅通，并加强紧密的合作共同维护运输通道；在基础设施和政策稳定的条件下，以发展贸易为重点，挖掘贸易的增长点，消除贸易壁垒，优势互补打造双赢的合作机制；资金方面通过加强合作为"一带一路"倡议提供重要保证和支撑，深化改革，加强金融合作，引导建设重点项目。自提出"一带一路"倡议以来，中国在国际上的影响力不断加强，受到沿线国家的极大呼应，联合国安理会决议中也呼吁各国推进"一带一路"的建设。"一带一路"倡议不仅仅是简单的国与国之间、国与地区之间、地区与地区之间的物理连接，还有助于建立金融、贸易合作及文化交流平台，通过这个新的平台把中国和世界众多地区和国家紧密联系起来，促进世界大家庭欣欣向荣。在党的十九大报告中，习总书记建议把重点放在"一带一路"倡议的提案上。鼓励企业实施"走出去"和"引进来"的发展思路，遵循合作、共建、共享的原则，增强合作创新能力，不断优化区域的开放布局，促进创新开放与合作，着力发展内外联系，扩大西部地区的范围和开放程度，形成东部和西部互补发展的新经济格局，更大程度赋予自由贸易试验区改革自主权，探索自由贸易港口的建设。

近年来，四川外向型经济得到较快发展，对我国内陆地区发展国际贸易起着至关重要的带头作用。特别是成都地区，不仅是四川发展的"领头羊"，甚至对整个西部地区来说，成都经济发展模式都有着很好的借鉴作用。在"一带一路"倡议的背景下，四川应积极承担责任，深入参与建设，全面提升国际竞争力，加快产业现代化建设，实现经济创新和维护市场秩序。对四川国际贸易格局的研究，能够更好地把握四川对外贸易的趋势，为进一步探索四川的发展方向和途径打下坚实的基础，充分发挥四川优势特色，率先开放创新。

自贸区的建设能够为对外开放、经济体系改革、国际贸易和投资、企业的发展等方面提供无法衡量的经验，当前中国深化经济结构调整的重要国策之一是中国自由贸易区（Free Trade Area）的建设。作为西部大开发战略的基础，四川省位于"一带一路"和长江经济带的交会处，作为贸易开放前沿的排头，必然成为连接西南和西北的重要交通枢纽，对外连接中亚、南亚和东南亚地区。因此，政府和有关部门要高度重视四川自贸区的发展，需要有关部门在当前的国际贸易格局下，结合其他国内外自贸区的相关经验；抓住机遇，迎接挑战，推进贸易便利化。

1.2.2 "一带一路"倡议的意义

1.2.2.1 有助于实现贸易的多元化发展

经过40多年改革开放的发展，中国的经济增长世界瞩目，中国民族稳定、政治友好、人民安居，已成为世界公认的主要贸易国。但是，要想发展成为贸易大国，还有很长的路要走（见表1-1）。中国近几年的出口贸易重点集中在亚洲（特别是日本）、欧洲（尤其是德国）及北美洲（主要集中在美国）地区。这种情况下，极有可能导致对进口国的依赖，进口国政策的变化对中国的出口产生重大影响。而"一带一路"倡议的建设能有效增强中国与"一带一路"沿线经济体的贸易往来，便于缓解中国的出口压力，调整出口结构，使中国的贸易结构更加科学合理。

表 1-1 中国分地区出口情况

出口地区	出口总额（万美元）				所占比例（%）			
	2014 年	2015 年	2016 年	2017 年	2014 年	2015 年	2016 年	2017 年
亚洲	118838071	114009975	687125244	109634007	51	50	50	48
非洲	10603475	10854050	60805116	9471762	5	5	4	4
欧洲	43882482	40324061	257280321	42897540	19	18	19	19
拉丁美洲	13622356	13209660	75151157	13081617	6	6	5	6
北美洲	42625673	43900170	272459319	46124082	18	19	20	20
大洋洲太平洋群岛	4657213	5048906	31371764	5126407	1	2	2	2

资料来源：《中国统计年鉴》。

1.2.2.2 有助于展现我国和平发展的诚意

中国的快速崛起使一些国家和地区认为中国将威胁世界，国际上关于"中国威胁论"的观点也是众说纷纭。而中国的"一带一路"倡议是在向世界各国展示具有东方智慧的建设计划，并向世界各国和地区展示国家的态度。中国将主动承担大国责任，发挥大国力量，为促进世界发展贡献一分力量。

1.2.2.3 有助于释放西部发展潜力

我国的对外开放采取的是先开放沿海一带，然后扩展到东部区域，最后向中西部推进的建设思路。改革开放 40 多年来对外贸易的快速发展导致东部地区与中西部地区的差距进一步扩大，实施"一带一路"建设有助于改变中国的发展重点，将经济发展从东部向中国各地区过渡，带动中西部地区的经济发展。

1.3 "一带一路"倡议的研究现状

1.3.1 国外学者的研究现状

从 2013 年"一带一路"倡议提出以来，国外学者对"一带一路"的研究数量逐渐增加。这些研究大多数在肯定"一带一路"为沿线国家带来发展机遇的同时，集中讨论"一带一路"带来的高风险性、不透明性和不确定性。世界银行集团华盛顿分行的专项课题组长 Michele Ruta 及他的同事们在其撰写的 *Belt and Road Economics：Opportunities and Risks of Transport Corridors*[①] 一书中指出，"一带一路"能够为沿线国家带来极大的发展机遇，但前提是中国及沿线国家进一步深化改革开放，提高"一带一路"建设中政策的透明性，并且改善债务的可持续性。Nature（2019）[②] 在其 2019 年 5 月 2 日发表的社论中指出，"一带一路"倡议不光提供经济上的发展机遇，同样在其他很多方面为沿线国家带来机遇。例如，中国在巴基斯坦提供的带有奖学金的博士学位从每年 7000 个增加到 20000 个。Herrero 和 Xu（2017）[③] 针对"一带一路"倡议对欧洲的影响做出研究，他们指出，就目前形势而言，"一带一路"倡议所导致的中欧之间运输成本的降低使大多数欧洲国家特别是欧洲内陆国家受益，但同时他们也提到，如果中国在"一带一路"区域内建立自由贸易区，那么相较于亚洲国家，欧盟成员受益会更小。上述学者、组织都在一定程度上肯定了"一带一路"倡议，但是同时也提出了自己的担心。另一些学者则是更多地持反对态度。如 Abdur Rehman Shah（2019）[④] 指出，中国在巴基斯坦、斯里兰卡和很多"一带一路"沿线国家的项目中，完全无视经济上和政策上的可行性，因此得出"一带一路"倡议有致命缺陷的结论。Jabin T. Jacob（2017）[⑤] 同样支持该观点，并指出"一带一路"沿线国家对中国的债务可能达到其 GDP 总额的 2/3。Siu Ricardo（2019）[⑥] 同样指出，"一带一路"的高速扩张带来的巨额债务正在向世界添加一种独特的不确定性。与此同时，也有学者担心中国在为"一带一路"沿线国家制造债务陷阱，最终目的是控制这些国家境内的能

① Ruta M., Dappe M. H., Zhang C., et al. Belt and Road Economics：Opportunities and Risks of Transport Corridors［R］. World Bank，2019.

② Nature. Build a Sustainable Belt and Road［J］. Nature，2019，569（7754）：5.

③ Herrero A. G., Xu J. China's Belt and Road Initiative：Can Europe Expect Trade Gains?［J］. China & World Economy，2017，25（6）：84-99.

④ Shah A. R. China's Belt and Road Initiative：The Way to the Modern Silk Road and the Perils of Overdependence［J］. Asian Survey，2019，59（3）：407-428.

⑤ Jacob J. T. China's Belt and Road Initiative：Perspectives from India［J］. China & World Economy，2017，25（5）：78-100.

⑥ Siu R. C. S. China's Belt and Road Initiative：Reducing or Increasing the World Uncertainties?［J］. Journal of Economic Issues，2019，53（2）：571-578.

源。例如，Tirmizi 和 Masooma（2017）[1] 表示，如果中国在明知巴基斯坦无力偿还债务的情况下依然提供贷款，那么是否可以理解为中国可能在以后要求巴基斯坦用能源进行偿还。

国外一些学者对"一带一路"抱有疑虑，认为其目的不明朗，把目标设定得太大就造成了极大的风险，这种风险不仅仅是倡议本身的难度，更是经济带中涉及的相应敏感地区的政治安全风险。同时，他们也对中国是否在制造债务陷阱，以达到控制别国关键领域的目的持怀疑态度。不过，随着"一带一路"倡议的参与国越来越多，多数学者对"一带一路"持赞同态度，甚至有学者针对中美在"一带一路"中的博弈提出了建设性意见。Scobell 等（2018）[2] 提出，中美合作可能是最有利于世界的发展方式。这一良好势头体现了我国"一带一路"政策正得到越来越多人的支持。

1.3.2　国内学者的研究现状

国外学者对于"一带一路"的研究主要关于其意图、政治倾向、发展前景等，相比之下，中国学者对"一带一路"的研究成果更为多元化，主要从文化、历史、经济、地理等多方面分析其提出的意义、历史机遇、面临的挑战、对贸易格局的影响、国家安全、区域经济合作等。李丹（2019）[3] 认为，当前全球化的发展不能仅仅建立在金融业的无限扩张上，而应该大力发展实体经济和制造业，但前提是基础设施的互联互通，否则难以保障制造业健康发展，实现全球化。因此，该学者认为"一带一路"倡议的提出体现了中国对推动全球化的探索及作用，以自身和平崛起之路作为模板为沿线国家提供转型机遇，带动沿线国家的经济，以新兴机制引领全球化，搭建人类命运共同体平台。沈铭辉（2019）[4] 从贸易成本的角度分析了"一带一路"的基础设施互联互通有助于降低贸易成本，能够进一步开放国内市场，增加沿线国家对中国产品和服务的需求。在"一带一路"形成全球一体化

①　Tirmizi F. , Masooma S. Pakistan's Next Economic Crisis ［J］. Pakistan Today, 2017（20）.

②　Scobell A. , Lin B. , Shatz H. J. , et al. At the Dawn of Belt and Road：China in the Developing World ［M］. Santa Monica：Rand Corporation, 2018.

③　李丹．"一带一路"：构建人类命运共同体的实践探索 ［J］. 南开学报（哲学社会科学版），2019（1）：136-145.

④　沈铭辉．"一带一路"、贸易成本与新型国际发展合作——构建区域经济发展条件的视角 ［J］. 外交评论（外交学院学报），2019, 36（2）：1-28.

的背景之下，张国庆和杨驰（2018）① 认为，形成大市场要依托沿线经济体建自由贸易区，但中国仍需进一步与沿线经济体加强合作，寻找利益汇合点，自贸区与海外市场的对接存在的挑战要进一步解决。陈宏和程健（2019）② 认为，"一带一路"与自贸区要实现协同对接，前者为后者的建设起统领作用，后者是前者建设的重要节点，两者有效的统筹协调机制能共同提升中国对外开放水平。

国内学者对"一带一路"倡议下中国对外贸易格局的研究主要是针对现状、"一带一路"对国际贸易的影响及"一带一路"对贸易格局的影响。例如，董红和林慧慧（2015）③ 在"一带一路"倡议下中国外贸格局变化和贸易摩擦预防的背景下，讨论了"一带一路"倡议对中国贸易格局的影响。郑蕾等（2015）④ 分析论述了"一带一路"倡议对西部地区贸易格局的影响。目前，对四川在"一带一路"倡议方面的研究较少，大多是与"一带一路"倡议有关的政策解读或者是相关新闻事件的描述，现有的研究方向主要集中在以下几方面。挑战与机遇方面，如车文斌和衡浩钰（2015）⑤ 提到，四川交汇丝绸之路经济带和长江经济带，可充分利用桥梁和纽带的重要作用，把握机会，促进四川外贸经济的快速发展，巩固四川在西部大开发中的"领头羊"地位，引领带动西部其他地区发展；交通运输方面，如彭茂和欧俊兰（2016）⑥ 提到，四川要充分利用"蓉欧铁路"和中亚货运班列的优势，构建更加开放、合理的多式联运体系。

有关四川贸易格局的研究文献主要是针对某个行业贸易格局的现状、机遇及存在的问题进行论述。例如，朱英和赵国壮（2011）⑦ 全面分析了糖

① 张国庆，杨驰."一带一路"及自由贸易区协调发展研究——基于主题基金的视角［J］.企业经济，2018，37（9）：35-41.

② 陈宏，程健."一带一路"建设与中国自贸区战略协同对接的思考［J］.当代经济管理，2019，41（1）：62-66.

③ 董红，林慧慧."一带一路"战略下我国对外贸易格局变化及贸易摩擦防范［J］.中国流通经济，2015，29（5）：119-124.

④ 郑蕾，宋周莺，刘卫东，刘毅.中国西部地区贸易格局与贸易结构分析［J］.地理研究，2015，34（1）：1933-1942.

⑤ 车文斌，衡浩钰.在"一带一路"战略中抢抓四川机遇　专访四川省政协副秘书长、九三学社四川省委副主委沈光明［J］.当代县域经济，2015（6）：17-20.

⑥ 彭茂，欧俊兰."一带一路"背景下四川省多式联运体系构建［J］.商业经济研究，2016（3）：210-211.

⑦ 朱英，赵国壮.试论四川沱江流域的糖品流动（1900-1949）［J］.安徽史学，2011（2）：70-77.

品流动对四川省贸易格局的影响。方虹和杜萌（2013）[①] 以当前多变的全球贸易格局为出发点，分析上海自贸区成立的重要性，并结合实际对上海自贸区接下来的发展提出了几点建议。曾静（2016）[②] 对中国首批自由贸易区的对外贸易数据进行了对比分析，突出了自由贸易区对中国对外贸易的重要性，并提出了目前存在的问题及相应的建议。

1.3.3 研究存在的不足

目前，在区域对象上对四川有关"一带一路"倡议方面的研究还较少，大多都是对"一带一路"倡议有关政策的解读或者是相关新闻事件的描述，关于自由贸易区如何通过"一带一路"倡议更好地建设和发挥作用的研究仍有待深化。自贸区的建设如何与"一带一路"倡议进行对接，如何以自贸区为平台增进国际经贸合作，如何形成合力打开国际市场、促进中国进一步开放，还需要进一步对各自贸区进行功能定位划分，挖掘自身优势培育产业发展，促进市场要素流动，进一步明确自贸区之间的互联互通，实现高效率、一体化的协同发展。

---

① 方虹，杜萌.国际贸易新格局中上海自贸区发展的思考［J］.北京财贸职业学院学报，2013，29（6）：34-38.
② 曾静."一带一路"形势下我国对外贸易面临的障碍与对策［J］.中国商论，2016（10）：123-125.

2

四川自贸区建设相关概述

2.1　自由贸易区定义与发展历程

自由贸易区是人为划定的特定区域，在主权国家或地区的关税区域之外划定，允许外国产品免征关税，并可自由进出。自由贸易区的类型有广义自由贸易区和狭义自由贸易区两种。

2.1.1　广义自贸区

自由贸易区是指两个及两个以上的国家（或地区），以签署某种条约或协定的方式，降低对方国家货物的市场准入或取消对其征收关税。自由贸易区是一个能实现贸易和投资自由化的组织。自 1990 年以来，自由贸易区的数量一直在增加，范围不断扩大，功能也变得更加一体化。全球各式各类的自贸（港）区有 1000 多个，各国不仅积极同邻国缔结贸易自由化协定，还热衷于跨区域经贸活动，并签署了大量跨区域贸易自由协议。根据世界贸易组织网站的统计数据，截至 2015 年底，世界上有效贸易协定的数量达到 265 个，其中，有关商品和服务贸易额的协定为 127 个，约占 50%。广义上的自由贸易区，如中澳自由贸易区、中国—新加坡自由贸易区和中韩自由贸易区。

2.1.2　狭义自贸区

自由贸易区是该国主权规划的一个特定领域，位于该国的关税区之外。它对进入该区域的外国货物取消关税并自由进出，拥有着比其他组织更优惠的规定。商务部将自由贸易园区描述如下：某一国家（或地区）可以在其领域内指定一块区域，在区内采取更自由化的管理及更优厚的政策，有的国家还将其称为自由港。典型的自由贸易园区，如中国的上海自贸区、广东自由贸易区、天津保税区和福建保税区。

2.1.3 国际自贸区的发展历程

1975 年，全世界有 25 个国家拥有自己的自贸区，到了 1997 年，自贸区的数量增加到了 93 个，然而在 2007 年的时候，数量增长到了惊人的 2700 个，多达 6300 万个工作岗位由它们提供。自由贸易区起源于自由港，是 2000 多年前亚历山大大帝为商人提供保护，在提尔建立自由港来吸引世界贸易使其繁荣昌盛，收到了不俗的效果。在漫长的历史道路上，自由港形态不断演变，概念已经发生了巨大的改变，在近十几年乃至几十年，出口导向型的外商将自由贸易港作为其直接投资的政治工具，在国家一级，自由贸易区也越来越受发达国家和发展中国家的喜爱。自贸区虽数量繁多，种类多样，但都有一些类似的基本模式和功能。经过东亚、非洲、拉丁美洲的发展中国家的实践中得出自由贸易区的概念，得出它的建立主要是为了大力促进发展中国家的经济建设以及经济增长。经过大量研究，总结出自由贸易区可分为以下八大类，即税务仓库区、经济开发区、保险自由区、自由贸易区、银行自由区、自由港、免费运输区、出口加工区。

传统古典自由港由第二次世界大战前 19 世纪初开始发展，欧洲和大量地中海沿岸国家是自由港贸易的萌芽之地，在那段时间，自由贸易港口几乎成为了欧洲主要国家的标配，威尼斯自由港、哥本哈根自由港、汉堡港都成为了商人们耳熟能详的名字。其中，汉堡港最为经典，从建立之初严重挑战了当时德意志关税同盟，到经过长达 60 余载的坚守，在自由贸易史上占有一席之地，享有与现代自由贸易区类似的权利：进口、出口、加工生产、转运、关税豁免等一系列优惠政策。到 19 世纪末，世界上有 11 个自由贸易区，其中 7 个在欧洲，而亚洲只有 4 个。20 世纪初，除亚洲和欧洲外，其他地区的国家对自由贸易区的概念了解缓慢，类型没有多样化，主要基于对外贸易和转口贸易。直到 20 世纪 20 年代，其他地区才逐渐树立了自由贸易区的理念，并且意识到了自由贸易区的巨大潜在利益，这使自由贸易区在国际范围内萌芽。

1940~1960 年，自由贸易区在欧洲市场蓬勃发展。爱尔兰政府希望利用航空港带动整个香农地区的经济，此举获得巨大的成功，像一只巨手将北美企业送进了欧洲市场。这是利用自由贸易区推动当地经济发展的典型成功案例。

同一时期，港口自由贸易区在其他地区也开始发展，特别是亚洲地区的发展中国家。到 1970 年，自由贸易区在全世界蓬勃发展。十年间，世界范围内自由贸易区的数量暴增到 307 个，包括非洲、中南美洲、中东这些不曾注重自由贸易区的地区也建立了许多自贸区，其功能分类如表 2-1 所示。到了 20 世纪末，欧洲已经不再是自贸区的主要发展之地，大量的自贸区在发展中国家及美国生根发芽，截至 2011 年，美国自贸区已经达到 230 个（不包括 400 个分区）。

表 2-1　世界自贸区功能和分类

类型	出现地区	代表地区	作用或特点
自由港	欧洲等地区	意大利	大部分商品免税、转口贸易
转口集散	欧洲大部分	巴塞罗那、科隆	集散、转运、分拨
贸工综合	发展中国家	中国	出口加工、转口贸易、加工装配等
出口加工	亚太	中国台湾、菲律宾	加工为主、转口贸易、仓储运输
保税仓储	欧亚非洲	荷兰、意大利	保税为主、免缴进口税、运输再包装
商业零售	南美洲等	智利	从事商品展览和零售
自由边境	亚洲、北美洲	墨西哥	免关税
金融自由	中东等	阿拉伯联合酋长国	货物自由流动且免税，提供金融服务

自由贸易区经历了三个发展阶段，其功能在发展过程中经历了一些变化。在国际上，大型著名的自贸区都以转口贸易和区间加工作为其核心功能。现在大致可以将自贸区的作用划分为两类，一类是基本功能，主要为实体货物方面，如货物进出口、区内加工、转口贸易；另一类是扩展功能，主要为虚拟服务类方向，如保险、金融、商贸等。其改变主要在于，首先，从单一的商品货物的实体贸易慢慢向既有实体又有服务类虚拟的多种贸易类别转变，并且两者当中更偏向于发展服务类贸易。其次，从仅仅利用自贸区基本优势来进行贸易，渐渐转变到发现其投资功能，达到贸易与投资并驾齐驱，而且开始注重离岸业务，与国际接轨。

2.1.4　国内自贸区的发展历程

2013 年，即上海成为中国首个自贸区后，上海作为保税区的同时，担任了实验区的重担。经过第一批自贸区不断的发展探索，包括广东、天津和福建在内的第二批国内自贸区为国民经济提供了强有力的推动力。

2016年，在广东自贸区建立一年之际，有两大创新举措入选了四大自贸区试验区的"最佳实践案例"之列，分别是跨境电商模式和政府智能化监管模式，而且有多达27项创新举措在全省范围内宣传普及应用。相比广州自贸区，福建自贸区的发展更是"一发不可收拾"，在自贸区内，重点试验任务已经实施145项，且有41项正在跟进，共计160项创新举措已经得到落地实施，在百余项创新举措中更有63项被国际著名的评估机构评为全国首创，2015年6月该举措推向全省；10月，该省实施了"一照和一码"。而新方案推行之后则改变为只需要一本证，三证合一，且号码也全部合并变成"社会信用代码"，这项措施也是以福建保税区的实施为基础的。这个改变，使设立企业在时间上有了质的飞跃，由之前的近一个月提速到了最快只需要一天。

厦门自贸区同样获得不菲的成果，主要体现在城乡规划上，将总体发展规划24个小项目整合到了4个大项目，大大减轻了审批的压力，简化了审批的流程，同时对各项目的审查更加直观、更具有可控性。

更便利的是，在这三大自贸区内设立了综合服务大厅，可以在区内独立完成80%以上的省级行政许可事项（共253项），大部分地区的解决方案已基本成为现实，自由贸易区具有小但完整的特点。

自由贸易区的各种优势吸引了大量的合资、外资企业。截至2015年12月31日，区内新加入企业共计13566户，与同期相比增长5.46倍；注册资本2807.17亿元，增长14.16倍。

2016年，国内第一批和第二批共四个自贸区税收收入超过4000万元，远远高于同期全国税收增速。税收情况可用于检验自由贸易区的发展。如今，四大国内自贸区高新产业居多，该方面产业发展迅速、收益高，自贸区发展的同时也带动了城市周边的经济。通过官方调查得知，自贸区当下及未来倾向金融、商务服务等行业。凭借上海国际金融中心的优势，上海自贸区从事金融业务、光学金融业的税收占税收总额的40%。"术业有专攻"，广州自贸区则把重心放在法律、知识产权等内容的租赁上，其商务服务业发展也非常迅速，年报统计相关税收占总税收的23.6%。综观全国，服务业受到各大自贸区的青睐，服务行业税收比例几乎达到90%，远比全国平均税收水平要高，清晰地说明了自贸区发展的方向。如今，传统制造业发展受限，全国制造业税收情况不容乐观，这也是导致中国经济下行压力增大的原因之一。整体来看，高端制造业在自贸区内均表现不俗，税收增长率起到领跑的作用。尤其是在汽车、船舶、航空航天和其他运输设备的制造方面，特种专用设备制造业三大行业创造的税收收入同比分别增长44%、42.8%和15%。其中，运输制造税收情况高于全国同比增速的48%，为三大行业之首。"互联网+"是当前炙手可热的朝阳产业。在自贸区，几乎任何业务都离不开"互联网+"的范畴。2015年，互联网相关行业和信息技术行业的税收与上年相比分别增长了65%和53%，令国内其他地区同行业望尘莫及。特别是在深圳附近，借助了改革开放的早期政策，积累了软件开发大量的经验、人才，使广东自贸区在这两个行业的发展更是一发不可收拾，税收分别达到上年同期的4.7倍和3.9倍。不仅是信息技术方面，自贸区的特色金融、科学研究和技术服务业也发展迅猛，两个行业税收与上年相比分别增长六成和近四成，可以看出影响力重心逐渐转移，自由贸易区对区域经济的影响力需受到重视。管理方案的改变、业务的优化、良好的区内企业生存环境，使外资企业蜂拥而至。在产业转型、政策优化、扩大开放三大利好的帮助下，2016年，国内两批自贸区的经济发展速度之快令人瞠目结舌，其他各地区与自贸区相比不可望其项背。

2017年3月11日，在四川、陕西等省份建立了七个新的国内自由贸易试验区，公布了七个关于自贸区建设的总体方案。这是为了在更大范围推行对外开放，形成我国"1+3+7"共计11个自贸区的对外开放格局。2018年10月16日，国务院批复同意海南省全省成为自贸区；2019年8月26日，又印发了山东、江苏、广西、河北、云南和黑龙江的自贸区总体方案，从而形成了"1+3+7+1+6"的中国自贸区发展新格局。

2.2 四川自贸区的建立背景、意义与现状

2.2.1 四川自贸区的建立背景

2.2.1.1 四川自贸区简介

四川自贸区于2017年3月获批，成为中国第三批自由贸易区的成员。四川自贸区分天府新区、青白江铁路港和川南临港三个片区。成都地区的自由贸易区已于2016年11月正式完工，2017年4月开始投入正式运营。

2.2.1.2 四川自贸区的地域空间

2017 年 3 月，国务院发布了关于建立四川自由贸易试验区的通知，表明这是党中央、国务院关于促进西部地区经济发展的重大决策。这一决策是在新形势下深化改革、扩大开放的重大举措，能有效地促进西部和长江经济带发展。四川自由贸易试验区目前有三个不同的区域，总面积为 119.99 平方千米，分别坐落于成都和泸州两个城市，成都作为四川省的省会，天府新区片区和成都青白江铁路港区占地 100 平方千米。其中成都天府新区规划面积 90.32 平方千米，青白江铁路港区规划面积 9.68 平方千米。

不同的规划片区重点发展的产业是不同的。中国（四川）自由贸易区成都天府新区重点发展现代服务业、高端制造业、高科技、航空经济和港口服务、高科技产业集群的建设、创新带动产业升级的准备、金融业的创新开放、国际贸易物流中心和国际航空中心的创造，为西部建设开放高地的新门户提供保障。中国（四川）自由贸易区成都青白江地区重点发展国际货物贸易、物流仓储、国际货运代理、专项资金和其他港口服务、技术服务、展览服务等。它是西部国际贸易走廊建设和丝绸之路经济带的重要支点。中国（四川）自由贸易区的重点是发展航运物流、港口贸易、教育和医疗等现代服务业，以及现代医药、保健食品饮料等先进的现代高端制造业与特色产业。已建设成为重要的区域综合交通枢纽和成渝城市群的南部，是云南和贵州的重要门户。

2.2.2 四川自贸区现状

2017 年 3 月 15 日，国务院发布了自由贸易试验区总体规划，标志着四川自贸区正式启动。这项规划给四川省经济发展带来了全新的发展机遇和挑战。目前初步来说，四川自贸区规划区面积近 120 平方千米，主要集中在成都（90.32 平方千米）、成都青白江铁路港区（9.68 平方千米）和四川临港南区（19.99 平方千米）三个地区。四川自贸区将努力建设成为四川省发展的动力，通过 3~5 年的建设推动四川省乃至中西部地区的发展，将国际贸易和投资规则的试验领域联系起来，建立新的内陆开放式经济改革体系，成为探索欧盟和中国贸易自由化的先行者，成为全球创新要素的聚集地。

四川自贸区挂牌后始终以制度创新为核心，中央赋予的改革试验实施率超过95%，到 2019 年，有 49 项经验案例上报国务院部际联席会议室办公室，"首证通"行政审批改革被中央改革办在全国推广，"企业开办小时清单制"被国务院办公厅通报表扬,"知识产权案件快审机制"作为全创经验被国务院发文推广。"中欧班列集拼集运"、"机场+高铁"多式联运模式等四个案例获"2018 中国自贸试验区'十大新闻''十大创新成果'"。"公证'最多跑一次'""生产企业出口退税服务前置模式"等有望在全国推广。其中,四川自贸区有多个全国首创,例如设置了多式联运"一单制"、"集拼集运"、"首证通"、"企业投资项目承诺制"、"企业开半小时清单制"等全国首创项目。赋予了铁路运单物权属性,解决了铁路运单原本不能作为提货时的唯一凭证,无法质押获得融资的瓶颈问题。截至 2019 年 2 月底,四川自贸区实行的"一单到底+一票结算""一次委托+一口报价""全程控货+金融创新"模式共签发提单 1200 余项,不仅实现了对货物运输全过程的控制,更有效解决了运输方式的各类难题,同时满足了金融机构对国际结算资金的风控要求。"集拼集运"缩短了以往等待集装箱的集货时间,创新了中欧班列运营组织和海关监管模式,实现了中欧班列内外贸货物同列混载、空重互换、甩挂重组等创新模式,提高了集装箱的利用率,降低了 8% 的开行成本,提升了 10% 以上的班列重载率。①

2.2.2.1 四川自贸区的功能划分

四川省自由贸易试验区分为成都、泸州两个部分,包括三个主要区域:最大的区域位于成都天府新区,面积约 90 平方千米,还有成都青白江铁路港区和四川临港南园。三个片区总计 119.99 平方千米。天府新区按功能划分,重点推动高端制造业、服务业、高科技、港口服务等行业的发展。把现代高端产业集群建设放在前列,努力创新,推动领先领域,开放金融产业创新平台,促进贸易物流枢纽和国际航空中心的发展。建立西部门户城市开放高地。青白江铁路港区重点建设国际物流配送中心,重点建设货物转运、检验演习、保税物流和仓储、国际货物代运、车辆运输进口、专门的金融服务,如港口服务和科学技术、信息和展览等一系列服务。在中国内蒙古自治区建设丝绸之路经济带西进国际贸易通道的重要支点;四川南部的港口连接区域产业主要集中在包括先进制造业和当代医药、设备制造和食品饮料等独特行业在内的港口贸易、航运物流、教育和医疗服务等各项领域。它将建设区域核心综合交通枢纽,成为成渝城市群开放的重要枢纽。以海关的监管方式作为区分,自贸区的特别海关监管区核心研究以贸

---

① 资料来源:四川广播电视台。

易便捷性为核心的制度化改革，增加保税物流、保税加工和保税服务等服务；非海关特殊监管区域则以金融、探索投资、创新创业等方面为创新要点，改进事中事后的监管，大力建造高端制造业和现代服务业。

2.2.2.2 四川自贸区贸易稳步增长

自 2017 年 3 月四川自贸区设立以来，经过创新探索和借鉴以往自由贸易区建设的经验，四川自贸区政策创新稳步前行，创新红利逐渐释放，区内活力积极迸发，实现了奠基性建设开局。这不仅可以促进开放型经济增长，还可以促进思想观念、发展观念、体制机制、政府服务和法治环境等创新发展，带来强大的学习效果、开放性和竞争效应及新的模式，四川省综合开放格局正在加快。

2.2.2.3 区内企业注册量陡增

2017 年 4 月，四川自贸区正式启动，一个月后，新注册的公司就有将近 2000 家，吸收到的资本达 306 亿元，三个月后，新注册的企业共计 7608 家，注册资本达到 1025 亿元。对外贸易总额从 2017 年 1 月的 317.11 亿元增加到 6 月的 430.36 亿元。到了 10 月末，新设立的企业共 16945 家，注册资本 2409 亿元，来川落户的世界 500 强企业有 330 家，入驻基金 160 余家。全年实现新增注册企业 2.2 万家，其中外资企业 211 家，注册总资本达 3100 亿元，占全省总数的 1/3。中国银行等大型机构相继设立自贸区支行等金融机构，自贸区入驻金融持牌机构近 300 家四川省商务厅公布的数据显示，截至 2018 年 4 月，自贸区内累计新增企业 3.4 万家，注册资本突破 4000 亿元，累计新设外资企业 300 余家。由此可见"天府之国"的吸引力之大，也更加说明了四川自贸区建设的必要性。

2.2.2.4 所在城市贸易总量一改颓势

在经济不景气的背景下，对外贸易也受到一定程度的影响，2015 年和 2016 年都出现了下降的情况，四川自贸区的建立拉动了四川对外贸易的发展，为此增添新的活力。根据图 2-1 中的数据，2017 年成都市进出口贸易总额为 5883283 万美元。相比 2016 年增长了 43.4%，一改 2015 年和 2016 年的颓势；泸州市 2017 年的全年贸易总额达到了 207910 万美元，相比 2016 年急剧增长 56.3%，改变了先前贸易量平平的态势。成都和泸州这样巨大的改变，正是 2017 年 3 月四川自贸区的建立所带来的。

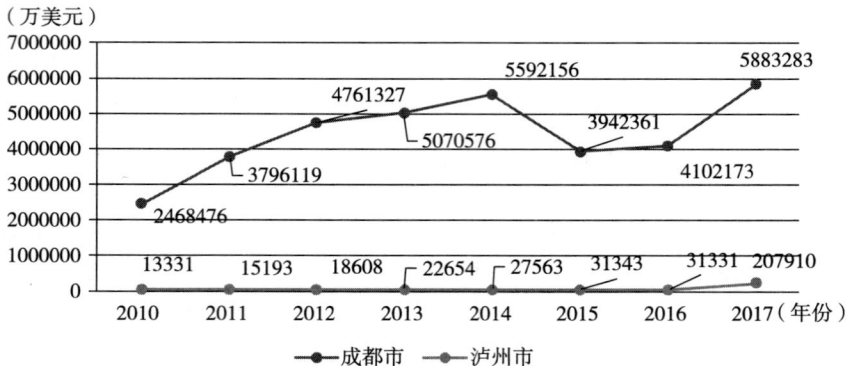

（万美元）

7000000
6000000 — 5592156 — 5883283
5000000 — 4761327
4000000 — 3796119 — 5070576 — 3942361
3000000 — 2468476 — 4102173
2000000
1000000 — 13331 — 15193 — 18608 — 22654 — 27563 — 31343 — 31331 — 207910
0
2010 2011 2012 2013 2014 2015 2016 2017（年份）

—●— 成都市   —●— 泸州市

图 2-1　成都、泸州两市近年贸易进出口总额

资料来源:《四川统计年鉴》。

2.2.2.5　国际通道日益开放

2017 年，双流机场共接待旅客 4980 万人次，货运和邮寄 64 万吨，经营 315 条航线，其中包括 104 条国际航线，通航地区达到了 220 个，建成种子、药品、水果和冰鲜等 5 个主要商品口岸，中欧班列运行频次加密。2017年，成都共运营 1711 列国际列车，其中 1012 列为新增，包含 858 列中欧国际，铁路运营水平不断提高。国外，"蓉欧+"东盟铁海联通连接新加坡、越南、马来西亚等东南亚国家。国内，与深圳、宁波等 13 个国家城市建立互联互通交通网络，另外，"蓉欧+"与成都连接长三角和珠三角等经济发达的地区，辐射渤海、日本、韩国及中国台湾、香港和澳门，连接泛亚和欧洲的国际物流服务网络。

2.2.3　四川自贸区的战略定位

四川自贸区位于中国西部，按照《中国（四川）自由贸易试验区总体方案》，以"四区一高地"作为发展战略。即：立足内陆、承东启西、服务全国、面向世界，建设成为西部门户城市开发开放引领区、内陆开放战略支撑带先导区、国际开放通道枢纽区、内陆开放型经济新高地、内陆与沿海沿边沿江协同开放示范区。四川自由贸易区强调"一带一路"倡议、西部大开发战略与长江经济带发展战略的对接。四川自贸区在西部地区的战略定位是第三批自由贸易区的试点、西部地区战略发展的重要支点与发展排头兵，更是"一带一路"与长江经济带协调发展的重要枢纽。

2.2.4　四川自贸区建立的意义

四川自贸区的建立有利于进一步提高中国全面开放的新格局,不仅提升中国对外开放水平,同时优化国际关系。四川等三个西部自贸区补足了之前西部没有自贸区的短板,加快形成海陆一体化、东西相结合的全面开放新格局。目前,国际经济形势严峻复杂,全球贸易体系正在重建中,这就要求中国必须尽快扩大对外开放的范围和力度来提高对外开放水平。在2017年设立的七个自由贸易区中,有五个位于中西部,而四川是西部最大的省份。这表明,四川将在国家对外开放中发挥更加重要的作用,特别是在"走出去"战略中承担更加艰巨的任务,有助于进一步开放西部通道,和陕西等省同时成为向西开进的先头部队。

四川自贸区的建立有利于指导和促进中西部地区的开放和发展,提高西部工业体系的国际竞争力。在四川建立自贸区,可以充分发挥标准国际化、制度创新化和先试行先得利的优势,用"开放红利"来刺激"改革分红",促进全面创新。新型城镇化和创新创业等在拓展深度、动能转型和结构优化改革等方面取得较大突破。通过改革联动,共同发力,形成更强大、更优秀、质量更高的增长力量。四川自贸区势头较好,有利于引领和带动中国中部和西部经济开放发展,实现东西部地区的协调发展。同时,四川自贸区的建立将我国西部面向欧亚大陆两岸进一步开放,沿着古丝绸之路互惠互通,促进其沿线的经济带共享机遇,迎接新挑战、创造新繁荣是实施"一带一路"建设的关键要点。

四川自贸区的建立有利于促进四川经济的新发展,积极推动开放型经济。长期以来,四川处于中国西部内陆地区,一直存在缺少外向型经济的问题,从目前来看,出口压力有所下降,四川自贸区的设立将为四川经济对外发展注入新鲜活力,弥补外向型经济缺乏这一短板。同时,自由贸易区的建立对四川省进一步参与对外开放、与国际市场接轨、加快形成"四向拓展、全域开放"立体全面开放新态势具有重要意义。与浙江等沿海省份相比,国家在四川建立自由贸易区将推动内陆省份进一步扩大开放,不断向全球化和国际化进程发展,促进其经济更好地融入国际市场。

四川自贸区作为我国首批内陆自贸区,其建设使四川内陆贸易沟通更加顺畅,并且为资源利用、信息获取、设施建设、政策扶持和创新等领域提供了极大的机遇;在国际贸易和运输方面,将充分利用成都双流、天府两个国际机场,中欧和中亚两个国际货运列车,战略优势,如跨境贸易电子商务试点城市，以及丝绸之路的深度建设，如航空、铁路和网络。真正实施"引进来""走出去"的双向开放式发展战略，积极构建连接陆路、铁路、海路的经济走廊。它将形成一个连接四川与"一带一路"国家和地区，印度、中国、缅甸等经济走廊和长江经济带的综合物流服务体系。

在国际开放合作方面，四川自贸区的建设将抓住中国与欧盟经贸合作的最佳时期，发挥成都在国家布局中的重要作用，利用好成都的中法、中德等开放合作平台，重点推动服务贸易，为中欧合作搭建平台，开创与欧洲开放合作的新格局。

此外，四川自贸区的建设还可以促进西部地区的装备制造、航空航天、电子信息、生物制药和轨道交通等优势产业的发展。通过"一带一路"建设，提升四川自贸区的能力。参与国际合作，大力提高西南地区产业体系的国际竞争力，有利于辐射、带动和引导中西部地区的开放和发展，协调东中西部地区的均衡发展。

随着中国自贸区新格局的发展，自贸区的最终作用是探索适用于中国大陆的自由贸易方式，将包括第三批自贸区在内的成功建设经验作为全国更普遍的可推广的案例，有助于加大内陆开放力度，提高内陆发展能力，进一步推动中国经济融入全球化进程。

中国将自贸区的建设作为对外开放、自由贸易的主要战略，有助于促进沿线国家与经济体的互联互通，提高贸易水平，从而促进区域经济的融合发展，降低国际间自由贸易的门槛，削减贸易成本。四川自贸区、重庆自贸区等七个内陆自由贸易区的建立，将更大程度地加强内陆地区对外开放的战略重要性，使内陆腹地能够更好地利用"对外开放"和"一带一路"建设的力量，推动区域的发展和开放，积极融入全球经济，全面落实国家"开放与发展"战略。

新时期，我国社会主要矛盾发生了巨大变化，如何增进人民幸福感和促进区域间平衡、高质量发展受到各级政府高度重视。四川省是一个典型的内陆大省，区域跨度较大，受地理环境和交通环境的影响，区域间的经济社会发展仍存在较大差异和差距。从全省省情来看，四川省唯成都独大，成都市是全省 GDP 唯一超过万亿元的城市，而排其之后的绵阳 2017 年才突破 2000 亿元大关，第一名与第二名之间有近 7 倍的差距，远高于世界对城市等级间差距的定义。所以说，如何变四川省市域"月明星稀"为"日月同辉"在新时代显得尤为紧迫和重要。

四川省委、省政府立足四川省情，结合全国区域发展相关典型案例，提出了"一干多支、五区协同"战略。县域经济是地区经济的基础，它的发展能有效借助省市的辐射作用带动乡镇的发展，进而促进本地区的平衡、协调发展。县域经济作为区域发展的基石，应当以绿色发展为指引，以创新驱动为引擎，结合县域地方实际，挖掘优势产业，形成产业集群效应。而自贸区建设有利于引导促进县域经济走绿色发展创新道路，从结构上和空间上积极解决四川省发展不充分、不协调的经济格局，推进四川省城乡一体化发展，使四川省在区域竞争中脱颖而出，由经济大省走向经济强省。

2.3　四川自贸区与国内其他自贸区的比较分析

2.3.1　国内自贸区概述

2.3.1.1　五个自贸区企业资本分析

从表 2-2 可以看出，自 2013 年我国建立自贸区以来，各地自贸区的建立初期都吸引了大量企业入驻。可以说，自贸区的建立给企业带来了诸多红利和便利。另外，从数据中可以看到，上海自贸区建立仅仅一年就在区内设立了 1.4 万家企业，显示了上海自贸区政策对企业的吸引力程度。

表 2-2　五个自贸区各自成立一周年新增企业与注册资本

自贸区	新增企业（万家）	注册资本（亿元）
四川自贸区	3.4	4000
上海自贸区	1.4	3400
福建自贸区	2.7	4254
广东自贸区	6.4	23661
天津自贸区	1.4	3890

资料来源：搜狐财经。

如果说上海自贸区是我国设立的第一个自由贸易试验区，可能在经验上有所缺乏，企业还可能存在一些观望情绪。但是自 2015 年，福建自贸区、广东自贸区、天津自贸区相继成立，并仅用了一年时间就吸引了数千亿元甚至上万亿元的资本，通过试验区发展的实践检验，中国自由贸易区的建设不断趋于成熟。

成都是我国的新一线城市，处于物资富饶、环境宜人的四川盆地。独特的战略位置使四川自贸区在短短一年的时间便吸引了将近4000亿元的注册资本。

2.3.1.2 五个自贸区的特点

（1）上海自贸区。上海自贸区位于我国长三角经济带，作为我国经济最为发达、最有活力的城市，上海自然成为我国第一个自贸区试点的首选。从上海的角度来说，在上海建立自贸区，从中获得发展机遇的不仅是贸易领域，在金融、航空和服务方面也具有"带头和移动全身"的作用。改革开放以来，上海利用自己的区位优势将自己发展成为我国第一大城市，如今，上海急需一种新的推动力量。

上海自贸区的建立使上海不断创新税收政策和外汇政策，不断突破，使跨国公司的全球管理更加便捷。众多金融机构选择入驻上海，使上海的金融产业发展更为迅速，同时具备国际性和全球性。

另外，上海自贸区的推进使货物运输、海上保险等航运服务业在上海拥有更加有利的发展环境。通过解决航运中心建设中各项资金问题，使上海获得更丰厚的制度红利，同时，针对上海自贸区出台的各项免税政策也不断吸收着各类高端制造业，这些公司将通过这些制造业吸引更多的加工、制造、贸易和仓储物流公司，有助于中国产业的升级。

我国之所以在上海建立第一个自贸区，主要是由于上海具有非常深厚的基础，无论是从经济还是产业结构来说，政府职能转变和制度创新都有助于开辟中国对外开放的新道路和新格局推动经济增长方式转变和产业结构调整，实现对外开放经验促进经济发展和政策创新，形成可复制、可推广的经验，服务全国各地的自贸区及贸易模式的发展。建设上海自贸区有助于培育中国在全球化方面的新优势，并与各国共同建设各国际组织的合作平台，将我国经济增长路径拓宽，建设中国经济"加强版"。

（2）福建自贸区。福建自贸区位于福建省，毗邻台湾海峡。福建自贸区是最先进的交流区。福建是侨乡的主要祖籍之地，因此福建自贸区在吸引外资和吸纳人才方面具有优势。相比中国台湾，福建拥有更加丰富的土地和劳动力资源，以及更加适合投资的政策环境与地理优势，对台商而言，转移科技密集型的产业会增加其本身的竞争力。福建自贸区的建设计划还提到双向贷款业务应该在厦门地区进行，由此，在金融领域，两岸跨境人民币业务是厦门金融领域发展的一大突破，这对台商来说是一大机会。

（3）广东自贸区。广东自贸区的最大优势是靠近香港特别行政区和澳门特别行政区。自贸区前海、横琴、南沙加上白云空港，这三个片区本身的经济实力就非常强大，所以完全有能力与港澳实现经济贸易对接合作。经济实力强大加上港澳独特的地理位置，这个自贸区既可以看作广东自贸区，也可以看作粤港澳自贸区。

（4）天津自贸区。天津自贸区是距离首都北京最近的自由贸易区，其发展的目的一是服务于京津冀协同发展，带动周边城市经济合作；二是服务于国家"一带一路"倡议。此外，天津自贸区也在寻求突破，在促进区域产业转型升级上走出新的道路。不断的突破使天津自贸区自身也越来越具有活力。

（5）四川自贸区。从地理位置来看，四川省位于中国西部，成都占自由贸易区面积的大部分，既不沿海、沿河，也不沿边界，这就决定了四川自贸区的发展必须要打造内陆通商口岸，走出一条不同于其他自贸区的贸易之路。另外，四川省的经济发展和产业结构与前两批建立自贸区的省份有着明显的差距，无论是从开放程度、基础建设、高新技术产品还是人均 GDP 来看，都有不小的差距。因此，四川必须利用以往自贸区建设的经验和持续的政策创新走出一条不寻常的道路。在战略意义上，四川自贸区计划成为西部门户城市开发开放领先区、内陆开放战略支撑带先导区、国际开放通道枢纽区，内陆与沿海沿边沿江协同开放示范区，建设内陆开放型经济新高地，实现与"一带一路"倡议、长江经济带发展、西部大开发等战略思路的对接。

2.3.2 第五批自贸区可复制经验

近年来，自贸区通过首创性、差异化探索，以制度创新为核心，以形成可复制、可推广的制度成果为着力点，在投资、贸易、金融、事中事后监管等方面进行了深入探索和大胆尝试。2019 年 4 月，国务院印发关于做好自由贸易试验区第五批改革试点经验复制推广工作的通知，从投资管理、贸易便利化、事中事后监管三个方面，将共计 18 项改革试点经验复制推广。近年来，我国自贸区建设取得重大进展，目前已形成"1+3+7+1+6"覆盖东西南北中的联动发展格局。经过前几批自贸区的试验总结出可在全国范围内推广的可复制性经验如表 2-3 所示。在办事流程上可采用"公证'最多跑一次'""自然人'一人式'税收档案""网上办理跨区域涉税事项""优化涉税事项办理程序""企业名称自主申报制度"等，贸易便利化的提升可采用"海运危险货物查验信息化，船舶载运危险货物及污染危害性货物合并申报""国际航行船舶进出境通关全流程'一单多报'""保税燃料油跨港区供应""海关业务预约平台""生产型出口企业出口退税服务前置""中欧班列集拼集运"模式，事中事后可采用的监管手段有"审批告知承诺制、市场主体自我信用承诺及第三方信用评价三项信用信息公示""公共信用信息'三清单'（数据清单、行为清单、应用清单）编制""实施船舶安全检查智能选船机制""进境粮食检疫全流程监管""优化进口粮食江海联运检疫监管措施""优化进境保税油检验监管制度"六项。随着自贸区试验田不断累积丰富的经验和进行深入的探索，其已经为我国进一步地开放和对接"一带一路"沿线国家起到了良好的奠定作用和示范效应，未来投资管理流程的简化、监管手段的高效及贸易便利化都将提升中国市场的竞争力，推动全面开放新格局。18项自贸区改革试点经验中四川自贸区3项经验入选，包括四川自贸区"公证'最多跑一次'""生产型出口企业出口退税服务前置""中欧班列集拼集运模式"。

（1）公证"最多跑一次"，即在申请人申请材料齐全、真实，符合法定受理条件的前提下，全省公证机构都将实行办理公证"最多跑一次"，做到当场提交、当场出证，或提前预约、直接取证。

（2）生产型出口企业出口退税服务前置，是指生产型出口企业在出口退税申报前，税务机关提前介入，将出口退税申报后进行的一系列核查和服务程序前置到申报前，大大提高办理效率，将出口退税时间从1~3个月降至5天内。

（3）中欧班列集拼集运模式，即改变过去中欧班列为等待集装箱货物成列而延长集货时间，且集装箱仓位固定使用，途中无法更换的问题，实现中欧班列内外贸货物同列混载、空重互换、甩挂重组等模式创新，有效提升中欧班列重载率10%以上，开行成本降低8%。

表2-3 自由贸易试验区第五批改革试点经验复制推广工作任务分工表

序号	改革事项	主要内容	负责单位	推广范围
1	审批告知承诺制、市场主体自我信用承诺及第三方信用评价三项信用信息公示	依托全国信用信息共享平台和国家企业信用信息公示系统，实现与审批平台和综合监管平台的信息共享和互联互通，推动审批告知承诺制公示、市场主体自我信用承诺公示及第三方信用评价公示	发展改革委、人民银行、市场监管总局	全国

序号	改革事项	主要内容	负责单位	推广范围
2	公共信用信息"三清单"（数据清单、行为清单、应用清单）编制	编制数据清单、行为清单、应用清单。根据数据清单对城市公共信用信息进行目录化管理，按照目录归集数据。在数据清单基础上，对信息主体监管类行为信息分级分类，按照统一规范编制形成行为清单。根据应用清单对城市公共信用信息应用事项进行目录化管理，包括日常监管、行政审批、行政处罚、政府采购、招标投标、表彰评优、资金支持、录用晋升等	发展改革委	全国
3	公证"最多跑一次"	改革"取证方式"，减少申请材料要求。变群众提供材料为主动收集材料，变书面审核材料为实地调查核实。创新"办证模式"，变群众跑路为数据共享。推行网上办证、远程办证、上门办证模式。提供延时服务、延伸服务、预约服务、加急服务	司法部	全国
4	实施船舶安全检查智能选船机制	将船舶按照安全管理风险进行分类分级，筛选出高风险船舶并予以重点监管，提高船舶现场监督检查的针对性，提升船舶事中事后现场监管能力	交通运输部	全国
5	海运危险货物查验信息化，船舶载运危险货物及污染危害性货物合并申报	对既属于危险货物又属于污染危害性货物的船载货物，申报人可采取网上合并申报方式，海事部门实行合并受理，实现船载危险货物比对功能，通过智慧海事危防信息系统，将申报或报告信息与危险货物名录进行比对筛选，为执法人员提供决策信息支持，有效提高审批工作效率	交通运输部	全国
6	国际航行船舶进出境通关全流程"一单多报"	依托国际贸易"单一窗口"国家标准版运输工具（船舶）申报系统，企业一次性录入船舶相关信息，实现国际航行船舶进出境通关全流程"单一窗口"网上申报和电子核放，并实现《船舶出口岸许可证》远程自助打印功能。除船员出入境证件、临时入境许可申请名单外，口岸监管部门原则上不再要求企业提交其他纸质材料	交通运输部、海关总署、移民局	全国

续表

序号	改革事项	主要内容	负责单位	推广范围
7	保税燃料油跨港区供应模式	在供油企业按规定取得国内水路运输相关资质后,对跨港区船舶油料供受作业单位备案情况予以互认,即供受作业单位在两地海事、海关部门进行备案后就可以在两地范围内开展保税燃料油直供作业,建立常态化信息沟通机制,统一执法标准	交通运输部、海关总署	全国
8	海关业务预约平台	依托国际贸易"单一窗口"开发海关业务预约平台(含移动端),企业可通过平台在网上向海关自助预约办理查验等业务事项,并查询预约结果	海关总署	全国
9	进境粮食检疫全流程监管	创新"互联网+全程监管"工作模式,运用互联网技术、电子信息化和视频监控手段,实现从申报、锚地检疫到卸船、仓储、调运的进境粮食检疫全流程监管	海关总署	全国
10	优化进口粮食江海联运检疫监管措施	对进口粮食调运船舶开展适载性风险管理,全程定位进江船舶,防范调运环节可能出现的短重、撒漏及疫情扩散风险	海关总署	全国
11	优化进境保税油检验监管制度	在安全、卫生、环保项目监管基础上实施信用监管,根据企业信用等级实施差别化通关管理措施,对高信用企业简化数重量鉴定、品质检验监管。在数重量检验方面,根据货物流转方式制定实施差别化通关监管措施,对复出境的保税油做备案管理,采信进出口商品检验鉴定机构的检验结果,对转进口的保税油按照一般贸易进口实施法定检验和数重量鉴定;在品质检验方面,对高信用企业的转进口批次多、间隔短、品质稳定的货物,降低检验频次。将保税油储运企业和报关企业纳入海关统一的企业信用管理制度,根据企业信用等级实施差别化海关监管措施,对高信用企业实施通关便利化措施。对高信用企业适用保税油转进口"集中检验、分批核销"、现场实验室快速检验、优先办理通关放行手续等检验便利政策	海关总署	全国

序号	改革事项	主要内容	负责单位	推广范围
12	自然人"一人式"税收档案	建立全国自然人"一人式"税收档案，依托个税征管系统按纳税人识别号全面归集纳税人基础信息和扣缴申报、自行申报、信用记录、第三方涉税信息	税务总局	全国
13	网上办理跨区域涉税事项	实现跨区域涉税事项报告、跨区域涉税事项报验、跨区域涉税事项信息反馈。跨区域经营纳税人可在经营地设立银行账户，并与经营地税务机关签订三方协议；可在网上实现跨区域预缴税款	税务总局	全国
14	优化涉税事项办理程序，压缩办理时限	进一步优化非正常户解除等事项办理流程，限办改即办。对增值税专用发票（增值税税控系统）最高开票限额（百万元及以上）审批等事项进一步压缩办理时限，提高办税效率	税务总局	全国
15	生产型出口企业出口退税服务前置	税务机关提前调查企业出口和购货真实性，将原本在生产型出口企业出口退税申报后进行的生产经营情况、供货企业风险、备案单证等核查和服务程序，提至出口退税申报前。企业申报后，税务机关可快速对按规定不需发函调查的疑点给出核查结论，提高办理效率。在遵循现行出口退税管理规定、确保风险可控的前提下，对生产型出口企业及其全部供货企业都归属同一主管税务机关的，可推广出口退税服务前置	税务总局	全国
16	企业名称自主申报制度	推进企业名称登记管理制度改革，取消企业名称预先核准，扩大企业名称自主申报改革试点范围	市场监管总局	全国

续表

序号	改革事项	主要内容	负责单位	推广范围
17	中欧班列集拼集运模式	支持回程开展以集装箱为单元的中欧班列内外贸货物混编运输业务。建立铁路部门联系机制,联合制订回程中欧班列集拼集运运输方案,细化作业流程,针对有加挂需求的集装箱,配合做好补轴、补货作业组织,提升作业效率	中国国家铁路集团有限公司	全国
18	推进合作制公证机构试点	制订实施方案,做好合作制公证机构的申报设立、人员安置、清产核资、资产移交、业务承接、档案管理和法律责任划分等工作。制定好章程,合作制公证机构建立内部管理规章制度体系。制定合作制公证机构管理办法,对合作制公证机构设立、合作人、法人治理结构、内部管理等事项做出明确规定	司法部	自贸区

2.3.3 四川自贸区与其他自贸区的比较分析

第三批自贸区除了四川以外,还包括天津、福建、辽宁、浙江、河南、湖北、重庆、陕西。四川自贸区与第三批其他自贸区的对比分析如下:

如表2-4所示,2017年自第三批自贸区批复以来各自贸区所处行政区对外贸易进出口量总体提升,其中浙江省的总进出口量大,然而增长率不快,四川省总量小、潜力大。不难发现,四川省进出口总量增长率位列第一,发展情况良好,而西南地区另一自贸区所在区重庆的增长率情况则不佳。陕西省的进出口总量虽最小,但出口量增长率却是最快的。

表2-4 第三批自贸区所在地区对外贸易进出口量

单位:亿元

省份	出口量			进口量		
	2016年	2017年	增长率（%）	2016年	2017年	增长率（%）
辽宁	2839.1316	3041	7.110216377	2872.7267	3707.9	29.07249409
浙江	17666.5109	19439.5	10.03587584	4540.7358	6165.6	35.7841608
河南	2833.4208	3171.9	11.94595593	1880.4256	2062	9.656026806

省份	出口量			进口量		
	2016 年	2017 年	增长率（%）	2016 年	2017 年	增长率（%）
湖北	1717.9388	2063.3	21.10323069	881.6272	1073	21.7067713
重庆	2675.2178	2883.5	7.785616558	1463.9363	1624.6	10.97477397
四川	1847.6947	2538.5	37.38741579	1413.752	2066.4	46.16424946
陕西	1045.5679	1659.3	58.69844512	931.2426	1060	13.82640786

资料来源：《中国统计年鉴》。

在表 2-5 中同样可见，四川省的总体增长率最快，2016 年四川省进出口额虽处于中下游水平，但 2017 年突飞猛进增长，位列第二。

表 2-5　第三批自贸区所在地区外商投资企业货物进出口额

单位：万元

省份	出口量			进口量		
	2016 年	2017 年	增长率（%）	2016 年	2017 年	增长率（%）
辽宁	11821735	12519365	5.901248844	13752628	16260110	18.23274795
浙江	33215604	34358604	3.441153742	16443381	20425182	24.2152207
河南	19515839	20932567	7.259375321	13295257	14990920	12.75389411
湖北	3963907	4454629	12.37975563	3058222	3787545	23.84794171
重庆	15336895	18777082	22.43079189	6689667	7507462	12.224749
四川	10511432	16370421	55.73920851	10149191	14996575	47.76128462
陕西	7265496	10896154	49.9712339	6986999	7930553	13.50442443

资料来源：《中国统计年鉴》。

从图 2-2 和表 2-6 中不难发现，2014 年与 2015 年各省的注册数量增长缓慢，湖北省、四川省、浙江省自建立自贸区以来吸引的外资企业数量增加明显，而辽宁省、河南省、陕西省长期处于负增长；即便如此，四川省的外商投资企业数量并不突出，浙江省与福建省的外商投资企业基础更为扎实。

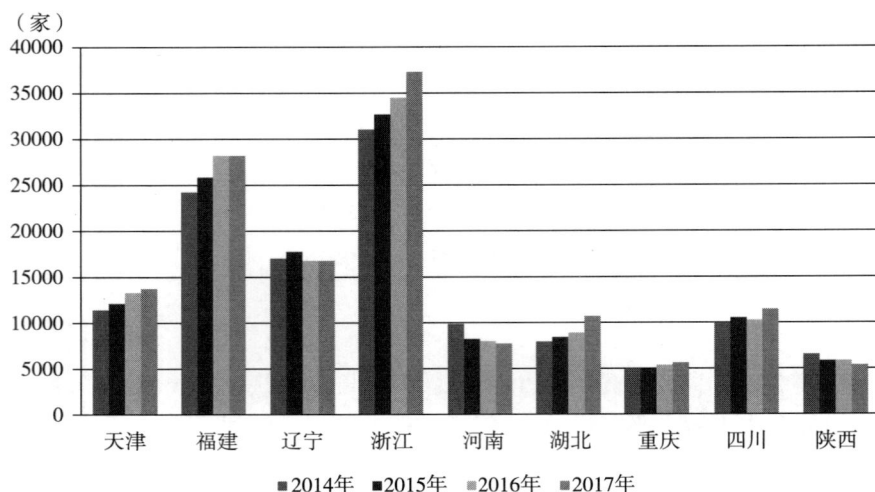

图 2-2 各地区外商投资企业年底注册登记企业数

资料来源：《四川统计年鉴》。

表 2-6 第三批自贸区所在地区外商投资企业年底注册登记企业数

单位：家

年份 省份	2014	2015	2016	2017
辽宁	17091	17745	16949	16883
浙江	31005	32778	34442	37422
河南	10056	8316	8058	7827
湖北	8160	8646	8976	10962
重庆	5147	5009	5555	5739
四川	10253	10594	10370	11462
陕西	6782	6017	5953	5629

资料来源：《中国统计年鉴》。

如表 2-7、图 2-3 所示，浙江、辽宁、福建、天津投资额分别位列前四，其余四省较为落后且相差不大，2016 年自贸区建立以来，四川省、河南省、陕西省投资额较之前明显提高。

表 2-7　第三批自贸区所在地区外商投资企业年底投资额

单位：亿美元

年份 省份	2014	2015	2016	2017
辽宁	1986	2066	2133	3159
浙江	2629	2918	3199	3734
河南	589	687	822	1045
湖北	777	892	993	1151
重庆	675	788	881	946
四川	828	884	942	1128
陕西	447	516	561	800

资料来源：《中国统计年鉴》。

（亿美元）

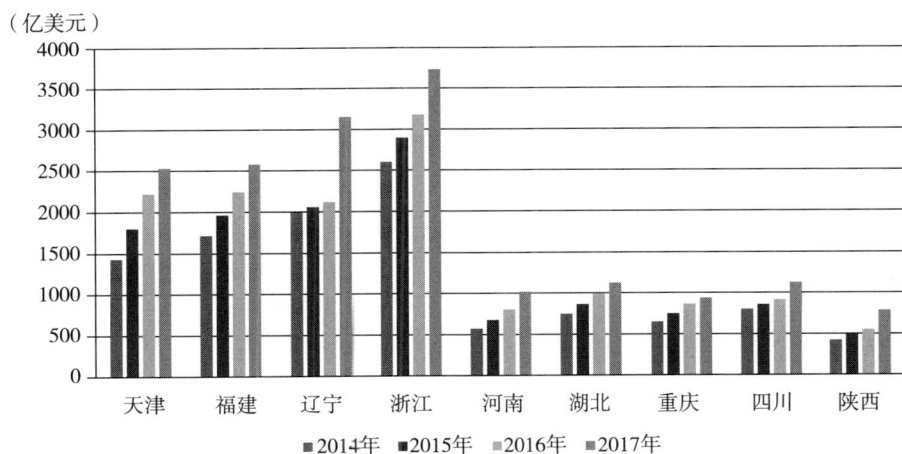

图 2-3　各地区外商投资企业年底投资额

资料来源：《四川统计年鉴》。

3

"一带一路"、长江经济带与四川
自贸区建设的关系

3.1 四川自贸区的空间布局

3.1.1 "一带一路"与四川自贸区

古丝绸之路是文化交流和政治沟通功能的体现，而"一带一路"中的"丝绸之路经济带"旨在与"一带一路"沿线经济体增加多层次的贸易合作往来与文化交流，在中国现有产品成本优势下降及产品需求减少的条件下，促使中国经济转型发展，推动中国制造产品、科技及相关文化"走出去"，进一步提高中国的对外贸易收益率，促进经济增长。四川省地处西南地区、长江上游，北与陕西、甘肃、青海相连，南与云南、贵州相连，西与西藏直接相连，具有极其独特的空间地理布局。四川自贸区位于四川省核心位置（青白江铁路港和天府新区两片区位于省会城市成都；川南临港片区和其他省内协同改革先行区位处于四川向外沟通的通道上），其所属区位条件决定其在第三批自由贸易区中以致力打造西部经济高地与交通枢纽为目的，以其自身经济、文化、工业、农业、科技及交通优势等实现与沿海沿边沿江区域、与其他内陆区域的协同开发，重点发展高新技术并建立口岸服务贸易港口，发展基础设施以打造西向的"丝绸之路经济带"，向东衔接中部沿海地区，向南辐射滇黔，进而可由广西连接"21世纪海上丝绸之路"。

"一带一路"建设构想涉及亚非欧三洲，与欧美贸易轴心、亚太贸易轴心并列为全球三大贸易轴心。"一带一路"倡议下的四川自贸区建设是中国开拓国际贸易市场、协调区域经济开放的重要部署。"一带一路"倡议和四川自贸区建设呈现出相互促进、相互支持的发展趋势，使四川经济发展向着高水平一体化经济建设的方向前进，有利于四川内部产业空间的进一步深化，建立起对外开放的新格局。中国西部地区与"一带一路"沿线国家的交流，因"丝绸之路经济带"的建设而更加顺畅。"一带一路"建设使中国与沿线国家之间的贸易壁垒减弱，随着对外贸易规模的不断扩大，双边贸易的潜力逐渐显现。国内产业转型升级的能力得到提升，同时又能促进国内对过剩生产能力的消化；与劳动力成本更具优势的国家进行合作，从而实现科学、可持续发展的贸易；提高高附加值产业的生产转口和投资回报；通过国际贸易实现人民币国际化，中国经济将更加深入融入全球经济发展进程，提升中国的国际地位。四川省积极参与"一带一路"建设，并取得了显著成效，在西边联系中亚和欧洲西部国家开展贸易合作，在北部建立起中蒙经济走廊，在南远建立起中印经济走廊和中巴经济走廊，在东部则发展长江黄金水道并延展全方位的发展模式。截至 2018 年底，四川在全球 41 个国家和地区设立了 195 个国际营销网点，其中 30% 以上位于"一带一路"沿线国家，并通过不断优化省级平台和两大海外布局，结合四川自贸区建设，努力打造"一带一路"多元化合作平台。

3.1.2 长江经济带与四川自贸区

如果说"一带一路"面对国际发展，那么长江经济带便是推进国内发展的核心战略，其横跨我国东、中、西三大区域，涉及 11 个省份，涵盖不同发展水平的地区，包括发达的东部、较发达的中部及欠发达的西部。过去长期优先发展东部沿海地区的改革开放，导致东部与中西部地区发展不均衡，东部地区经济发展的速度和水平远高于中西部地区。东部、中部和西部地区经济发展不平衡，要求中国改革开放必须全面、多领域、深层次。各地区经济发展不平衡，一定程度上会使中国改革发展更具挑战。在现有经济形势下，我国东部地区的经济开发遭遇瓶颈，而中西部地区蕴藏了巨大的资源与潜力，且中西部地区的对外贸易在我国对外贸易格局中占据重要地位，如何解决发展失衡问题重新配置资源、转移发展重心成为现阶段我国解决区域发展不均衡问题的重点。

四川自贸区川南临港片区位于长江黄金水道上，其发展定位为沟通四川自贸区与东部发达地区，实现多地区协同发展。长江经济带的发展模式需要一轴、两翼、三极、多点，即：利用长江的交通要素，发挥发达地区的核心作用，建设可持续的绿色通道；以沪瑞、沪蓉运输通道为两翼，打造连接两边重要城市的相连相通网络；以长三角、中游和川滇为增长极，充分发挥其优势；多维度增加辐射网络，引领城市区域经济发展。将现有的航运技术发挥到最大化，利用上海、武汉等发达地区的核心优势，推动西部地区经济发展。探索市场潜力，加快现有产业转型升级，推动国内经济增长。在长江经济带战略深入实施的过程中，川南临港区由于其独特的空间格局，必然将成为国内货物特别是内陆货物向外流通、国外货物向内输送的重要交通枢纽。

3.1.3 "一带一路"与长江经济带交会的格局

长江经济带以长江流域为纽带，连接中国东部、中部和西部，"一带一路"建设和长江经济带战略在四川交会。在"一带一路"倡议的支撑下，通过点线之间的线路相连，促进"丝绸之路经济带"和"21世纪海上丝绸之路"的相互依存、相互促进。它将使国内海陆运输更加顺畅，寻求更大的合作空间和对外贸易机会，以平衡经济发展。"丝绸之路经济带"通往亚欧，与世界接轨，其与长江经济带结合，在推动经济发展的过程中体现为：共创生态文明，以可持续发展为指导方针，利用长江流域黄金水道进行运输，依托长江中上游的巨大潜力，促进经济不断增长，缩小东中西部地区的发展差距。同时，利用长江经济带衔接内陆与海上丝绸之路构造陆海双向对外开放格局，寻求利润最大化。因为长江经济带跨度大、覆盖面广、沿途资源丰富，对其进行合理划分、采用统一布局有利于资源整合实现最大化利益。升级经济结构，利用"一带一路"建设，借助国际多元化的发展体系可以加快基础设施建设，扩大改革范围，促进经济创新驱动转型。建立新开放体制，打造内陆经济开放高地与拉动经济增长的产业引擎，以支持各要素的跨区域传递与流动，实现产业的合理配置、转型与升级。完善城市布局，建立起一体化的经济区域及其共同管理的合作平台，以加强各区域间的联系与沟通。

四川因其独特的地理位置和经济优势在全国各省份中脱颖而出，在这样的经济布局下，成为国家第三批自由贸易区部署的区域，四川自贸区青白江铁路港区与川南临港区作为沟通两带的关键通道，肩负着使两大经济带实现交会的战略使命。结合四川自贸区的现实发展使命和过去自由贸易区的发展经验，四川自贸区在"一带一路"建设下有明确的定位——内陆对外开放的桥头堡。依据这一定位，四川自贸区各片区根据自身已有产业优势进行了布局：在四川自贸区天府新区片区将依托国际货物流量优势，建立起临空经济区，发展以航空为主的口岸服务业，建立起类似于上海自贸区的货物集散地；在国际贸易形势的推动下，技术和人才优势逐渐凸显，发展高新技术产业和高端装备制造业能有效地为经济转型创造新的动力。在青白江铁路港片区将依托川东北的便利交通网络，将大宗货物向中原地带输送，发展以铁路运输为主的口岸服务业。在川南临港片区则依托长江黄金水道优势，将大宗商品输送到长江中下游平原，发展以内河运输为主的口岸服务业。

从四川自贸区的空间布局可以看出，在"两带"交会的格局下四川自贸区建设的战略目标有二：一是打造内陆经济开放高地；二是与"三沿"（沿海、沿边、沿江）城市协同开放。四川蕴藏了丰富的土地、劳动力、自然、文化等资源，通过与东部的资金、技术进行合作，能发挥互补优势达到协同开发、深化改革的要求。首先，打造内陆开放型经济高地。四川位于"一带一路"与长江经济带的交会处，向北至中亚乃至欧洲，川南临港片区则通过长江水系连接中国沿海发达地区。四川抓住"一带一路"建设带来的机遇，建设中国东西部地区，中国、中亚和西亚、中国和欧洲之间的陆路交通枢纽；抓住建设天府机场的契机，将天府新区定义为"中国西南门户"，吸引国外大宗货物贸易从四川进入，并通过青白江铁路港、川南临港区辐射全国，有利于货物通过陆路及航空运输进入国内市场，大大缩短运输距离，且路上交通设施包括铁路、公路等经过的大多是发展中国家，中国通过援建方式进行投资，能促进经济发展、缓解过剩产能，其中修建铁路的物资也必然通过四川或其他西部地区进行输出。除此以外，在资源与产业优势方面，四川有着丰富的资源及较为先进的技术产业，譬如在高精尖技术领域，有国内一流的飞机制造研究院——成飞集团；在能源领域，四川盆地是全国唯一具备"第二次能源革命"——页岩气开发条件的地方；在IT领域，四川拥有中国电子信息产业基地——成都。四川所具有的区位条件与资源、产业优势将成为四川自贸区打造内陆开放型经济高地的基础，带动四川及西部地区经济增长。

其次，与"三沿"地区协同开放。内陆自贸区要与沿海、沿边、沿江发达地区加强紧密合作，实现协同发展，同时新自贸区的建设也是对"一带一路"倡议的贯彻，需要发掘内陆自贸区的特色，结合发达地区优势探寻新的发展思路，在与"三沿"地区合作时找准自身定位，发展特色产业作为先行条件。四川自贸区的总体要求是实现内陆和沿海地区的协调发展。

四川的优势在于在内陆地区中综合实力强、经济总量大、产业基础好、区位有优势、文化有特色,然而在发展程度和交通运输方面较为弱势,存在短板,应依托政府职能转变,促进供给侧结构性改革,依托体制升级,发展高科技产业,推进内陆与沿海的互联互补,以促进区域经济一体化和均衡发展。当前,沿海、沿江、沿边地区经过近40年的发展探索已经处在一个较高的发展阶段,但长期的贸易主要针对太平洋和欧美国家,将产业引到内陆不仅能拉动全国经济发展,也能进一步奠定出口贸易基础。内陆的发展需要铁路、公路和航空平台的搭建,也可以依托长江经济带的黄金水道进行水运。内陆水运港口的建设将考虑到道路、航线、铁路和水道的多模式发展。在基础设施建立完备后,四川自贸区应依托便利的交通枢纽进行发展转型,打造内陆转口贸易港口,承担国际与国内联系、承东启西的作用。与此同时,在西部地区也应推进协同发展,加强川渝地区、中西部的协同合作,加快整合,发挥西部地区综合优势,形成有利于高端制造业发展的机制。

3.2 四川自贸区融入"一带一路"倡议的目的与意义

3.2.1 四川自贸区融入"一带一路"倡议的目的

四川自贸区的定位是内陆开放型经济高地建设试点区,同时作为西部首个开放的战略实施区,将作为西部与国际交流的试验区。四川省"十三五"规划中,明确表示要进一步促进对外贸易格局、扩大结构的优化。发达国家和发展中国家都有很多,其中许多国家在经济结构方面可以补充四川省。四川自贸区融入"一带一路"建设,旨在顺应"一带一路"带来的机遇,以"一带一路"建设作为发展契机,带动四川自由贸易区网络扩张,形成辐射"一带一路"的经济区。四川自贸区的不同片区间互联互通能迅速推动四川对外经济更好、更快地发展。同时,以自由贸易区为平台,在"一带一路"倡议的合作下能有助于推动四川产品向"一带一路"沿线国家的出口,有效地提高四川对外经济规模,合理优化出口贸易的产业结构,使四川形成外向型经济的发展模式。另外,有利于加强国与国之间的合作交流，自贸区对外资及国外项目具有吸引力。四川自贸区落实"一带一路"倡议，可更加深入与沿线国家的交流，加快国际交流渠道的形成。并且，四川自贸区融入"一带一路"，不仅有利于自贸区贸易和投资自由化的发展，而且可以促进长江经济带的飞速发展，以"一带一路"国家之间贸易的外部有利性带动国内经济的内部有利性发展，使要素自由流动，提高了资源的配置效率。

3.2.2 四川自贸区融入"一带一路"倡议的意义

"一带一路"是中央经略周边、经略海洋、经略西部的伟大倡议，是经济发展的顶层设计。四川自贸区融入"一带一路"建设，对于促进经济要素的有序自由流动，提高资源的有效配置具有重要意义。一是"一带一路"建设背景下的自由贸易区可以促进沿线国家经济政策实施的协调，便于进行更为广泛、高层次、更具深度的区域合作，共同努力，建立一个开放、包容、平衡的区域经济合作框架；二是通过"一带一路"建设，加强与沿线国家的互联互通，进一步完善基础设施、优化贸易结构，为自由贸易区带来新的贸易增长点；三是四川自贸区可整合自身优势，结合"一带一路"发展高新技术产业，带动产业升级转型，降低贸易成本，协同开发，共建共享。

"一带一路"建设对中国、周边国家和世界经济产生了巨大影响，体现在经济贸易的合作、政治格局的统一和多元文化的交流等方面，这种多维度的贸易体系的意义远远大于经贸本身，已经上升到了国际政治、文化交流的层面，有抵消排挤、稳定国家环境安全的作用，是贸易结构调整的重要组成部分。四川自贸区融入"一带一路"建设有利于对产业进行升级和改革，解决我国经济新常态下产能过剩的实际问题，优化现有的产业基础，在对外贸易中争取主导权，提高在我国生产环节中的附加值；缓解国际政治对中国的排挤，消化过剩产能，通过贸易使世界经济平衡，为全球经济发展增添新动力。

中国经历了30年的高速发展，自2010年起国内产业面临着严重的产能过剩问题，许多产业的利用率较低。准确研究"一带一路"建设有利于充分发挥其基础的指导作用，有利于重组国际贸易规则、投资规则和金融货币规则。四川作为第三批自贸区，相关的文件和措施还需要进一步完善，在众多的产业中如何做出选择和转型，发挥出自贸区的功能，让经济"走出去""引进来"是一个需要重点解决的问题。

3.3 四川自贸区融入长江经济带
发展的目的与意义

3.3.1 长江经济带发展的背景

长江经济带覆盖上海、江苏、浙江、安徽、江西、湖北、湖南、重庆、四川、云南、贵州11个省份，面积约205万平方千米，人口和生产总值均超过全国的40%，已经发展成为我国综合实力最强、最具支撑影响力的区域之一。近年来，长江经济带首尾两大战略金融核心区——江北嘴、陆家嘴已逐步发展成为中国最具影响力并和国际经济关联密切的金融中心，依托黄金水道推动长江经济带发展，打造中国经济新支撑带。

长江经济带具有独特的优势和巨大发展空间，协调好长江经济带经济发展与生态保护的关系对于推动我国经济高质量发展至关重要。长江经济带是中国新一轮改革开放转型实施新区域开放开发战略，是一条具有全球影响力的内河经济带、一条东中西互动合作的协调发展带、一条沿海沿江沿边全面推进的对内对外开放带，也是一条生态文明建设的先行示范带。

长江经济带横跨东、中、西三大区域，地理位置因素导致自然环境差异大，经济发展水平悬殊，经济带内的区域及各子系统之间的协调程度决定着长江经济带建设的质量和水平。推进长江经济带协调发展，既要顺应流域的自然规律，又要根据空间分异特征实施差异化策略。虽然有关长江经济带的研究成果众多，但是内容大多过于片面化、单一化，需要整体去把握，定量、定性地进行分析。

深刻认识长江经济带的多元复杂性，是客观评价长江经济带建设的基础。从空间形态来看，长江经济带既是典型的带状空间组织，又是一种交通运输指向的经济布局，经济活动在空间上呈带状集中分布；同时，内河经济带又是历史最悠久的一种交通运输指向的经济布局形态，以内河航运为基础的沿江综合交通体系是经济带建设的重要支撑。

从经济带的演进历程看，利用河流自然形成的优势，经济布局与江河主航道这一天然基础设施结合，经济和社会设施的布局与交通、水、岸线资源结合而成的经济集聚体，本身就蕴含了人与自然和谐共生的生态文明思想。从这个意义上讲，建设长江经济带不仅是要建成一条与流域资源相适应的优势产业带，更是要展现一个经济活动顺应自然规律和河流演变规律的生态文明示范空间，因此生态文明建设也是经济带建设的必然要求。

3.3.2 四川自贸区融入长江经济带发展的目的

四川是长江上游的第一经济大省，长江干流在境内虽然只有 258 千米，但干流与岷江、嘉陵江、渠江、金沙江等多条支流相通，全省 96.5% 的面积位于长江流域，干支流流经的地区人口众多、资源富集、产业发达、交通便利、城镇密集，近年来，长江航运对经济社会发展的支撑作用日益彰显。但是，与长江下游地区和同处上游的重庆相比，四川航道等级低、港口功能单一、综合交通运输体系不健全，交通建设仍然是四川建设长江经济带的瓶颈制约。

推动长江上中下游地区协调发展和沿江地区高质量发展，以及国家政策方面的大力支持，有利于加强长江经济带领域周边环境与资源的保护力度。由于资源的稀缺性，政府是开发流域的主体，处理空间地理位置的非均衡问题是必不可少的环节。完善交通体系建设，打造一条高水平的综合性的交通运输体系，是长江经济带发展的首要条件，带动各地区物流体系建设，建立公路、铁路、水路多方面的交通运输网络，从而快速消除瓶颈制约。另外，充分发挥创新驱动战略的作用，以创新推动产业发展，加快产业转型升级，突破核心技术，促进科技成果转化，不断提高自主创新能力，提高产业核心竞争力。发挥上海龙头引领作用，以中国（上海）自由贸易试验区为辐射点，推动沿长江流域由东向西开放，推广上海自贸区可复制改革试点经验，并设立若干内陆自贸区，带动中上游地区开放发展。

3.3.3 四川自贸区融入长江经济带发展的意义

长江经济带是一个区域经济系统，具有地域性、整体性、综合性、自组织性等区域经济系统的一般特征，同时它又是依托大江大河发育生长的特殊区域经济——流域经济，具有区段差异性、网络层次性和天然开放性等流域经济的特点，而且，经济和产业活动必然与水息息相关，以水资源综合利用为基础的"涉水"经济系统是长江经济带建设的特色所在。以四川自贸区建设作为驱动力推动长江经济带发展，有利于走出一条生态优先、绿色发展之路，真正使黄金水道产生黄金效益；有利于挖掘上中游广阔腹地蕴含的巨大内需潜力，促进经济增长空间从沿海向沿江内陆拓展，形成上中下游优势互补、协作互动格局，缩小东中西部发展差距；有利于打破市场壁垒，推动经济要素有序自由流动、资源高效配置、市场统一融合，促进区域经济协同发展；有利于优化沿江产业结构和城镇化布局，建设陆海双向对外开放格局，培育国际经济合作竞争新优势，促进经济提质增效升级。加强长江经济带与"一带一路"衔接互动，为"一带一路"提供支撑的同时，也能全面提升自身的对外开放水平，实现国内区域与国际区域的有效衔接，更好地利用国际国内两个市场、两种资源，构建开放型经济新系统，形成全方位开放新格局。

3.4 四川自贸区建设面临的机遇、挑战、优势与劣势

3.4.1 四川自贸区建设面临的机遇

3.4.1.1 投资吸引力增强

"一带一路"倡议的实施不仅吸引了大量投资，同时也为四川的跨国贸易发展提供了新的可能。因此，四川自贸区的建设是"一带一路"倡议下的正确选择，不仅促进了自身的发展，而且对铁路、公路、机场、水路加强了建设，注入新的活力，同时对外输送了四川的优势产业，如钢铁、机械、建筑等传统优势产业，加强了互利合作。

3.4.1.2 国际合作加强

"一带一路"为四川提供了融入世界经济格局的机会。作为非沿海省份，四川曾长期以旅游胜地吸引国外游客而非以贸易吸引国外投资。然而，在"一带一路"的不断推进下，四川省与"一带一路"沿线 65 个经济体进行贸易合作，实现了各国产业与四川省产业的高度互补。2014 年，四川与"一带一路"沿线国家的贸易总额达到 212.1 亿美元，工程承包额超过 40 亿美元。因此，"一带一路"倡议能够将四川省具备的优势和过剩的产能转化为合作优势，促进四川制造产品的畅销、技术交流和合作便利性的提高，

消化掉省内甚至国内过剩产能，从而打造一个共赢的开放型经济生态系统。2016 年，四川省与"一带一路"沿线国家的货物贸易进出口总额约为 111.4 亿美元。2017 年，成都出口到老挝、泰国、土库曼斯坦和卡塔尔等"一带一路"国家的金额增速分别增长 30.3%、10.6%、47.7% 和 19.3%。这些数据充分说明了在目前的"一带一路"背景下，四川已经开始和国际接轨，加强国际贸易刻不容缓，四川自贸区不应满足现状，应当充分利用这次机会。

3.4.1.3 基础建设得到改善

为融入"一带一路"建设，成都也在改善其交通条件，目前双流国际机场正在进行改造，改造完成后预估能够容纳旅客 6000 万人次。同时，成都也开始全面建设天府新区新机场，预计能够在 2020 年完工，以形成"一市两场"的航空发展格局。在铁路方面，西城和成高高速铁路也在迅速建设，正在努力建设从成都到北京和昆明的高速铁路。为了符合国际标准，蓉欧快速铁路的国际航站楼于 2015 年在波兰罗兹建立了一个中转站。2016 年还在德国和荷兰建立分拨中心并且拓展至宁波、厦门、深圳等沿海贸易城市，这些便利的交通条件在扩大四川贸易量的同时也带动了四川旅游业的发展。这充分说明物流与贸易息息相关，快捷便利的交通条件将大幅度提升四川对外贸易的能力，贸易需求量将会显著提升。

3.4.2 四川自贸区建设面临的挑战

倡议的实施从来都不是单向的，"一带一路"倡议的实施同样不可避免地有双向性。"一带一路"不仅为四川自贸区带来了机遇，同时在建设过程中也面临着诸多挑战。

首先，是产品过剩的问题。"走出去"和"引进来"两者相互依存，四川的产品如果由于某些问题未能销售，就可能造成产品过剩。特别是，目前的"一带一路"倡议涉及沿线多个地区，其中囊括了许多经济发达、实力雄厚的沿海地区。其本身贸易能力就强，如果形成恶性竞争和重复投资就会导致严重的产品和资源浪费。

其次，一些国家的市场进入是困难的，如柬埔寨、菲律宾、老挝等。为了保护当地正在发展的经济，部分国家并不会主动加入自由贸易，这就导致了进入当地市场的难度较大。同时，沿线部分国家自然和矿产资源相对丰富，劳动力低廉，而四川的传统优势产业就是钢铁等资源，这很明显会加大四川企业进入当地市场的难度，如果处理不当，会引起资源的浪费，如果强行进入市场，可能会破坏两国贸易协定，违反世贸组织协定，从而影响大国形象。

3.4.3 四川自贸区建设的优势

3.4.3.1 区位优势

四川对外通道畅达，位于长江经济带与"一带一路"的交会点，蓉欧快铁开行班列数量居中欧班列首位，到 2020 年，成都将建成 4～8 小时快铁交通圈。2016 年 6 月 8 日，全国八个城市统一更名为"中欧班列"，原成都段"蓉欧快铁"更名为中欧班列（成都）；高速公路总运输量达 1000 公里；青白江国际铁路港的建设，能够使四川对外贸易产品运输速度得到较大的提高。截至 2017 年 6 月，成都已开通 100 个国际直航航线；成都天府国际机场也已开工建设。2016 年，成都双流国际机场客流量超过了 4000 万次，国际旅客吞吐量超过 400 万。

3.4.3.2 出口退税优势

货物出口到保税区没有退税，但出口到出口加工区有退税，由于出口加工区虽属国境内，但货物出口到出口加工区视同离境，该举措可降低企业资金占用成本，激发企业开展对外贸易的活力。货物在保税区和境外两者间来回进出时，实行备案制，四川自贸区成立后，海关对货物的管理方式变成直接对企业进行账户管理，代替了传统的手册管理方式，一旦非保税区的商品进入到保税区中，则在法定意义上视为已经出关，凭外汇核销单、出口报送单及增值税发票即可立刻办理出口退税手续，无须再等货物离境时办理，大大节省了企业进出关境的时间，为企业开展对外贸易提供了便利。

3.4.3.3 金融外汇管理宽松

金融制度在自贸区内得以放宽，使金融活动更加自由。其主要内容包括：银行支付存款利率的限制条件得到放宽甚至取消，政府对自贸区内的银行贷款控制放宽，一些情况下甚至取消限制。此外，自由贸易区可以运用一些新的金融工具，在自由贸易区构建新的金融市场。同时，减少对外国金融机构业务的控制，不再严格限制国内金融机构进入国际市场。对于外汇，放松对其的管制，并且放开经常项目下的货币兑换，在汇率制度的安排中使汇率的灵活性得到增强。

3.4.3.4　营商环境及国际影响力优势

在同类国家外商投资企业中成都的认可度较低，但审批效率最高，是"中国内陆投资环境标杆城市"。同时，落地成都的世界500强企业有278家，拥有16家领事机构和33个国际友好城市，可见成都市的国际贸易发展基础较好。

3.4.4　四川自贸区建设的劣势

3.4.4.1　制度政策红利消失

四川自贸区的建设得到了国家政策的大力支持，但受益于新的发展道路的同时，也面临着风险和挑战。到2019年8月，中国已批复成立了18个自由贸易试验区，另外还有多个地区的申请等待国家有关部门的批复。自由贸易区的政策红利随着中国自由贸易区的出现和扩大而逐渐减少。如何建立好一个不仅可以促进本地区经济发展，又能提高贸易区的整体优势的自由贸易区，并且能从众多自由贸易区中脱颖而出，是四川地方政府值得思考和规划的问题。

3.4.4.2　产业优势弱化

受国外市场需求减少的影响，我国商品出口数量发生改变，我国与国外的贸易顺差也由此发生变化。四川自由贸易区内的一些优势产业在国外的竞争优势在减少与消失，因此，如何辨认竞争优势正在减少的产业，帮助它们成长，提高区内产业整体优势成为四川发展经济的重要挑战。对此，四川政府应通过积极建立自由贸易区来引导更多优秀的企业进驻，使区内企业技术能力得到提高，让更多的企业能够在贸易区得到更多的收益。

4

"一带一路"倡议下四川
自贸区产业发展的基础

四川自贸区直接涉及的地区有成都和泸州，包括成都天府新区、成都青白江铁路港区和四川南临港区三个片区。而中国的改革开放一直是由点带面式的发展，通过利用一部分地区的区位优势与产业优势建立起试验区使其得到优先发展，最后推广试点地区的经验，以实现整体经济实力的全面提升。这种改革开放的路径意味着脱离四川省而单独研究四川自贸区是不恰当的，四川自贸区作为内陆对外开放的平台，对解决西南地区相对落后的经济发展问题具有重要意义。因此，在"一带一路"倡议下探索四川自贸区的产业发展时，首先要分析四川省产业发展的现状。另外，四川自贸区处于长江经济带所含括位置范围内，"一带一路"倡议有利于促进长江经济带贸易快速发展，从而间接促进四川自贸区的产业链发展，提高经济的发展速度。

4.1 四川省产业结构的演化过程

如图 4-1 所示，四川省经济总量及各产业生产总值在西部地区排名第一，四川作为西部地区的经济核心，随着四川自贸区的建设与发展及"一带一路"建设在四川自贸区的进一步落实，四川省的公共基础设施日趋完善，为金融、旅游、服务等产业的发展提供了更加滋润的土壤，四川省的优势产业将在自贸区集聚，利用优势形成一定的规模效应，有利于推动整个地区经济的增长。因此，在任务梳理上，首先要对四川产业结构的发展历程和现状进行一定的了解，合理分析四川自贸区的建设情况，掌握产业发展潜力，以上对进一步了解四川自贸区建设和发展方向具有重要意义。

（亿元）

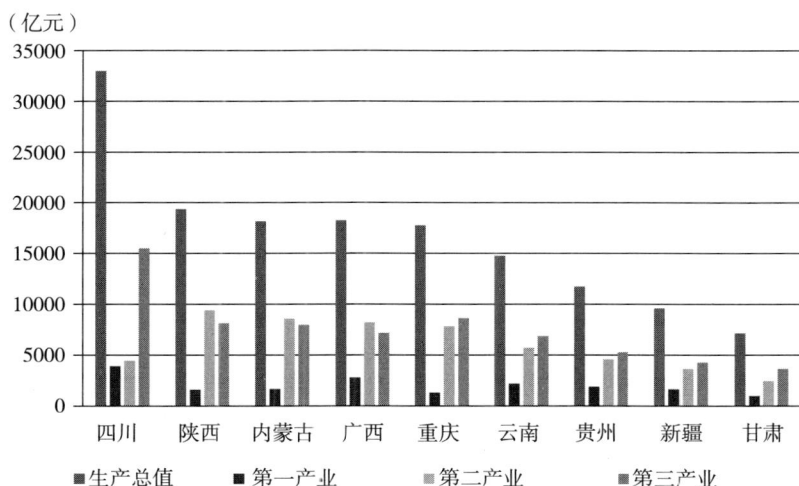

图 4-1 西部地区分省份生产总值

资料来源：《中国统计年鉴》（2017）。

4.1.1 四川省产业结构现状

四川省是主要依托传统农业发展的大省，其第二产业发展迅速，逐步赶上第一产业，第三产业发展加快，呈现上升趋势。如图 4-2 所示，自2000 年以来，四川省三项产业结构不断变化。第二产业在经历一段时间的飞

（%）

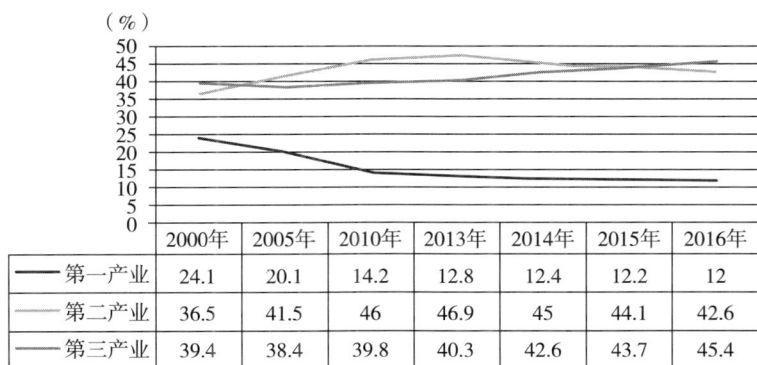

	2000年	2005年	2010年	2013年	2014年	2015年	2016年
第一产业	24.1	20.1	14.2	12.8	12.4	12.2	12
第二产业	36.5	41.5	46	46.9	45	44.1	42.6
第三产业	39.4	38.4	39.8	40.3	42.6	43.7	45.4

图 4-2 四川省三次产业发展情况

资料来源：《四川统计年鉴》。

速上涨后达到一个最大值，然后占比开始出现回落；第三产业占比则一直处于上升状态，且变化幅度较大，原因是近年来四川政府对第三产业的扶持加大，而且第三产业的产业基础相对薄弱，工业发展的空间相对较大。

4.1.2 四川省产业结构演化历程

四川省产业结构的演变总体可分为五个阶段。第一阶段是 1978~1990 年。在这个阶段，四川省被认为是中国重要的农业大省，其经济主要来源于农业的发展。第一产业以 42% 的占比占据了四川省工业经济的最大比重，远超第二、第三产业。

第二阶段是 1991~2000 年。目前，四川省农业总产值逐年下降，第一产业产值约占 28%，比上期大幅下降。而第二产业迅速发展，产值占比达到 41% 左右，此时国内大力发展工业，政府出台了大量政策以刺激工业产业的发展，工业主导经济发展，第二产业发展迅速。与此同时，第三产业在产业结构中的占比有所上涨，但上涨幅度不大，有了基础性的进步与发展。

第三阶段是 2001~2008 年。2001 年我国加入 WTO，经济发展进入飞速增长阶段，四川经济与全国经济发展趋势保持一致，经济总量一直攀升，2007 年以突破数万亿迈入了一个全新的发展阶段。与此同时，由第一产业占比长期下降所积累下来的劳动力素质在不断提高，再加上第二产业发展所带来服务业的发展及政府对第三产业的重视，第三产业迅速崛起，其产业所占比重也不断提升，近年来的增长幅度逐渐增大，在此阶段第三产业占比保持在 38% 左右。第一产业比重虽继续下降但下降趋势较前有所缓解。第二产业份额保持稳步缓慢的增加。

第四阶段是 2009~2017 年。自 2008 年汶川发生大地震到 2017 年国务院颁布设立中国（四川）自由贸易区，四川省的产业结构在稳定的过程中不断调整和优化，逐步走向强大的工业省。2008 年，四川省总产值为 12506.3 亿元，年增长率为 9.5%，同比增长 7.7% 和 8.8%。可以看出，虽然 2008 年经历了经济危机且受大地震影响，但四川省的经济仍以较快比率增长，且这一比率高于我国全年 GDP 增速，四川发展潜力巨大。

从具体产业结构变化分析看，首先，这三年来第一产业增加值分别为 2366.2 亿元、3924.08 亿元和 4282.01 亿元，年增长率分别为 3%、3.8% 和 3.8%，对地区生产总值的贡献度分别为 5.2%、6% 和 5.5%。可以看出，在该阶段第一产业在四川经济发展过程中所占比重仍在继续减小，其增速也远远小于地区生产总值。可以推测出，第一产业在今后四川的经济发展过程中仍将保持较小占比，这是一个城市产业结构趋于成熟和经济发展迈向繁荣的必然结果。

其次，第二产业的发展，2008 年、2016 年、2017 年这三个年度内四川省第二产业的总产值分别为 5790.1 亿元、13924.73 亿元、14293.99 亿元，同比增长 12.5%、7.5%、7.5%，对 GDP 的贡献度分别为 61.9%、42.5%、40.8%。从这三年经济发展的数据中可以看出，2008 年第二产业的增长速度及第二产业对地区生产总值的贡献程度均为三年中最大，究其原因是受 2008 年地震影响，灾后重建需要大量工业材料，除从其他城市及从国外进口工业材料外，其余供给则来源于本省企业的生产，所以第二产业在 2008 年的总产值中占比较大，但其数据不具有一般性，没有较强代表性。2016 年和 2017 年的数据相对较为合理，第二产业占近 40%，增长趋势趋于一致，表明四川省产业结构已逐渐趋于稳定，第二产业发展虽至关重要，但相对而言，第三产业在现有经济形势下更具领先地位。

最后，关于第三产业的发展，这三年四川第三产业的总产值分别为 4350 亿元、148316.9 亿元和 1844404.2 亿元，同比增长 8.3%、9.1% 和 9.8%，对四川生产总值的贡献度分别为 32.9%、51.5% 和 53.7%。受汶川地震的影响，2008 年四川第三产业极其低迷，因此，在 2009 年，国家针对四川经济发展现状颁布了促进四川旅游、金融、教育等第三产业发展的一系列计划和措施。自此，四川省第三产业迅猛发展，截至 2017 年底，第三产业在四川省三大产业中所占比例达到 50%，处于领先地位，且呈现出继续扩大的趋势。第三产业是衡量一个地区经济发展水平的重要指标，能有效促进地区经济持续稳定增长，且第三产业的发展程度和水平也决定了一个地区未来进行产业结构升级和优化的难易程度，这对四川经济发展具有重要意义。

第五阶段是从 2017 年四川自贸区成立至今。经过上述分析，可以看到现阶段第三产业是四川经济发展的有力支柱，且在一段时间内其重要性将进一步提高。第二产业作为经济发展的重要组成部分，未来的发展必定以产业优化升级为主要的形式，大力发展高新技术产业和高端产品制造业，实现从劳动密集型产业向资本密集型产业转变。而第一产业，由于其生产的必要性，在四川今后经济发展的过程中将逐步实现与其他产业进行融合，朝着促进环境、经济协调和可持续发展的方向发展。

4.1.3 四川省各产业发展潜力

首先，关于第一产业的发展。近年来，工业技术的发展及第三产业等有关新兴产业的兴起，使四川省第一产业的产值占比一直在下滑。相对于其他两大产业而言，第一产业产出周期较长，总产值不大，但其提供人生活必不可少的相关物资，再加上四川具有发展农业的优势，在四川自贸区建设的背景下，利用"一带一路"建设的契机，打造优势农产品品牌，有利于第一产业优势农业的发展。譬如，早在2014年，四川省多家茶叶企业就达成了品牌推广协议，打造了自己的省级品牌，已经建立了大量的初级加工设施，以提高初加工农产品的能力。在今后四川自贸区第一产业的建设过程中应该把"建设基地、打造品牌"作为重点，即要突破现代农业、林业、畜牧业重点县的建设，扩展基地建设，打造品牌县城。四川省当地政府已经出台了十多项行动计划，加快农业体制改革，以加快四川从农业大省向农业强省过渡，系统地提出了路线图、时间表和责任，为四川自贸区进行第一产业发展注入了新的活力。

其次，关于第二产业的发展。绿色发展是现代经济发展的趋势，现代工业发展应当以绿色发展为前提，只有实现绿色发展，才能为产业发展注入持久新动力。在2013~2016年，四川关闭了大部分小煤矿，削减生产能力，淘汰了大部分钢铁工业落后生产企业，解决了一部分钢铁产能过剩的问题，推进节能降耗，促进绿色低碳生产。而2012~2016年，四川省的万元GDP能耗也出现了大幅下降。2017年，我国企业的工业能耗又在2016年的基础上下降了约8.44%，5年时间内四川工业能耗下降了39.4%。这表明四川第二产业的发展正在逐步优化，结构布局更加合理有效，这也为四川自贸区第二产业的发展指明了前进的方向。在建设四川自贸区的过程中，必须注重产业服务业和创新驱动，加快工业企业的转型升级，减少能源消耗，同时尝试发展"新动力"，加快建设技术含量高、污染少的生产方式和产业结构，促进四川自贸区第二产业的发展。

最后，关于第三产业的发展。在金融领域，在"一带一路"的背景下，四川自贸区的建设、四川金融产业蓬勃发展、技术和金融的军民融合作为"一带一路"多层次资本市场的重要组成部分，促进了中小企业对国内外资本市场的全面整合，开启了四川区域股市的新篇章。2017年上半年，金融业增长率增长8.2%，GDP比重由6%上升至7%以上。在服务领域，为了加强服务业的发展，四川推动生产性服务业向优质服务业转变，依托四川服务业的发展，在四川自贸区内也将在生产服务业中创建一批国内外知名的龙头企业，鼓励制造业企业面向产品的生产延伸到服务业，大力发展本地区优质服务业。在信息技术安全领域，2017年四川信息安全产业实现主营业务收入 163.8 亿元，比 2016 年同期增长 31.1%。通过从销售设备到销售服务的自由贸易区，四川的更多企业实现了"走出去"。通过自贸区平台，四川第三产业建设的途径更加畅通，支持产业发展的环境更加便利，能进一步促进第三产业发展，进而实现区域经济增长。

4.1.4　四川省三大产业的就业布局演化过程

2010~2017 年，四川省三次产业就业人口如表 4-1 所示。第一产业的就业人数继续下降。第二产业就业则处于平稳发展状态，有轻微上升趋势，不过整体上升幅度不大。第三产业在这一阶段发展迅猛，一直处于不断上升状态，且上升幅度明显，在 2016 年，第三产业与第一产业就业人口基本持平。根据对就业人员的统计，第一产业的大部分劳动力转移到第二产业和第三产业，但第二产业的发展和建设离不开充足的劳动和技术支持。所以在这个过程当中，许多劳动力开始转向要求较低的第三产业。

表 4-1　四川省三次产业就业基本情况

年份 项目	2010	2011	2012	2013	2014	2015	2016	2017
劳动力资源总数（万人）	6301	6343	6387	6439	6490	6543	6583	6490
就业人员合计（万人）	4772.53	4785.47	4798.3	4817.31	4833	4847.01	4860	4872
第一产业（万人）	2083.2	2043.36	1991.3	1955.79	1909	1870.91	1827.4	1792.9
第二产业（万人）	1188.82	1210.78	1233.18	1254.51	1275.9	1289.31	1302.5	1315.4
第三产业（万人）	1500.51	1531.33	1573.83	1607.01	1648.1	1686.79	1730.1	1763.7
第一产业（%）	43.7	42.7	41.5	40.6	39.5	38.6	37.6	36.8
第二产业（%）	24.9	25.3	25.7	26	26.4	26.6	26.8	27
第三产业（%）	31.4	32	32.8	33.4	34.1	34.8	35.6	36.2

资料来源：《四川统计年鉴》。

总的来说，四川的经济总量在全国排名靠前、西部领先，但仍有很多问题，如人均水平靠后、城市发展不均衡、民营经济不发达、现有产业层次较低、产品低端化与初级化、对外开放贸易程度不高、城市化进程滞后等。在对外贸易方面，现有交易规模较小且增速缓，市场主要集中在美国、东盟、韩国、欧盟和日本，对外贸的依存度较低，不利于"一带一路"建设的开展，限制了产业规模的扩大和提升，应进行产业调整，找到新的刺激对外贸易发展的产业因素，带动四川经济的增长。另外，四川零售品出口虽然在全国排名第七，但多以出口低端产品为主，主要参与的是生产附加值低的商品。产业结构上第三产业在猛增，趁势优化产业结构，推动产业向科技型建设转型发展能提高四川省比较优势，配合"一带一路"建设，通过自由贸易区平台发展对外贸易。除此以外，四川许多地方地势崎岖，会给运输增加难度，提高成本，这也是四川自贸区产业发展会遇到的重要问题，因此要规划建设发达的运输网络，连接东西、贯穿南北，提供便利的交通支撑。

4.2 四川省产业布局现状

4.2.1 四川省优势产业基础

从产业发展的大局来看，四川经济发展的优势产业包括资源、农产品、装备制造和高新技术产业等。在资源方面，四川的水资源丰富，储量达到14268.85万千瓦，其中可利用量达7611.2万千瓦。矿产资源储量居全国前列，资源种类繁多，达到89种，其中28种矿产资源储量居全国前三位。钒、钛、天然气等11种资源在全国排名第一，铁、石棉等10种资源在全国排名第二。丰富的矿产资源可以为四川高载能产业的发展打下基础，支撑一大批具有优势的特色资源产品如钢铁、氯碱化工、钒钛、稀土和电解铝等特色矿产产品的发展。在农产品方面，四川作为我国农业大省，是我国粮食、油料、蚕茧、柑橘、茶叶等多种经济作物的主要产区，农产品加工业得到了大力发展，可依托农产品优势，在自贸区内发展精致农业，形成具有点对点聚类和领先优势的产业链。在装备制造方面，近年来重化工业化带来的市场机遇使四川省装备制造业形成了自己的优势产品链，以大型发电设备和大型冶金化工设备为代表的重型机械已经形成，还包括大型工程建筑设备、机车车辆、油气设备、大型环保设备、航空和空中交通管制系统设备，以及数控技术和设备。具备国家较强竞争优势的重点产品链是我国重大技术装备制造业集中度最高的区域之一。在高新技术方面，四川省重要的电子工业基地依托"十五"和"三线建设"时期的国家战略有了数字家电、集成电路、软件、网络通信、军用电子设备等高科技含量、高附加值、高优质产品的市场份额，四川省已成为中国重要的信息安全产业基地和国家软件产业化基地之一。2018 年 6 月，四川省委十一届三次全会作出构建具有四川特色优势的"5+1"现代产业体系的重大部署，着力将电子信息、装备制造、食品饮料、先进材料、能源化工等打造成主营业务超万亿元的支柱产业，大力发展数字经济。

4.2.2　产业集群发展的优势

产业集群是当今产业发展的重要趋势和特征之一，是指在某一特定领域，和某一特定产业有关的企业、相关机构在空间上相互凝聚、互相帮助、协调合作，从而创造出一股强劲力量，并利用自身的竞争优势，使整个集群内部的企业和相关机构均受益的现象。其中所指的企业和相关机构包括以基础工业、原材料生厂商为代表的上游企业，直接面对消费者的制造商、销售商等下游企业，以及以中介、技能培训学校为代表的相关机构。目前，世界上所有国家都有自己的产业集群，如英国钟表产业集群、印度咖啡产业集群、荷兰花卉产业集群和日本汽车制造业集群。即使是在我国，早期建立的上海自贸区、广东自贸区、浙江自贸区、福建自贸区也有属于自己的产业集群，并发展到了一定规模。产业集群具有很大的发展优势。首先，产业集群的发展有利于集群内企业间的资源共享，提高资源利用效率，大大降低企业生产成本，扩大企业利润。其次，产业集群的发展可以避免不良竞争，改善各企业间相互竞争的现象，使集群内各企业以共同开辟新市场为主要目标，不断扩大产业发展的市场规模，实现企业发展的"双赢"。最后，集群式的发展可以为整个区域的产品创造出强劲的竞争优势，使其具备产业发展的规模效应，开创企业互惠互利发展的局面。如果长江经济带在各个自贸区的基础上能够建立所属地区的产业集群，充分发挥各自的地区优势，降低企业间的生产和交易成本，实现资源共享，利用各自产业集群发展的优势，则长江经济带领域的各大企业都能实现产业化快速发展。

4.2.3　四川省产业集群的划分

根据四川的地理位置和经济发展状况，产业集群与城市群的耦合联动发展是四川经济发展的现实选择。早在四川省"十二五"规划中，四川省政府明确划分了四川经济发展的四大城市群：成都平原城市群、川南城市群、川东北城市群和攀西城市群。其中，成都平原城市群是四川省内人口最为密集的地区，具备人口、经济、产业、设施、农业、自然条件等资源与优势，呈现出以成都为原点组层叠加的结构；川南城市群密集度中等，空间形态较好，呈现三角形的空间结构，具有一定的工业和产业发展优势；川东北城市群是四川的经济腹地，有着便利的交通网络，是第三大城市群；攀西城市群面积广阔、资源丰富，作为工业发展的重要支撑点，早在 2013年就由国家发改委正式批准设立攀西战略资源创新开发试验区。

4.2.4 以城市群为发展单位进行的产业布局

合理的产业布局是一个地区利用其先天优势促进经济发展的先决条件。目前，四川省的产业布局和分工是以五大区域和几个主要城市群为基础逐步进行调整的。其中，成都经济区重点发展以汽车和建筑机械为主导的现代制造业，以电子芯片、航空航天材料、生物医药和 5G 为代表的高科技产业，以现代教育、互联网金融和现代旅游为代表的服务业，以有机食品和名牌健康产品为代表的产品加工业。川南经济区集中发展能源产业，大力发展水电和煤炭，努力开发新能源，竭力发展名茶、名酒等高端食品工业，以建材和新材料为主发展材料工业，基于历史文化背景和地缘优势发展旅游业。川东北经济区集中发展以有机蔬菜、有机猪肉和粮油为主的农业加工业，以丝绸、麻纺、棉纺为主的纺织业，以煤气和天然气为代表的石化工业，以及备件加工业，主要包括摩托车、汽车和卡车。攀西经济区集中发展以钢铁和其他稀有金属为主的冶炼产业，以高端酒店、高端服务为主的观光旅游业，并以其独有的热带水果和药材为主发展农业和制药业，化学工业主要发展煤化工和盐化工。川西北生态示范区则集中发展以少数民族体验和特色景点为主的旅游观光业，以稀有矿产和稀有金属为代表的采掘业，以名贵药材和稀有药材为主的中药加工业，基于现代金融和现代教育的现代服务业。这一布局与四川省委十一届三次全会作出实施"一干多支"发展战略，构建"一干多支、五区协同"区域发展新格局的战略部署是一致的。

4.2.5 四川省产业布局的不足之处与改善途径

以城市群为发展单位的区域性产业布局与分工在推动四川经济发展的同时，也存在一些缺陷与不合理之处。首先，地区重复项目过多。5 个经济区几乎都要发展旅游业，且在冶炼业和一些产品加工业上也有多处重合，这可能会导致区域性的不良竞争，不利于各城市群内项目的良好运行。其次,过于重合的产业发展项目可能会引发产能过剩的问题,从而降低产业发展项目的利润。再次,四川各地区以城市群为发展单位进行的产业集聚化发展,自成体系独立运行,缺乏有效的协同作用,在一定程度上不利于四川整体工业发展速度的提高。最后,由于各区域内本身自然资源及原有经济总量的不同,最终可能会导致各地区发展呈现出两极化趋势,导致一些经济发展相对较差的地区失去了发展势头。四川省的产业布局还需要在实践中不断进行升级改良和完善才能最大限度地发挥其优势作用,促进四川经济不断向前发展。

产业集群的发展是一个长期的过程。政府的参与和扶持成为推动产业发展必不可少的重要条件,在政府的帮助下制定相关产业发展政策,可以使无数的小企业凝聚成一股力量,再加上政府对当地基础设施的投资与建设,有利于推进当地市场一体化发展的进程,解决当地市场的分裂。随着时间的推移,"看不见的手"将慢慢发挥其作用,促进当地产品的细化与分工,进而吸引更多高质量企业入驻当地以带动经济发展,实现真正的市场化发展。

对于四川省集群发展的具体建议,第一是扩大投资规模,积极吸引地方投资。引进外资,通过扩大融资规模改善当地产业经济发展资金受限的状况。第二是借助本土资源优势,发展特色型经济集群,杜绝盲目跟风的现象。譬如,一些中小城市由于受自身经济条件的限制,不可能发展高新技术产品加工与制造业,而是应脚踏实地根植于当地优势产业,在细分领域中创造出自己本身产品的竞争优势。第三是要鼓励民营企业的建立。市场化是经济发展的必然选择,一个地区产业的发展不能仅仅依靠政府与国家的支持,只有利用市场调节的作用进行发展才能实现产业经济的独立运行,而在这一过程中,民营企业是最重要的"火种",只有保护好这枚"火种",并给予其空间,最终它才能拥有"燎原"之势。

4.2.6 结合自贸区建设定量分析各城市群产业发展优势

四川自贸区作为西南地区对外开放的重要平台,可综合各城市群产业发展的优势,以自身平台推动各城市群优势产业进行海外市场的拓建,促进各经济区域的外向型经济发展。因此,详细了解各个城市群经济发展的资源和产业优势,有利于四川自贸区发挥自身特色和优势,结合城市群的产业优势和四川省产业结构特点,实现以四川自贸区经济发展为中心的区域协调发展。以下通过定量评价分析了四川四大城市群的具体产业发展情况。总的来说，将详细分析从城市群发展而来的五个指标。

评估指标体系以科学、全面、数据逼真、可收集、可操作和可比较的原则构建。这些数据来自四川省统计局出版的最新《四川统计年鉴》。由于体系中存在不同的量纲，因此首先应对数据进行处理，把实际数据转化成无量纲的相对值，便于对比和综合分析。权重设置为每个指标的重要性，并由功率因数方法处理。具体公式如下：

$$Z_i = \frac{X_i - X_{min}^i}{X_{max}^i - X_{min}^i} \quad (4-1)$$

在对数据进行无量纲化处理后，建立评价体系（根据专家建议，对权值采用主观赋权法），如表4-2所示。

表4-2　评价体系

一级指标		二级指标	
名称	权重	名称	权重
经济发展水平	24	GDP（亿元）	9
		人均GDP（元）	15
经济增长质量	26	地方公共财政收入（亿元）	13
		地方公共财政收入占GDP的比重（%）	13
三大需求	16	全社会固定资产投资额（亿元）	6
		社会消费品零售总额（亿元）	6
		进出口总额（万美元）	4
城镇化水平	15	城镇人口（万人）	9
		城镇化率（%）	6
城乡居民收入	19	城镇居民人均可支配收入（元）	10
		农民人均纯收入（元）	9

（一级指标最左列合并为"综合经济实力（100）"）

然后合成评价指标：

$$f(x) = a_0 + \sum W_i \times Z_i \quad (4-2)$$

其中，Z_i为指标x_i的标准化值，W_i为指标x_i的权数。根据上述方法，首先将数据整理归类，并按照城市群划分，计算出相应数据。结果如表4-3所示。

表4-3 原始数据

城市群	城市	经济发展水平		经济增长质量		全社会固定资产投资额（亿元）	三大需求		城镇化水平		城乡居民收入	
		GDP（亿元）	人均GDP（元）	地方公共财政收入（亿元）	地方公共财政收入占GDP的比重（%）		社会消费品零售总额（亿元）	进出口总额（万美元）	城镇人口（万人）	城镇化率（%）	城镇居民人均可支配收入（元）	农民人均纯收入（元）
成都平原城市群	成都	12170	76960	1175	9.65	6620	4469	5584465	755.8	62.43	32665	14478
	德阳	1752	49835	100	5.70	895	545	388370	120.6	30.73	26998	11260
	绵阳	1830	38202	107	5.85	1080	778	291779	163	29.70	25341	10326
	眉山	1117	37227	90	8.10	923	345	33212	100.6	28.50	24135	10433
	乐山	1406	43110	93	6.52	864	487	111041	120.4	33.85	24791	9724
	资阳	943	37308	47	4.64	908	407	55727	90.7	17.88	25154	9798
	雅安	545	35335	32	5.92	471	178	7696	43.6	27.74	24435	9056
	合计	16963	48118	1447	8.53	11762	7210	6472290	1394	39.57	26217	10725
川南城市群	自贡	1235	44481	49	3.95	598	448	67152	113.2	34.30	23552	9974
	泸州	1482	34497	139	9.20	1181	491	27565	154	30.26	25240	9470
	内江	1298	34667	54	3.90	698	364	31495	97.4	22.86	23162	9565
	宜宾	1653	36735	126	7.31	1130	600	88989	108.2	19.52	24990	9831
	合计	4934	27122	309	6.26	3607	1903	215201	472.8	26.00	24236	9710

续表

城市群	城市	经济发展水平		经济增长质量		三大需求			城镇化水平		城乡居民收入	
		GDP（亿元）	人均GDP（元）	地方公共财政收入（亿元）	地方公共财政收入占GDP的比重（%）	全社会固定资产投资额（亿元）	社会消费品零售总额（亿元）	进出口总额（万美元）	城镇人口（万人）	城镇化率（%）	城镇居民人均可支配收入（元）	农民人均纯收入（元）
川东北城市群	广元	666	25072	107	6.14	562	264	42146	73.5	23.70	20547	7202
	遂宁	1008	30615	55	4.90	914	366	62977	99.2	26.08	22790	9482
	南充	1651	25871	94	5.35	1245	624	28088	179.1	23.60	21223	8555
	广安	1078	33310	64	5.00	919	367	110834	94.1	19.95	24475	9514
	达州	1447	25291	85	5.37	1176	593	32523	144.2	20.96	20939	8945
	巴中	544	16045	44	7.23	848	224	16680	79.2	20.67	20887	6895
合计		5532	24134	302	5.47	5663	2439	293248	669.3	22.36	21810	8432
攀西城市群	攀枝花	1015	82221	57	7.22	617	256	30128	59.5	53.17	27322	10960
	凉山	1403	29549	121	8.54	1046	448	8263	60.7	11.97	23609	8264
合计		2185	35310	175	8.02	1663	704	38391	120.2	19.39	25466	9612

资料来源:《四川统计年鉴》(2016)。

对指标进行无量纲化处理合成评价指标后，各分项分析结果如表4-4所示。

表4-4 城市群各项指标分析

城市群	经济发展水平		经济增长质量		三大需求			城镇化水平		城乡居民收入	
	GDP	人均GDP	地方公共财政收入	地方公共财政收入占GDP的比重	全社会固定资产投资额	社会消费品零售总额	进出口总额	城镇人口	城镇化率	城镇居民人均可支配收入	农民人均纯收入
成都平原城市群	8.96	14.06	12.49	11.47	5.86	5.75	3.7	8.96	4.44	6.22	7.76
川南城市群	1.76	3.56	1.53	4.1	1.2	1.2	0.11	2.58	2.4	4.24	3.2
川东北城市群	2.12	2.07	1.46	1.55	0.54	1.66	0.15	3.94	1.85	1.81	8.82
攀西城市群	0.11	7.66	0.24	9.82	0.09	0.17	0.0048	0.14	1.41	5.47	2.75

资料来源：《四川统计年鉴》（2016）。

综合分析结果如表4-5所示。

表4-5 城市群综合分析

城市群	经济发展水平	经济增长质量	三大需求	城镇化水平	城乡居民收入	综合得分
成都平原城市群	23.02	23.96	15.31	13.4	13.98	89.67
川南城市群	5.36	5.63	2.51	4.98	7.44	25.92
川东北城市群	4.19	2.99	2.35	5.75	10.63	25.91
攀西城市群	7.77	10.06	0.26	1.58	8.22	27.87

资料来源：《四川统计年鉴》（2016）。

从总体结果看，不同经济体之间的差距明显，成都平原城市群的综合得分为89.67，在城市群中处于领先地位，其次是攀西城市群和川南城市群。但三者的得分都集中在26分左右，总的差距不大。其中，攀西城市群在经济发展水平、经济增长质量两个一级指标上，得分分别为7.77和10.06，明显高于川南城市群和川东北城市群，而在其他指标上，特别是三大需求和城镇化水平上，得分只有0.26、1.58，经济发展具有明显缺陷。同时，川东北城市群的城乡居民收入得分为10.63，接近成都平原城市群的13.98，超过其他区域，但在其他指标上略显不足；川南城市群也表现出没有突出指标的特征。从具体结果（二级指标得分）来看，成都平原城市群在各指标上都稳居第一，但在平均指标上，如人均 GDP 和城镇居民人均可支配收入的优势不如其他指标好，其最大优势集中在三大需求和城镇化水平。更加引人注意的是，攀西城市群人均 GDP、地方公共财政收入占 GDP 比重和城镇居民人均可支配收入的平均指标在四大城市群排名第二，得分分别为 7.66、9.82 和 5.47，但其在人口、GDP 总量等概括性指标上和其他区域相比差距极大，说明攀西城市群具有发达但形式较为单一的支柱产业。其余两个地区的指标处于城市群的中间位置，没有像攀西城市群这样的极端数据。各项指标发展较均衡，可以预测可能存在多个具有成为支柱产业潜力的产业。

表中数据表明，成都平原城市群的 GDP 总量占全省的一半以上，达到了 16963 亿元，进出口总额更是远超其他地区，达到近 650 亿美元；加上成都市超过 60% 的城镇化率、超过 9% 的地方公共财政收入占 GDP 比重、超过全国平均水平的人均 GDP 等优势，充分表明了成都平原城市群作为西南门户的地位，再加上四川自贸区位于成都平原城市群所属方位，城市群本身的资源和产业优势已成为四川自贸区现代服务业、高端制造业、高科技、机场经济和港口服务发展的基础。而成都平原城市群与周边城市群相连。川东北和川南地区是连接四川与其他地区的重要通道。四川自贸区可以利用其更加便捷和发达的交通网络，起到连接中国西部内陆与周边及沿海城市经济往来的桥梁作用。此外，成都平原城市群的经济优势、攀西城市群的钛钢产业，以及川东北城市群的能源资源，为四川自贸区大力发展高新技术产业、能源产业、高端装备制造业和交通运输业提供了成本和效益优势。以成都平原城市群为例，四川自贸区可以利用发达经济发展高新技术产业。以攀西城市群为例，四川自贸区可利用其具有的能源资源优势，成为攀西城市群对外出口大宗商品的运输平台基地，可利用当地钛钢产业的优势支撑四川自贸区航空航天产业的发展。

长江经济带不仅实现了区域协同发展，贯穿和延续东西部地区，而且以整体优势加快了长江经济带上中下游一体式发展，是中国发展的巨大引擎，带动中国经济的整体发展。四川自贸区在此基础上抓住与长江经济带协同合作发展的机遇，充分发挥本地区的优势，发展经济。四川自贸区在对外开放格局及长江经济带的发展过程中承担着内陆开放型经济的重要职能。

4.3 四川自贸区的建立对四川省 经济发展的影响

4.3.1 四川省产业发展趋势及外贸发展现状

4.3.1.1 国民生产总值与外贸经济的发展

近年来，四川省抓住国家西部发展的相关战略，结合本省经济发展实情，制定积极的发展政策，较好地实现了经济又好又快的增长。2016年全国 GDP 总量为 74.4 万亿元，四川省的生产总值为 32934.54 亿元，占全国 GDP 的 4.43%（见图 4-3）。

图 4-3 四川省 2006~2016 年地区生产总值

资料来源：CSMAR 数据库。

如图 4-3 所示，2006~2016 年，四川经济总量一直在增长。2006~2013 年，经济增长速度一直保持在 10% 以上，期间受到 2008 年金融危机及四川省高发自然地理灾害影响，与前一时期相比，经济增长率有所下降，但 2009 年的经济增长率已达到约 14%。2012 年以后，受全球经济低迷等影响，四川省经济增长速度逐步减缓，但仍在 8% 左右。

2016 年，四川经济进一步增长，第三产业比重超过第二产业比重，产业结构优化有了质的飞跃。从表 4-6 可以看出，2006 年，四川第一产业占三大产业的比重较高。在发展过程中，其比例开始逐年下降，到

2016 年，下降了 6.57 个百分点。第二产业呈现出先增加后减少的趋势。2012 年以后，四川省大力推动创新驱动发展战略，第二产业比重开始下降，但占比仍较高。第三产业先下降后上升，逐步增加，具有广阔的发展空间。四川自贸区对三大片区的规划，对第三产业的发展有着重大的推进作用，有利于实现产业结构的进一步优化，对四川对外贸易增长有着积极的作用。

表 4-6　四川省 2006~2017 年产业生产总值及产业构成

年份	GDP 总额（亿元）	第一产业（亿元）	占比（%）	第二产业（亿元）	占比（%）	第三产业（亿元）	占比（%）
2006	8690.24	1595.48	18.50	3775.19	43.70	3267.14	37.80
2007	10562.39	2032	19.30	4641.3	44.20	3832	36.50
2008	12601.23	2366.15	18.90	5790.1	46.30	4350	34.80
2009	14151.28	2240.61	15.80	6711.97	47.40	5198.8	36.70
2010	17185.48	2482.89	14.40	8672.18	50.50	6030.41	35.10
2011	21026.68	2983.51	14.20	11029.13	52.50	7014.04	33.40
2012	23872.8	3297.21	13.81	12333.28	51.66	8242.31	34.53
2013	26392.07	3425.61	13.00	13579.03	51.70	9256.13	35.20
2014	28536.66	3531.05	12.37	13962.41	48.93	11043.2	38.70
2015	30053.1	3677.3	12.24	13248.08	44.08	13127.72	43.68
2016	32934.54	3929.33	11.93	13448.92	40.84	15556.29	47.23
2017	36980.2	4282.8	11.6	14294	38.7	18403.4	49.7

资料来源：根据 CSMAR 整理。

　　图 4-4 所示为 2006~2016 年进出口总额及对应的同比增长率。从图中可以看出，四川对外贸易在 2015 年以前均处于增长状态。2008 年和 2011 年的同比增长率甚至达到 50% 左右。在 2008 年全球经济危机出现以后，全国进出口总额下降，东部沿海城市对外贸易受到严重影响的背景下，四川对外贸易仍处于增长状态。但在 2015 年，外贸进出口总额相比 2014 年出现大幅度下降，主要原因是世界经济与我国国内经济均处于下行阶段，四川对外贸易增长经历转型调整，此时，四川自贸区的建立将会从各个方面对四川对外贸易增长产生影响。

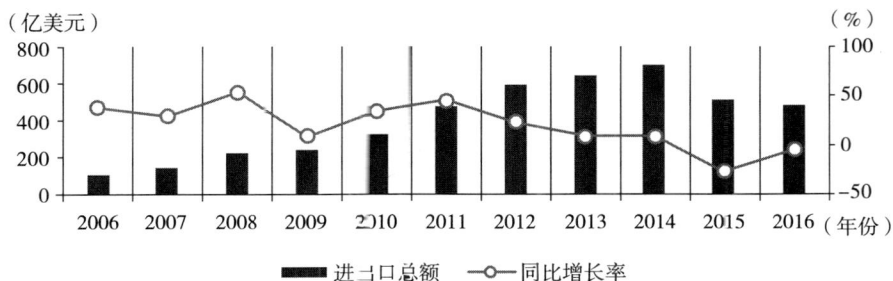

图 4-4 四川省 2006~2016 年进出口总额及趋势

资料来源：根据 CSMAR 中数据制作。

4.3.1.2 四川对外贸易发展的相关特征

在自贸区成立前，从表 4-7 中可以看到，在四川对外贸易中，工业制品占贸易的绝大多数，进口贸易中初级产品的比例比出口更重要，出口的工业制成品绝对数量大于进口。2016 年，四川省农产品出口贸易额为 6.3779 亿美元，机电产品出口贸易额为 156.75 亿美元。全省出口贸易比重分别为 2.3%和 71.5%，其中高新技术产品占 56.1%；进口商品结构与出口类似，农产品进口绝对总量相对出口而言较少，但也占比 2.1%，进口机电产品占 84.5%，其中高新技术产品进口占 73.7%。可以看到，四川省对外贸易商品结构在逐步改善，但对国外高新技术产品的进口比例还过高，科学技术等的发展将会进一步推动四川对外贸易的发展。

表 4-7 四川省商品主要进出口种类

单位：亿美元

商品类别	2014 年			2015 年		
	总额	出口总额	进口总额	总额	出口总额	进口总额
初级产品	26.79	8.45	18.34	22.38	8.59	13.79
工业制品	675.73	440.05	235.68	493.55	324.93	168.62

资料来源：《四川统计年鉴》。

在四川对外贸易的伙伴方面，如表 4-8 所示，由于地缘优势等原因，亚洲是四川对外贸易的主要地区，2015 年与亚洲国家的贸易占比为 48.2%，其中主要是与阿拉伯等资源型国家进行资源勘探等设备的贸易，与东盟国家贸易占比次之。2016 年与亚洲国家的贸易有所下降，为 45.6%，但亚洲地区仍然是四川贸易的一个主体区域；与欧洲国家的贸易从 2015 年占比 15.1%到 2016 年占比 16.7%，在贸易上的合作日渐增多；与北美洲的贸易往来最主要的国家是美国，进出口比例相对而言相差较少。从贸易对象的角度可以分析出四川在对外贸易中更容易主动发挥哪些优势，从而为后面自贸区战略布局对外贸增长的影响提供参考点。

表 4-8 四川省商品主要进口国

单位：亿元

地区	2014 年			2015 年			2016 年		
	进出口总额	出口总额	进口总额	进出口总额	出口总额	进口总额	进出口总额	出口总额	进口总额
亚洲	2199	1350	849	1537	995	542	1488	801	687
北美洲	966	587	379	801	477	324	950	555	395
欧洲	694	536	158	481	339	142	546	334	212
非洲	165	141	24	133	117	16	69	59	10
拉丁美洲	138	99	39	113	80	33	88	58	30
大洋洲	82	41	41	73	48	25	65	41	24
合计	4315	2754	1561	3190	2056	1134	3263	1848	1415

资料来源：根据成都海关报表整理。

以上从对外贸易总额、外贸商品种类和对外贸易伙伴关系等方面展示了四川对外贸易的发展。随着"一带一路"建设的推进和对外开放，自由贸易区的建立和布局将会发掘、利用和优化四川省本身的资源禀赋，为四川省对外贸易发展创造出更加有利的条件，促进对外贸易增长，带动区域经济增长。

4.3.2 外贸增长的影响因素

4.3.2.1 制度安排与创新

国家顶层设计是指引经济发展方向的重要因素。自 20 世纪 70 年代我国实行改革开放政策以来，我国对外贸易迅速增长，成为带动我国经济增长的主要力量。而市场经济下市场主体是以盈利为目标，建立与市场运行相契合的对外贸易制度能有效规范市场主体的行为，提供良好有序的交易环境，从而促进贸易的发展。但由于经济的发展不是一成不变的，特别是对外贸易的发展不仅涉及国内相关政治、经济因素，还涉及两个和两个以上国家的交往，国家间经济、文化、法律等的不同对国际贸易的发展会产生很大的影响。综观四川省制度安排，由于地处内陆，与沿海地区相比，在对外贸易发展政策的支持力度和创新能力上，整体还偏于保守。在国家深化改革开放、实行"一带一路"倡议与西部发展战略的背景下，根据过往相关经验及结合自身发展特色进行制度创新，有利于构建创新驱动贸易经济发展。

4.3.2.2 资源要素条件

资源要素对国际贸易的开展具有重要意义，它是对外贸易扩张的重要来源，也是决定地区开展何种商品贸易的重要条件。四川是农业大省，农业发展具有优势，农业贸易在四川对外贸易中占有一定的地位。此外，四川的外贸产品主要以电子产品为基础，具有较高的附加值。可以采用航空运输方式，在四川省相对低廉的劳动力成本下，具有对外贸易的相对优势。在资源要素优势上，四川现阶段劳动力资源较为丰厚，在承接东部产业转移的背景下，四川外贸实现了进一步的增长。但长期来看，全国外贸结构正处于升级之中，对高端服务业和技术性人才的需求加大，对一般劳动力的需求将减少。四川省在今后发展中需要注重人力资本的培养与创新实力的提高，释放出新的资源禀赋优势，拉动对外贸易的增长。

4.3.2.3 微观经济主体

企业是市场经济的支柱，是经济活动的重要载体。在经济全球化的背景下，企业的竞争和发展对提高国家和地区的竞争力起着重要作用。四川对外贸易企业的性质分为五大类，2016年，民营企业在对外贸易中发挥主要作用，但有下降趋势，外商投资企业数量在增多。四川外贸发展较好，但产品技术含量低、缺乏完善信息引导机制，以及主要以加工企业为主，没有自己的品牌，使其产品竞争力弱。企业数量众多但没有自己的品牌，具有大范围影响力的跨国公司较少，很多对外贸易企业只专注于短期利益，没有长期的发展规划，企业的创新能力还有待提高。

4.3.3 四川自贸区的建立对四川外贸经济发展的影响

4.3.3.1 进出口额不断增长

2017年，四川省对外贸易货物进出口交易额不断上升，如图4-5所示，四川对外贸易交易额总体处于上升趋势，在2月、4月、7月、10月环比增长有所回落，但远高于同期全国整体进出口增长幅度，在11月达到进出口峰值。

（亿元）

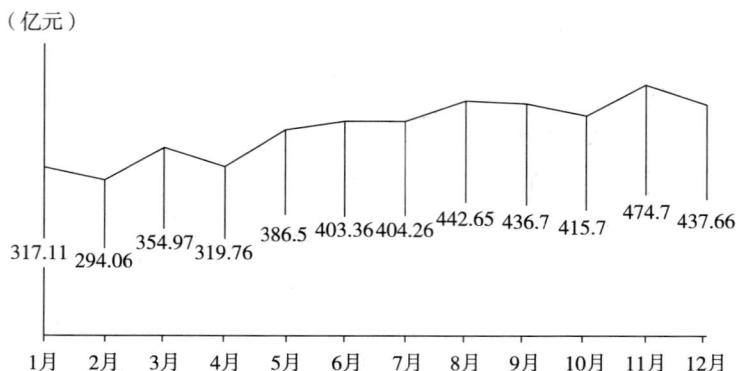

317.11 294.06 354.97 319.76 386.5 403.36 404.26 442.65 436.7 415.7 474.7 437.66

1月 2月 3月 4月 5月 6月 7月 8月 9月 10月 11月 12月

图4-5 2017年各月进出口总额

资料来源：根据四川省商务厅发布的数据整理。

如图4-6所示，四川省2017年进出口总额为681.2亿美元，相对2016年增长38.2%；其中2017年出口总额为375.5亿美元，与2016年相比，增长34.4%；2017年进口305.7亿美元，相比2016年增长43.1%。

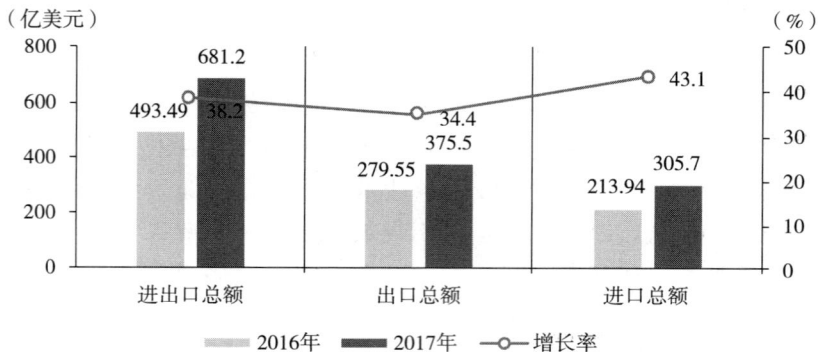

图4-6 四川省2016年与2017年对外贸易情况对比

资料来源：根据海关发布的数据整理。

4.3.3.2 机电产品在对外贸易商品中占绝大比例

从表4-9中可以看到，2017年四川对外贸易工业制成品仍处于主导地位，初级产品的进出口总额为 193.12 亿元，其中进口为 138.58 亿元，且主要进出口货物为非食用材料（燃料除外）。在工业制成品中，进出口比例相差不大，主要进出口产品为机械及运输设备，达到 3575.34 亿元，占到工业制品的 80% 左右。

表 4-9 2017 年主要进出口商品分类

单位：亿元

种类	进出口总额	出口总额	进口总额
总计	4605.86	2538.49	2067.37
初级产品	193.12	54.54	138.58
其中 2 类：非食用原料（燃料除外）	128.56	17.84	110.73
工业制成品	4412.74	2483.95	1928.79
其中 7 类：机械及运输设备	3575.34	1871.86	1703.47

资料来源：根据成都海关发布的数据整理。分类采用联合国《国际标准分类》（第三版）（SITC3）。

4.3.3.3 进出口市场多元化趋势增强

2017 年四川对外贸易在各大洲的分布如表 4-10 所示，对外贸易依旧以亚洲、欧洲、北美洲市场为主，但在各洲的贸易额均有增长。

表 4-10 2017 年四川对外贸易在各大洲的分布

地区	进出口额（亿元）	占比（%）	同比（%）
亚洲	2315.65	50.3	55.5
非洲	87.65	1.9	27.2
欧洲	840.69	18.3	53.9
拉丁美洲	108.43	2.4	23.9
北美洲	1142.46	24.8	20.2
大洋洲	100.81	2.2	55.4

资料来源：根据四川省商务厅发布的数据整理。

四川省对外贸易的主要伙伴国家为美国、东盟、欧盟、日本与韩国，2017 年末其各自的占比为 24.5%、19.5%、16.9%、7.4%、6.1%，五者合计贸易额占对外贸易总值的 74.2%。其中，与俄罗斯的贸易增长 60.7%，与波兰的贸易增长 71%，与捷克的贸易增长 77.3%。除此以外，四川与以色列之间的贸易往来在前 4 个月增长了 3.4 倍；与埃及的贸易加深，贸易增长总体保持 3 倍左右；与罗马尼亚之间的贸易增长保持 4.5 倍左右；与伊拉克的贸易往来从前 5 个月的 9 倍增速开始逐渐放缓。四川省在"一带一路"倡议与自贸区建设背景下，对外贸易的市场多元化趋势增强。

4.3.3.4 贸易方式多样化

2017 年，四川加工贸易与一般贸易同步快速增长，与此同时，贸易方式的多样化加剧。自 5 月始，保税监管场所进出境货物呈现大幅度上升，6 月其进出口总值为 29 亿元，增速为 1.2 倍，占总进出口值的 1.4%；9 月其进出口值为 49.8 亿元，增速为 1.3 倍，占总进出口值的 1.5%；12 月其进出口值达到 79.2 亿元，增速为 1.4 倍，占总进出口值的 1.7%。海关特殊监管区域物流货物增速逐月上升，12 月占总对外贸易的 9.8%。对外承包工程出口货物的增势明显，从 4 月进出口值 13 亿元到 12 月实现进出口值 35 亿元。

4.3.3.5 外商投资企业在对外贸易中占优势

从外贸经营企业的性质来看，如表 4-11 所示，四川对外贸易中民营企业为 3602 家，占全部企业的 81.1%，但在进出口总额中只占到 20.2%。外商投资企业数少于其他类型经营主体，但在四川对外贸易中占有绝对的优势。这在一定程度上说明四川对外贸易还没有形成自己的品牌，外贸市场还需要进一步整合发展。

表 4-11 2017 年进出口主要企业数目与对应进出口总额

企业性质	企业家数量		进出口总额	
	数量（家）	占比（%）	金额（亿元）	占比（%）
总计	4440	100	4605.88	100
外商投资企业	524	11.8	3136.7	68.1
民营及其他企业	3602	81.1	930.21	20.2
国有企业	314	7.1	538.97	11.7

资料来源：成都海关、四川省商务厅。

4.4 "一带一路"倡议下四川自贸区的产业选择

4.4.1 产业选择的前提和原则

4.4.1.1 中国经济发展的阶段与特征

从外部来看，经济危机后，世界贸易的规模在不断收缩，中国作为在全球排名第一的贸易大国，对外贸易的发展趋势与全球贸易发展趋势保持一致，也在不断减少，呈现出下降趋势。在过去的 20 多年中，我国对外贸易对经济增长的贡献超过 1/3，而现阶段对经济增长的贡献已小于 1/3，这是我国现阶段经济减速的一个重要原因。从内部来看，我国改革开放至今，工业化已有 40 多个年头，根据产业转移理论，财力和物力会从发展到顶峰的部门转移到发展相对薄弱不足的部门。当前，我国的大量财力、物力从工业部门转向服务业或其他高新产业部门。而 2017 年是我国经济结构和产业结构进行调整的重要之年，2016 年中央下达五大任务：去产能、去库存、去杠杆、降成本、补短板。去产能主要是关闭空壳钢铁煤矿厂；去库存是政府针对解决国内房地产库存多、一线房价高等问题制定的目标；去杠杆就是降 M2，任务是艰巨的，同时也反映了未来几十年应避免高风险，以低风险的方式进行平稳发展；降成本可以从多方面理解，结构性减税，甚至与补短板联合起来理解，发展自动化，补上科技的短板，同时也要补上基础设施的短板等。

4.4.1.2 产业选择的原则

区域产业的选择与发展对地区经济的发展至关重要。四川自贸区在进行产业选择时也是同样的道理，选择出符合四川人文地理、有竞争力的特色产业，对于提高自贸区的发展水平、实现自贸区辐射四川的发展目标具有重大意义。

首先，"一带一路"建设的推进，使原先不靠海、不沿边地区的对外交流能力得到提升，对外合作机会增多，对各地区经济发展战略定位的制定和调整产生了重大影响,位于内陆地区的四川也迎来了经济发展的良好机遇。而在"一带一路"推进的背景下,四川自贸区如何进行产业结构调整,实现产业结构的转型升级,如何结合当地发展特色与产业发展优势选择出顺应国家战略要求的特色产业,作为当地经济发展的新增长极,成为当前自贸区建设亟须重点关注和解决的问题。

其次,通过对四川产业发展现状的分析得知,四川工业化进程已处于中后期阶段,目前已成为中国西部最大的工业生产基地,形成了以电子信息、装备制造、食品饮料、能源化工、先进材料、汽车制造等优势产业为主导的门类齐全的工业体系,并形成了较完善的产业布局:成都城市群形成了以现代服务业、先进制造业、战略性新兴产业为核心的产业集聚;川南城市群形成了以高端装备制造、新能源、旅游文化为核心的产业群;川东城市群以农产品基地与农产品加工业为特色;攀西城市群则以稀缺资源、农业、旅游为核心发展特色产业。因此,根据《中国制造2025》及四川已有产业与出口比较优势,四川省应积极参与"一带一路"沿线国五大高端成长型产业——装备制造、电子信息、化工、农产品加工、生物制药,以及深化与五大新兴先导型服务业的合作。通过对产业选择的相关文献进行研究,结合四川省的实际情况,现提出以下三点四川自贸区进行产业选择的原则:

(1) 符合区域规划总体要求的特色产业。以经济效益为根本,选择具有比较优势的特色产业,提升产业的经济效益;以政治建设为保证,依据政策导向,有针对性地选择和培育特色产业;以文化建设为灵魂,用文化来包装特色产业,用文化来推广特色产业。

(2) 发掘和自贸区自身优势相吻合的产业。充分利用自贸区的政策优势、区位优势等自贸区本身具有的优势。依托天府新区、青白江区在高新技术和交通港口方面的优势,选择出具有较大发展潜力的包括信息技术、电子商务在内的第三产业。

(3) 注重与"一带一路"沿线国家的互补发展,与长江经济带地区的交互式发展。"一带一路"沿线国家既有发达国家和发展中国家,也有不发达国家,要与发达国家的优势产业进行错位发展,与欠发达国家进行配套发展。如有些沿线国家的基础设施需求很大,而四川省的基础设施企业刚好可以与其进行互补。错位发展则分为完全相异型、密切配套型和相同产业特异产品型三种类型。这样有利于实现经济的集约发展和效益的最大化。长江经济带地区产业有各自的特点,包括交通便捷、资源优势、产业优势、人力资源优势。四川自贸区可以不断发展自身的优势，立足内陆，承东启西，服务全国，面向世界，重点发展现代服务业、高端制造业、高新技术、开放性金融等优势性产业，实现产业资源的效益最大化。

4.4.2 产业选择的现实基础

4.4.2.1 产业发展的趋势

近代发达国家的进步是伴随着经济成长一起出现的，而经济成长是通过本国产业组成变动实现的，并且其经济发展的变动具有一定的规律：第一产业总量持续减少；第二产业比值先增长接着减少，最后保持水平；第三产业则保持稳步增长。而且，在不同的发展阶段，主导产业会由农业转变到工业再转变到信息化产业。从资源的依赖程度来说，是从劳动密集型（Labor-intensive）产业慢慢变化为资本密集型（Capital-intensive）产业到技术密集型（Technology-intensive）产业。众所周知，GDP 是反映一个产业发展好坏最直接的指标。以世界发达国家美国为例，分析美国的发展道路，可以清晰地发现，美国的产业结构就是从传统产业转到新兴产业。

改革开放以来，我国在经济建设方面取得了不错的成绩，但是这些成就的取得却有很大一部分是以资源消耗和环境污染为代价的。我国曾面临环境问题集中爆发、产业结构落后、资源配置不合理等问题，促进产业结构调整和转变经济发展方式是我国经济工作的重心，选择合适的产业具有重要意义。从国家到地方都需要结合资源禀赋、约束因子和外部环境等情况选择适当的主导产业或支柱产业，在梳理四川省产业优势与产业存在问题的基础上，结合自贸区本身特征，探索四川自贸区的产业转型选择具有必要性。

从四川自贸区产业选择的大环境来看，四川虽地大物博，但是人均资源短缺、生态环境基础薄弱、经济基础不扎实，而且技术能力与东部发达省域相比更是没有什么"干货"。加之传统发展观对我们发展理论和战略选择的影响，长期以来只重视数据，强调速度而忽略了经济效益和质量，社会发展与经济发展不协调，社会的进步和经济的增长不匹配，放任经济增长和国民人数、自然资源、生活环境之间的矛盾问题，导致人口基数庞大，增长速度不受控制，自然资源没得到充分利用，生活环境被破坏等问题。因此，四川省"十三五"规划纲要中立足"欠发达、不平衡"的基本省情，更加注重优化经济结构，更加注重体制机制创新。但在资源约束趋紧、环境污染严重、生态系统退化、经济社会发展与人口资源环境之间的矛盾日益突出的背景下，产业结构转型的障碍因素众多，资源环境已成为经济社会可持续发展的重大瓶颈制约。在这一现实背景下，立足四川生态建设和环境治理要求，实施可持续发展战略，贯彻绿色发展显得尤为重要。因此，针对绿色发展和建设美丽四川的要求，结合可持续发展战略，我们认为四川自贸区选择的产业应将传统制造业与数字经济相结合，实现智能化、数字化发展；大力发展以贸易为主的服务和投资行业（第三产业）；同时，积极依托已有的产业优势，重点发展电子商务、信息技术及以高新科技为主的新兴产业。

4.4.2.2 结合"一带一路"建设做好产业选择

四川省位于"一带一路"建设格局与长江经济带战略格局的交会处，而四川自贸区的青白江铁路港区、川南临港区又是沟通两带的关键通道，所以四川自贸区肩负着使两条经济带融合互动的战略使命。长江经济带以长江流域为纽带贯穿了西部、中部与东部，连接了陆上丝绸之路与海上丝绸之路，两者相互依存、相互推动，以点及线，由线带面，可以加强国内陆海的畅通运输、平衡经济发展，还可以在对外贸易上寻求更大的合作空间和机会。长江经济带横向自西向东连通中国的中西部，"丝绸之路经济带"则通往亚欧与世界经济接轨。

两者结合的战略意义体现在五个方面：一是共同创建文明的生态，始终以可持续发展为指导方针，利用长江流域的黄金水道运输，运用中上游蕴藏的巨大潜力促进经济的增长，缩小东部与中西部地区的发展差距，衔接了内陆与海上丝绸之路，有利于陆海双向对外开放；二是由于跨度的区域广和资源丰富，因此要进行合理的划分、采取统一布局才能极大地整合资源，实现最大化的利益；三是要升级经济结构，借助国际多元化的发展体系加快基础设施的建设，扩大覆盖范围，深化改革，促进创新驱动转型；四是建立新的开放体制，打造内陆的开放高地和拉动经济的产业引擎，支持各种要素的传递和流动，进行产业的合理配置、转型和升级；五是完善城市布局，建立一体化的经济区域，加强紧密的联系和沟通，建立共同管理合作的平台。

国家向外有"一带一路"倡议寻求经济发展新突破，向内有西部大开发战略缩小东西部经济差距。四川因为其独特的地理位置和经济优势脱颖而出，在这样的经济布局下，四川自贸区成为国家第三批成立的自由贸易区。有了以往贸易区的经验，四川自贸区在"一带一路"建设中定位清晰，即向外开放的桥头堡。这种定位使四川自贸区未来会有大宗的国际贸易，同时让自贸区的各个片区都能依托这一优势进行产业选择。具体为：

（1）天府新区依托国际货物流量优势，建立起临空经济区，发展以航空为主的口岸服务业，建立起类似于上海自贸区的货物集散地；依托国际贸易带来的技术、人才优势，发展电子商务等现代服务业、高新技术产业及高端装备制造业等产业，打造经济转型新引擎。

（2）青白江铁路港片区依托川东北地区的便利交通网络，将大宗货物向中原地带输送，发展以铁路运输为主的口岸服务业。

（3）川南临港片区依托长江黄金水道优势，将大宗货物输送到长江中下游平原，发展以内河运输为主的口岸服务业。

"一带一路"旨在借用古代丝绸之路之名，高举和平发展的旗帜，积极发展与沿线国家的经济合作伙伴关系，共同打造政治互信、经济融合、文化包容的利益共同体、命运共同体和责任共同体，实现贸易和投资的多元化和自由化。长江经济带的区域战略实施原则：一要利用地区差异性增强自主创新能力，实现地区间的差异化竞争。二要推进产业转型升级。经济的发展和政策的刺激可以有效推进产业转型，向高质量发展方向前进。三要打造核心竞争优势。不同地区产业核心竞争力有差异，应该尊重互补特点发挥自身优势。四要引导产业有序转移，对于落后的产业应及时制定退出机制或者进行产业升级转型，使效率及收益最大化。"一带一路"为长江经济带的发展开辟了国外的道路，提供了国内与国外发展的机遇和新的契机。长江经济带为"一带一路"的国内发展提供了一份可供选择的菜单，起着经济发展的引领和支撑作用。

4.4.3 四川自贸区的产业选择

4.4.3.1 自贸区内的新金融——电子商务

中国的电子商务由于第三方支付的发展，经历了一个跨时代的飞跃。参照美国等发达国家的发展历程，可以发现，中国的电子商务实质上是越过了一个阶段。首先，互联网的发明和运用需要长时间的摸索，美国替中国完成了，中国在这条道路上少走了很多弯路。其次，在信用卡尚未在全国范围内普及的时候，支付宝的诞生是跨时代性的，而它本该是信用卡普及后的产物。美国的 Amazon 和 eBay，淘宝的前辈，它们没有迅速发展起来就是因为支付便利问题及网络安全问题。而阿里巴巴后发制人，创立中国特有的 Alipay，解决了这一难题。"傻瓜"般的操作更是受到全球人的青睐，同时中国网络安全方面发展迅速，使电子商务蓬勃发展。现在，无论是内贸还是外贸都更加依赖电子商务，淘宝使电子商务在中国崛起，电子商务又带动了物流，物流的正反馈又再一次促进了电子商务的发展。

同理，对于跨境电商，信用是买卖双方达成买卖协议的重要因素之一。之前提到我国信用卡普及率不高，也代表着我国信用制度不够完善。在这种情况下，第三方支付便是一种能保证资金安全的支付手段和工具，它大大降低了交易的风险和成本。电子商务本身就是在虚拟的网络平台上完成的，这种特殊的性质限制了传统外贸面谈磋商的方式；同时，因为是跨境电商，与境内贸易相比，买卖双方会更加在意风险的问题，因为国际贸易纠纷非常难解决。在一系列特殊条件的制约下，买卖双方对跨境交易更加谨慎，无形之中降低了贸易的成功率。但是有了第三方支付以后，情况得以改善，本身以网络为载体的第三方支付，在提供便利的支付手段的同时，以企业自身名誉和强大的资金流为担保，大大降低了风险，受到电商平台用户的青睐。2014 年上海自贸区建立后不久，五家支付企业分别与中国银行、中国工商银行、中国建设银行、中国交通银行、中国民生银行五大银行合作，启动了自贸区内跨境结算业务。

四川自贸区完全可以借鉴其经验。支付宝是国内国际知名度很高的一家第三方支付企业，且在 2017 年 4 月与中国建设银行正式合作，其中除了互通理财产品和其他个性化服务外，最需要注意的是打通了信征体系，这意味着两大巨头共享用户信用信息。而庞大的信用数据库在未来就是财富，信用就是金钱。假设信征体系可以在自贸区内合理运用，精细计算出优质企业，对其低息放贷或进行其他经济支持，必将实现双赢局面。

不难看出，电子商务前景看好，来势迅猛。未来，电子商务行业越来越受追捧，其发展将对中国的零售业态和商场业等形式产生重大影响，传统的商场形式将受到很大的影响。未来，实体店的功能会慢慢变成产品体验与展示和客户服务（售后），而产品的销售将主要由互联网来完成。就如之前分析的，世界经济将碎片化、分散化，当下流行的 B2B 和 B2C 再加上新的贸易方式 O2O，完全符合未来的发展趋势。对于四川自贸区，保留一部分实体店铺作为商品货物展示，余下资源转移到发展电子商务是大势所趋。

深圳前海片区已经针对电子商务企业制定了一系列优惠政策，其中包括 15%的企业所得税优惠政策。不仅如此，在 2013 年，前海管理局授予 23 人为境外高端人才，他们将受到 15%个人所得税优惠的待遇。四川自贸区完全可以效仿前海，由自贸区内部相关机构制定电商企业优惠政策，不妨同时拟定"高端人才"评选标准，符合名单人士在自贸区内进行贸易活动有一些优惠待遇，这样一来可以大大吸引外资。前海片区高端人士筛选方向主要面向中国港澳台地区，因为其地理优势较容易吸引上述地区的人才和资金，四川自贸区也可以针对海外人士制定相应的"特殊待遇"。

4.4.3.2 加快高新技术产业发展

在交通方面，汽车是许多家庭必备的交通工具，中国过去没有像世界三大汽车厂商那么出名的制造商，但是现在，红旗、吉利、奇瑞、哈弗等国产车品牌跃入中国乃至世界消费者的眼帘。曾经因为科技落后、劳动力价格低廉，世界上许多商品都是中国制造（Made in China），但在以后，世界的市场上要出现中国创造（Designed in China）。同时，无人驾驶汽车是未来高新技术之一。当前，无论是计算机巨头微软，还是搜索双巨头 Google 和百度，甚至国内导航软件高德，都在研究自动驾驶技术。这也是未来产业转型的发展趋势，既然有支付宝的前车之鉴，那么再出现一个跨时代汽车也并非遥不可及。

医疗上，2013 年允许上海自贸区设立外资医疗机构，2014 年 7 月 1 日新"31 条"取消 2000 万最低门槛，一个月内，首家外商独资医疗机构正式签订协议。上海自贸区在 2015 年与云健康医疗科技集团合作，在上海奉贤生物科技园、上海千人计划创业园建立云健康基因工厂。这个国际医疗合作中心是中国自贸区唯一独家开展的第三方政府机构。这给四川自贸区一个启示，即未来健康问题是不可忽视的，未来医疗产业是有巨大发展前景的。根据马斯洛需求金字塔（见图 4-7），在满足基本生存需求后，随之而来的是安全感，其中便包括健康需求。上海自贸区已经先行一步，四川自贸区可紧跟步伐，学习借鉴上海自贸区，放宽标准、引进人才，使自贸区内医疗产业蓬勃发展。

阿里云正式宣布进军智能医疗领域。经过研究训练，其人工智能 ET 已具备多项医疗能力，借助医疗大脑丰富的知识库和医疗经验，ET Medical Brain 可以在患者虚拟化支持、医学成像、准确医学、药物发现和开发及健康管理等领域发挥医疗助理的作用。而在就医方面，阿里巴巴在 2015 年与 Intel、BGI 签订了人类基因测序工程，希望在五年后将检验测试绘制出单个

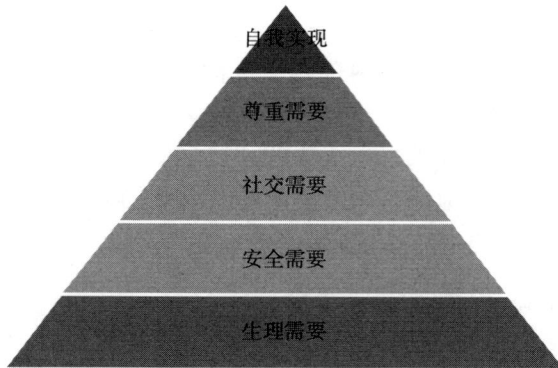

图 4-7 马斯洛需求金字塔

人基因组排列的成本减少到 1000 元人民币。同时，Intel 副总裁和数据中心事业部总经理 Diane M. Bryant 提到，现在已经有很多 App 在合作平台上进行研究编辑。

综上所述，交通和医疗健康是未来人类生活的大问题，同时也是四川自贸区发展的一大机遇，而支撑上述两种产业的力量便是高新技术，所以显而易见，发展高新技术产业是未来自贸区产业转型的方向之一。

5

"一带一路"倡议下四川自贸区的对外贸易发展状况

5.1 四川对外贸易发展现状分析

5.1.1 四川对外贸易的增长情况

5.1.1.1 国际贸易增长态势良好

近年来，随着全球经济的稳定和复苏，四川省依托农产品、高科技、制造业、信息软件领域重点产业优势，以及长江经济带与"一带一路"的向西对外开放政策，已成为全国重要的出口加工基地。四川的主要出口产品是大中小型微电脑、集成电路和微电子元件、箱包、服装、纺织品、鞋类、钢铁、塑料及其制品、钻孔或下沉机械及零件、玻璃及其制品、液晶显示板等。全省主要进口产品有集成电路和微电子元器件、矿产品、印刷电路、航空设备和零件，以及用于测量和分析的自控仪器、器具、汽车等机动车辆及其器具、实用型摄录一体机和液晶显示板等。根据表5-1，2016年四川省进出口总额为493.3亿美元，与2015年相比下降了4.36%，在整个世界经济环境下行的情况下，同期增长率有所下降，但进口额增加了213.9亿美元。

表 5-1 四川省 2012~2016 年进出口情况

单位：亿美元

项目 年份	进出口总额 （亿美元）	同比增长 （%）	进口额	同比增长 （%）	出口额	同比增长 （%）
2012	591.30	23.90	206.70	10.50	384.60	32.50
2013	645.90	9.20	226.40	9.50	419.50	9.10
2014	702.50	8.80	254.00	12.3	448.50	6.90
2015	515.90	-26.56	182.40	-27.2	333.50	-25.30
2016	493.40	-4.36	213.90	18.20	279.50	-15.6

资料来源：《四川统计年鉴》。

除了货物贸易增长较快之外，服务贸易发展态势也很乐观。对外承包工程和劳务新签合同金额 36.1 亿美元，境外投资企业累计 387 家。主要出口的产品是机电产品和高新技术产品，出口占比分别为 64.6% 和 45.8%（见表 5-2）。四川省商务厅公布的对外贸易数据显示，2016 年四川对外贸易中，一般贸易占比 46%，加工贸易占比 40%，其他贸易虽然占据较小的比例，但是发展较快。

表 5-2 2016 年四川省出口分类情况

项目	金额 （万美元）	上年同期 （万美元）	占比 （%）	同期占比 （%）
全省出口总额	4195160	3846907	100	100
1. 按商品类划分				
机电产品	2709824	2536120	64.60	65.90
高新技术产品	1921726	1748121	45.80	45.40
农产品	68949	79600	1.60	2.10
2. 按贸易方式划分				
一般贸易	1934332	1634445	46.10	42.50
加工贸易	1680014	1810668	40.00	47.10
其他贸易	580814	401794	13.80	10.40

资料来源：《四川统计年鉴》。

从表 5-3 可以看出，2012~2014 年，中国的进出口总量呈现出总体上升趋势。但随着近年来逆全球化趋势的加剧及贸易保护主义的抬头，虽然各国的进口关税逐渐降低，然而以技术标准来限制出口为主要形式的技术性非关税壁垒越来越多，这使四川省出口增速不高。同时，四川省的民企出口最具活力，但往往民企对此类的出口技术标准不具有成体系的认识与防范能力，因此受到的阻断较为严重。另外，随着中国改革进入艰难地区和深水区，中国经济开始转型，进入新常态时期。在这种背景下，对外贸易也受到一定程度的影响。2014 年后四川对外贸易的发展趋势不容乐观。2015 年和 2016 年，出口总量开始呈下降趋势。

表 5-3　2012~2016 年四川与中国进出口总额

单位：亿美元

年份	进出口总额（四川）	进出口总额（中国）	中国 GDP 增长率（%）
2012	591.3	38671.2	7.7
2013	645.9	41589.9	7.7
2014	702.5	43015.3	7.4
2015	515.9	39530.3	6.9
2016	493.40	36855.6	6.7

资料来源：《四川省统计公报》。

　　虽然四川省的贸易总量在下降，但按地区划分的四川省贸易量显示，"一带一路"沿线部分国家和地区的进出口总量迅速增加。其中，与以色列等"一带一路"沿线国家的进出口均实现 3 倍以上增长，与哈萨克斯坦等国的进出口均实现 1.5 倍以上增长。可以看出，推进"一带一路"建设，在很大程度上加速了四川对外经济的发展，与沿线国家经济交往越发密切，同时降低了运输成本、关税成本等系列进出口成本。当前，四川省成都市已经启动"一带一路"布局，筹谋如何融入战略格局，把成都造产品向沿线国家销售。随着"一带一路"的不断推进，四川与沿线国家的贸易经济将继续增长。表 5-4 所示为 2016 年从四川出口到"一带一路"沿线国家（部分）的产品清单。

表 5-4　四川出口产品在"一带一路"沿线国家情况

序号	企业名称	主营产品	出口国家
1	成都王牌商用车有限公司	微、轻、中、重型工程自卸车，商用运输车等	东南亚、亚洲、南美等

序号	企业名称	主营产品	出口国家
2	成都玉龙化工有限公司	三聚氰胺、合成氨、MCA 阻燃剂、有机硅催化剂、树脂等新材料	韩国、日本、俄罗斯、印度、巴基斯坦、墨西哥等
3	四川新力光源股份有限公司	稀土发光材料、LED 室内照明、发光标识等主要产品系列	欧洲、北美、澳大利亚、柬埔寨、俄罗斯等
4	四川省金笛服饰有限公司	服务于德国 OTTO 女装、巴黎 La-fayette 童装	欧洲、加拿大、韩国、中国台湾等
5	成都仙美妮鞋业公司	高中档女士弹力鞋、正靴、单鞋、凉鞋等	意大利、波兰、德国、俄罗斯、西班牙等
6	四川华体照明科技股份有限公司	灯柱/灯杆、灯头、灯控制器、地理灯、发光二极管	印度、泰国、埃塞俄比亚、巴西等
7	四川电气有限公司	中低压开关柜、电气元件、预装式变电站、动力箱等	巴基斯坦、埃塞俄比亚、厄瓜多尔、尼泊尔等
8	奥泰医疗系统有限责任公司	超导磁共振成像、多普勒彩超等高端医学影像诊断设备	俄罗斯、伊朗、土耳其、哈萨克斯坦等
9	四川快速电梯有限公司	扶梯、货梯、医用电梯、观光电梯等	埃及、西班牙、俄罗斯、泰国、印度等
10	四川省简阳空冷器制造有限公司	高、中、低压空冷器、压力容器、中冷器及加热器等	意大利、伊朗、中国台湾等
11	四川科伦药业股份有限公司	大容量注射剂、片剂、胶囊剂、颗粒剂、口服液等	印度、缅甸、哈萨克斯坦、摩尔多瓦、尼日利亚等
12	成都虹波实业股份有限公司	钨、铝、镍、杜镁丝等	日本、韩国、印度、德国、巴西、意大利等

资料来源：成都市经济和信息委员会。

5.1.1.2 国际贸易发展优势突出

一是四川对外贸易方式多种多样，一般包括外贸深加工方面的贸易，还包括初级产品加工贸易；二是外贸经营出口的主体趋向于多元化发展，虽然国有企业占主体地位，但是私有企业也在不断发展中，并在四川对外贸易中扮演着越来越重要的角色；三是四川对外贸易出口结构也在不断改革与创新中，四川外贸出口以制成品为主，多年以生产制作鞋子、衣服、纺织品等劳动密集型产品为主，然而发展到现在，工业制成品比重上升；四是国际外贸大市场的范围也在不断扩大，市场主体呈多元化发展趋势，不同于之前主要是北美及亚欧地区，也向南非、欧盟、东南亚地区发展；五是四川对外贸易对四川 GDP 的贡献也越来越大，不仅促进了四川居民的就业提升，也以外贸拉动了四川产业链，带动了经济发展，增加了居民经济收入。

5.1.2 四川对外贸易的结构

5.1.2.1 贸易商品结构

四川省出口商品中机电产品占比较大，全省机电、高新技术产品出口增长较快，形成了以机电、高新技术产品为主导，农作物、服装等代表性产品为辅的贸易商品结构。由表 5-5 可以看出，2010~2016 年，贸易产品中机电产品比重最高，均在 47% 以上；高新技术产品占比次之，占 30% 以上；农产品的占比不超过 3.6%，且出口的比重都呈现上升趋势。表 5-6 列举了 2016 年四川省主要出口产品，从表中可以看出，大中小微型计算机出口比重最高，为 35.8%，是出口商品的主要部分，其余的出口商品占比均在 10% 以下。

表 5-5 2010~2016 年贸易产品比重

单位：%

年份	机电产品	高新技术产品	农产品
2010	47	28.8	3.6
2011	58.7	39.9	2.8
2012	66	45.5	2.1
2013	64.6	45.8	1.6
2014	65.2	46.9	1.7
2015	65.8	45.7	1.9
2016	71.5	56.1	2.3

资料来源：四川省商务厅。

表 5-6 2016 年四川省主要商品出口情况

商品名称	累计（万美元）	占比（%）
全省总值	2794558	100.0
大中小微型计算机	1001363	35.8

续表

商品名称	累计（万美元）	占比（%）
集成电路及微电子组件	209937	7.5
珠宝首饰类	96745	3.5
有线载波及有线数字通信设备	74932	2.7
纺织品	70680	2.5
服装	68675	2.5
鞋类	64727	2.3
钢材	44241	1.6
电视机及零件	43925	1.6
航空设备及零件	41577	1.5
塑料及其制品	37058	1.3

资料来源：四川省商务厅。

5.1.2.2 贸易方式结构

四川的对外贸易主要以一般贸易和加工贸易为主。一般贸易和加工贸易占比基本上在 30%~50%，其他贸易占 10%~20%（见表 5-7）。其中，2016 年四川全年以加工贸易方式进出口总额达 273.2 亿美元，比上年增长 17.1%，占全省进出口总额的 55.4%；以一般贸易方式进出口 163.7 亿美元，下降 21.3%，占四川进出口总额的 33.2%。

表 5-7　2011~2016 年贸易方式比重

单位：%

年份	一般贸易	加工贸易	其他贸易
2011	42.7	46.5	10.9
2012	42.5	47.1	10.4
2013	34.9	45.8	19.4
2014	44.12	38.8	17.1
2015	46.2	39.5	14.3
2016	39	48.1	12.9

资料来源：四川省商务厅。

5.1.2.3 贸易地区结构

四川省出口地区主要集中在亚洲、北美洲和欧洲。亚洲主要以中国香港、日本、马来西亚及东盟国家为主，北美洲以美国为主，欧洲则主要为英国、德国、荷兰。以 2016 年四川出口贸易为例进行说明。四川对亚洲、欧洲和北美洲三大市场的进出口总额分别为 121 亿美元、50.53 亿美元、84.05 亿美元，分别占全省总额的 43.3%、18.1%、30.1%，且该年四川对北美出口贸易同比增长 9.2%；对非洲、拉丁美洲、大洋洲的出口贸易总额分别为 8.87 亿美元、8.74 亿美元、6.24 亿美元，分别占到当年出口总额的 3.2%、3.1%、2.2%（见图 5-1）。除此以外，以单个国家进行分析，在全部国家中四川对美国的出口总额占比最高，2016 年四川对美国的出口总值为 82 亿美元，占比 29.3%。

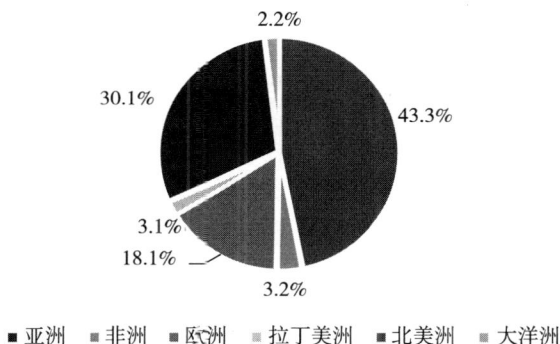

图 5-1　2016 年四川对外贸易市场结构

资料来源：根据四川省商务厅数据整理所得。

5.1.3　四川对外贸易发展存在的问题

5.1.3.1　地理位置受限、交通不便

分析全球不同地区的经济发达程度，沿海地区的经济总是比其他地区更发达。就四川的地理位置而言，第一不沿海，第二不沿江，第三不沿边界，地形呈现出多山岭、丘陵，少平原的特点，是一个完全的内陆省份，相较于福建、广东等沿海省份而言，对外联系相当少，很大程度上限制了国际上的商贸交流。在过去很长一段时间里，四川省对外贸易受到地理位置的制约，运输成本较沿海地区高。

改革开放以来，我国的经济体制以社会主义市场经济体制为主体。在市场经济的条件下，一个地区若想发展经济，则必须是开放的，必须是同

外界有着频繁交流的。所以，发达的经济必须匹配发达的交通。四川就交通条件而言，比不上京津冀、长江三角洲、珠江三角洲三大国家核心经济区。"要想富，先修路"这句老话也表明了一个地区要想发展、要想启动市场，就必须先打通交通。四川位于内陆，长距离的公路运输成本很高，而川内的水运航道的等级及承受力又很低，不能承担发展经济的贸易量，那么剩下可以使用的就只有铁路运输了。但四川对外铁路出口线路少、运输能力低、运输能力有限，很难满足大力发展经济的需要。在国际贸易中，海运所需成本低，能够给贸易双方带来更大的利益，因此占据着重要的地位。除了少数贵重物品和对时间要求较高的物品外，海运是贸易商比较青睐的运输方式。而四川不临海，基本的外贸商品都需要通过铁路和公路来转运，运输成本较高，且陆路的载运能力较弱，随着四川对外开放的进一步发展，需要大力发展交通，打通南向大通道，以立体综合交通体系满足日益增长的大宗商品的运输需求。

5.1.3.2 国际人才匮乏

从事国际贸易的人员需要专业技能和专业知识，不仅要跨越语言障碍，还需理解进口国家的相关贸易规则、贸易壁垒、技术壁垒等，对从业者的要求较高。随着信息技术的飞速发展，从业者还需要对电脑技能有一定的了解并对信息有一定的筛选能力，从而做出最优的决策。但是四川省各高校国际贸易专业的排名较低，根据最好大学网公布的国际经济与贸易专业排名，四川省除四川大学、西南财经大学、四川农业大学、西南科技大学、四川农业大学和西南科技大学外，其他大学均不在前 200 的名单上。这从侧面反映了四川省国际贸易人才培养水平不高。

另外，发达地区由于经济实力雄厚，大量实力企业入驻，进而也以巨大的优势吸附了来自全国乃至全球的各类型人才，虽说现在成都针对"蓉漂"出台了各种优惠政策来吸引人才，根据《2018Q1 中高端人才薪酬与流动大数据报告》，成都市 2018 年的人才流入率为 10.19%，与 2016 年相比增长了 3.2% 左右，但目前的人才储备量仍然不足以满足大力推动经济发展的需要。并且，目前我国对外贸易相关的高端人才都分布在沿海贸易发达的地区，四川实力企业相对较弱，自然对外贸人才的吸引力也小了许多。四川留不住人才，没有足够多的能力、实力足够强的外贸人才带动四川对外贸易的发展，令贸易发展这台"大机器"缺少"齿轮"，严重阻碍了四川对外贸易的发展。

5.1.3.3　经济实力欠缺，实力企业入驻少

四川虽然是西部区域的经济龙头省，但是与沿海城市相比，经济实力差距很大。与上海、北京、广州、深圳等一线城市相比，成都的强势企业入驻率相当低。有实力的大企业是经济的主要拉动者，企业拉动经济，经济反过来又带动企业，这样就使经济发展出现了一个"循环累积因果效应"，经济发达的沿海地区正在变得更加发达，而经济实力较低的地区正在变得不那么发达。所以，对于四川这种经济仍然欠发达的省份，经济实力不够强硬，使有实力的企业入驻率低，那么外贸企业的入驻率自然会很低，这是阻碍四川对外贸易发展的因素之一。

5.1.3.4　外贸区域过于集中

2012 年成都海关的统计数据显示，四川省全年净出口额为 591.3 亿美元。其中，仅成都一个城市的三进出口额就达 475.4 亿美元，占该省 21 个城市和州进出口贸易总额的 80% 左右。此外，2012 年德阳和绵阳的对外贸易额为 52.9 亿美元，占全省对外贸易总额的 10%，这使四川剩下的其他 18 个市级城市的外贸总额只占全省总额的一成左右。2017 年海关数据显示，四川省进出口总额为 4605.9 亿元，其中成都外贸进出口总额为 3941.8 亿元，占全省总额的 85.6%，比 2012 年的八成还要多。而且四川的商品出口集中在亚洲、欧洲和北美三个地区。据 2012 年四川省商务厅统计，2012 年全省出口商品总量的 82.8% 出口到亚洲、欧洲和北美洲。在外商投资方面，四川引进的大部分外商投资主要集中在成都及其周边地区，其他地区的外商投资规模较小，这自然限制了其他地区的对外贸易发展。

5.1.3.5　结构仍不合理

四川出口贸易结构的不合理体现在三个方面：一是企业的结构不合理，以 2016 年为例，四川省出口总额的 45.5% 由外资企业承担，42.5% 由其他企业承担，国有企业仅占总数的 12%，也就是说，近 50% 的外贸是在外资企业完成的（见表 5-8）。这也反映出四川本地企业在对外贸易中缺乏竞争力，"走出去"的能力还不够。二是区域发展不合理，在对外贸易总额中，成都市基本上占到八成左右，其次是绵阳，占了一成左右，其他区市县只占了很小的比例，有的甚至是零出口。四川省其他市区发展相对较差，具体情况见表 5-9，可以计算出成都市国内税收和海关代征税收占全省税收的比例

分别为一季度 50.1% 和 80.6%、二季度 51.7% 和 79.6%、三季度 51.9% 和 81.9%、四季度 52.2% 和 79.8%，2016 年全年成都市的国内税收和海关代征税收占全省税收的比例为 51.8% 和 80.5%。可以看出，成都不管是国内贸易发展还是对外贸易发展都占到了一半以上，尤其是对外贸易，平均占到了 80%。三是国外市场占有率不合理。从 2016 年四川省出口分布来看，四川省对外贸易出口集中在某些特定区域，其中主要集中在亚洲、欧洲、北美洲，这三大地区出口量占总量的 82.8%，其他地区出口量少之又少，而且越来越集中，趋势也愈加明显，这对四川贸易发展是不利的。

表 5-8 四川省出口按企业性质分类情况

项目	金额（万美元）	上年同期（万美元）	占比（%）	同期占比（%）
全省出口总额	4195160	3846907	100	100
其中：				
国有企业	503032	573783	12	14.9
外商投资企业	1907795	1826061	45.5	47.5
其他企业	1784333	1477063	42.5	37.6

资料来源：四川省商务厅。

表 5-9 四川 2016 年分地区税收情况

单位：万元

项目	国内税收收入一至四季度合计（不含海关代征）	海关代征税收一至四季度合计
全省合计	54481617	2142901
成都	28236224	1724697
自贡	871911	18005
攀枝花	891347	13826
泸州	2143862	100745
德阳	3154318	58126
绵阳	2043103	124134
广元	693321	0
遂宁	867887	5493
乐山	1447675	27335
南充	1360504	1253
宜宾	2599427	69287

项目	国内税收收入一至四季度合计 （不含海关代征）	海关代征税收一至四季度合计
达州	1081314	0
雅安	842284	0
广安	731511	0
巴中	514568	0
眉山	1065192	0
资阳	605995	0
阿坝	480898	0
甘孜	393582	0
凉山	2073446	0

资料来源：四川国税局。

5.2　成都市对外贸易的发展现状分析

5.2.1　成都市对外贸易的现状及发展分析

5.2.1.1　成都对外贸易的增长情况

作为西南地区的经济大市，成都市对外贸易的特征表现为总量大、增速快。成都在"全域开放"的发展思路下，优化投资环境，推动开放型经济发展，外贸出口规模不断扩大，增长速度快于全国平均水平，为保持区域经济的快速发展提供了有力支撑，为实现"十三五"规划奠定了坚实的基础。

表5-10描述的是2016年成都市对外贸易与全国、全省的对比。显然，成都进出口总额在全省独占鳌头，但在全国的表现并不突出，这主要是我国的开放政策所导致的，改革开放初期，中国对外开放是一条从沿海到内陆的开放路径。相比于沿海地区和一些中部地区，成都市对外贸易增长还有很大的空间。但总的来说，成都的对外贸易增长仍处于西部地区的前列。

表 5-10　2016 年成都对外贸易与全国、全省对比

	全国（亿美元）	全省（亿美元）	成都		
			绝对数（亿美元）	占全国比重（%）	占全省比重（%）
进出口总额（海关数）	36855.6	493.40	409.85	1.1	83.1
出口总额	20976.3	279.50	219.4	1.0	78.5

资料来源：《成都统计年鉴》（2017）。

　　2016 年，成都外贸进出口总额 2725.06 亿元，比上年同期增长 4%。进口总额 1266.9 亿元，增长 22.9%。2016 年成都市全年进出口、进口增速分别排国家副省级城市第三位和第一位，进出口总额占全省比重创历史新高，成都市的外贸走势正在平稳增长中（见表 5-11）。

表 5-11　2016 年全国 15 个副省级城市进出口情况

副省级城市	累计进出口总额（亿元）	累计出口额（亿元）	累计进口额（亿元）	累计进出口增速（%）	累计出口增速（%）	累计进口增速（%）
成都市	2725.06	1456.15	1266.9	4	-8.2	22.9
济南市	639.70	408.0	231.7	13.0	9.6	19.5
杭州市	4485.97	1172.17	3313.80	8.7	14.6	6.7
长春市	940.22	812.74	127.49	1.4	1.7	-0.6
厦门市	5091.55	3094.22	1997.33	-1.5	-6.7	8.0
宁波市	11666.4	8793.2	2873.3	-2.6	0.4	-10.7
哈尔滨市	263.61	111.55	152.06	-17.2	-28.8	-6.1
广州市	8566.92	5187.05	3379.87	3.1	3.0	3.3
沈阳市	752.31	470.11	282.22	-19.3	-5.2	2.1
深圳市	26307.01	15680.40	10626.61	-4.4	-4.5	4.2
青岛市	4350.7	2821.9	1528.8	-0.2	0.2	-0.8
南京市	3315.19	1952.15	1363.04	0.3	-0.2	1.0
大连市	3396.5	1786.8	1609.7	-0.6	-1.7	0.6
西安市	1828.46	946.75	881.70	3.8	15.5	-6.4
武汉市	1570.10	664.30	905.80	-10.2	-17.5	-4.1

注：成都市进出口数据未含简阳市、都江堰市进出口数据。

5.2.1.2 成都对外贸易的结构

（1）贸易商品结构。成都机电产品出口仍占很大比例，形成以机电产品和高科技产品为主导，以农作物、服装、医药等特殊产品为辅的出口模式，外贸规模虽然不大，但其出口产品结构在不断优化。2012年，成都市机电、高新技术产品出口分别为218.8亿美元、163.7亿美元，占比72.06%、53.91%。其中，便携式电脑出口128.55亿美元，增长71.39%，比上年增加53.55亿美元；以太阳能电池为代表的半导体器件出口仅1.35亿美元，下降68.49%。鞋类、医药产品出口分别达7.86亿美元、2.94亿美元，分别增长11.21%、1.51%。2013年，成都机电产品出口230.2亿美元，其中个人手提电脑出口126.4亿美元。2016年，成都市机电产品出口175.1亿美元，增长5.7%，占全市出口的79.7%；高新技术产品出口145.4亿美元，增长46.4%，占全市出口的66.1%。其中，航空设备及零件出口10.2亿元，大幅增长107.1%；汽车整车及零部件出口17.8亿元，增长59.3%。

（2）贸易方式结构。从表5-12可以看出，2004～2016年成都一般贸易出口略有增长，进出口总额比重逐年下降。加工贸易和其他贸易出口增长迅速，这与成都在中国内陆地区的地理位置有关。2012年，成都市一般贸易额为99.89亿美元，同比增长6.75%，占成都出口总额的32.9%；加工贸易额168.56亿美元，增长46.97%，占成都出口总额的55.52%，增长6个百分点；其他贸易出口总额35.16亿美元，同比增长65.11%，占成都出口总额的11.58%，增长2个百分点；对外承包工程产品出口19.31亿美元，增长106.12%。2016年，成都对外贸易出口总额410.1亿美元，其中一般贸易出口额为58.7亿美元，与出口贸易总额的14.3%。一般贸易占比逐年下降，加工贸易占比逐年增加，这与成都产业现状有关，多数产业属于劳动密集型产业，对外贸易也有廉价的劳动力优势，因此加工贸易量正在增长。

表5-12 2004～2016年贸易方式比重

单位：%

年份	一般贸易	加工贸易	其他贸易
2004	90 29	6.83	3.55
2005	86.82	5.49	7.69

年份	一般贸易	加工贸易	其他贸易
2006	84.67	13.55	1.79
2007	74.27	22.41	3.30
2008	64.36	23.77	11.87
2009	48.07	31.6	20.33
2010	47.14	26.7	26.16
2011	40.76	49.96	9.28
2012	32.90	55.52	11.58
2013	30.26	51.3	18.44
2014	31.12	47	21.88
2015	31.5	29.87	18.63
2016	14.3	58.7	27

资料来源：成都市各年对外贸易年度报告。

（3）贸易地区结构。总体而言，成都市出口地主要还是在亚洲和欧美国家。亚洲主要是中国香港、日本、马来西亚，欧洲则主要为英国、德国、荷兰，另外出口到美国的数量也占大头，外贸市场主要是发达国家和新兴发展中国家。出口市场结构合理。具体而言，2016 年，成都对亚洲、欧洲和北美三大市场的进出口总额分别为 180.38 亿元、60.86 亿元和 114.8 亿美元。增长 49.45%、6.98%、39.58%，占全市出口的 40.50%、22%、30.16%；对非洲、拉丁美洲、大洋洲分别出口 13.05 亿美元、7.62 亿美元、7.6 亿美元，增长 11.27%、1.47%、101.68%。成都出口目的国有 221 个国家和地区，美国、荷兰和中国香港是该市三大出口市场，分别出口 89.02 亿美元、25.21 亿美元和 22.24 亿美元，分别增长 40.18%、23.64%、-8.92%。2015 年，成都对欧盟出口 39.3 亿美元，对美出口 64.6 亿美元，对日出口 11.7 亿美元，分别占出口总额的 16.4%、27%、4.9%，尽管这样的结构较合理且有利于外贸增长，但是，严重依赖欧美发达国家的经济形势也可能对成都的对外贸易产生负面影响。

5.2.1.3 成都对外贸易依存度

成都的对外经济开放程度逐年加深，外贸依存度也在不断增加。图 5-2 反映了成都市 2000~2016 年外贸依存度的变化情况。从中可以看出，2000~

2014 年，受国际环境、国家政策及成都自身优势等因素的影响，成都外贸依存度总体上呈现上升趋势，其中出口依存度上升速度总体上快于进口依存度上升速度，这可能与成都市的对外贸易结构和方式有关，出口加工贸易占比的升高可能会带动出口依存度的上升，而成都市内需不足也可能会抑制进口依存度的上升。2015 年以来，成都的对外贸易依存度呈现下降趋势，这与国际经济不景气导致的进出口总额下降有关。总体上，成都外贸依存度明显提升，对经济的贡献也在逐年增大，但相较于沿海城市，成都市的外贸依存度明显偏低。

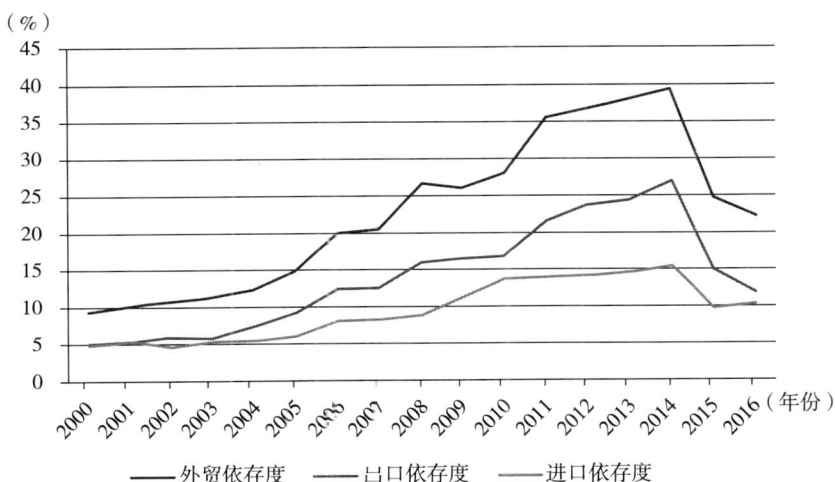

图 5-2　2000~2016 年成都外贸依存度变化

资料来源：成都市商务委员会。

5.2.2　成都市引进外资的现状

5.2.2.1　成都市利用外资的总体情况

成都 1983 年开始利用外资，伴随着成都经济的发展、对外开放程度的扩宽、投资环境的改善，如今对外资的利用已经具有一定的基础，并且处于高速发展的状态，投资规模得到快速扩张，投资质量得到提升。在成都吸引的外资中，合同数量和投资金额的大幅增加使资本和劳动力流动速度明显加快，产业集聚现象明显。成都外商投资领域从开始的一般加工工业逐步转化为具有高技术、高附加值的产业，这对于拉动成都市国际直接投资和整体经济发展具有重要的影响。

在 2017 年全国会议上，提出扩大开放，加快建立新的开放经济体系，提高开放质量和水平。根据 2017 年成都统计公报，2017 年成都进出口总额为 583 亿美元，比上年增长 42.3%。其中，出口额为 305.6 亿美元，增长了 39.3%；进口额为 277.4 亿美元，增长了 45.7%。贸易结构保持优化趋势，机电产品出口总额 269.6 亿美元，增长 53.9%；高新技术产品出口 238.9 亿美元，增长 64.3%。

目前，国际公司对成都和西南地区的发展前景持乐观态度。截至 2017 年 12 月，已经有 281 家世界五百强企业落户成都，它们在成都的直接投资主要集中在第三产业服务业和第二产业制造业。表 5-13 所示为成都市 2010~2016 年外资引进情况。

表 5-13 成都市 2010~2016 年外资引进情况

年份	当年新签项目（合同）个数（个）	当年实际使用外资金额（亿美元）
2010	294	48.6
2011	236	65.5
2012	306	85.9
2013	412	103.1
2014	226	100.1
2015	256	75.2
2016	268	86.17

资料来源：成都市统计局。

目前，成都地区已经拥有政策支持、区位、相对廉价的资源等比较优势。跨国大公司的带头投资会带动该区域对外直接投资（FDI）的发展。例如 2003 年英特尔落户成都，带动了该地区该类型的产业集聚。此后成都就汇集了该产业链的多家翘楚，形成了一条相关的完整产业链条。但是这种低端的加工贸易不是长远的发展之计。值得高兴的是，通过十多年的努力发展，成都的贸易结构逐步由过去以一般无须复杂精加工的工业制成品出口为主转变为以较为需要技术维持的工业成品出口为主，"成都造"的标签贴在了全球 80% 的 iPad、50% 的笔记本电脑芯片、20% 的笔记本电脑上。

5.2.2.2 FDI 主要来源国与产业分布

近年来，亚洲经济发达地区、美国和少数欧盟国家已成为成都外商投资的主要来源。在成都1991~2016年实际利用的外商直接投资中，由于中国内地与香港的贸易关系的性质是两个单独关税地区的贸易，所以香港的投资定义为外资。来自香港的投资在外商投资名单中名列前茅，实际香港资本为208.63亿美元，占所有外国直接投资的38%。2016年，共有74个港资合作项目，实际到位资金超过合作项目总数的一半，投资额为50661万美元（见表5-14）。

表5-14　2016年成都市外资来源情况

国家/地区	项目个数（个）	比重（%）	实际到位金额（万美元）	比重（%）
中国香港	74	27.61	506611	58.80
中国台湾	27	10.07	19103	2.22
日本	6	2.23	11130	1.29
新加坡	25	9.33	51402	5.97
韩国	22	8.20	2574	0.29
英国	7	2.61	12148	1.41
加拿大	5	1.87	0	0
美国	27	10.07	109334	12.69
总计	268	100	861651	100

资料来源：《成都统计年鉴》（2017）。

至于FDI的产业分布，外资对成都的投资主要集中在第二产业制造业、第三产业服务业领域，这些行业在外商直接投资项目中占比很大。在2015年和2016年，第三产业服务业的国际直接投资增长明显。在成都，2015年第三产业服务业的外商投资项目高达227个，总投资额50亿美元，2016年外商投资项目230个，投资额达54亿美元。数量上上涨较多，大部分的外资都集中投资于服务业，2016年服务业吸引外资的规模仍然最大，且处于上升趋势。伴随着我国吸引外商投资的行业放宽，特别是在第三产业服务业上的开放，未来的成都在金融保险领域和旅游领域也将获得越来越多的外商投资。

5.2.2.3　FDI对成都经济的影响

在分析外商直接投资对成都经济增长的贡献时，本书主要对外商直接投资对成都的影响进行了分类。成都在吸引外商直接投资进入的初期，它们在成都修建厂房和购买机器的前期生产准备增加了市场的需求,这种购买行为加快了本地资本的积累,缓解了资本跟不上本地发展要求的矛盾。同时,外商投资项目通过缴纳税收使政府的财政收入不断增加,这样能够进一步地优化基础设施建设。如成都的天府新区、高新西区、高新区等都吸引了大量的外资项目来投资设厂、办公,这些外商投资企业对这些地区的发展起着不可忽视的推动作用。

在投资建设的初期阶段过去后,在投入生产阶段,外商投资企业和外商投资项目会带来产业集聚效应。并且,其生产技术、管理经验等无形知识资产对成都本地的企业产生了带头示范作用。同时,这种优秀外资项目还会提高劳动、资源的利用效率,促进成都本地的产业优化升级。由上文已有的分析可知,外资项目主要投资于第三产业服务业和第二产业制造业,这也影响了成都三种产业的布局。

表 5-15　成都 2011~2016 年各产业所占 GDP 的比重

单位:%

年份	第一产业占 GDP 的比重	第二产业占 GDP 的比重	第三产业占 GDP 的比重
2011	4.78	45.86	49.36
2012	4.28	46.57	49.15
2013	3.88	45.91	50.21
2014	3.6	44.8	51.6
2015	3.5	43.7	52.8
2016	3.9	42.74	53.36

资料来源:成都市统计局。

由表 5-15 数据可知,近年来成都市的第一产业的比例不断下降,在 2010 年已经下跌到 5% 以下,在 2016 年已经低至 3.9%。值得关注的是,第二产业占比经历了一个由上升到下降的过程,但是第二产业的占比一直都在 45% 左右徘徊,在 2016 年占比为 42.74%。第三产业的占比在波动中缓慢上升,这也符合经济发展的总趋势。与此同时,引进外资有助于增加固定资产投资。近年来,成都引进的外资主要流入导致成都第二产业制造业和第三产业服务业固定资产投资大幅增加。而由于固定资产投资额增加,致使成都市的基础设施建设优化升级,这种投资结构、投资集聚的相互影响带动了成都市产业间比例的变化(见表 5-16)。

表 5-16　2011~2016 年成都市固定投资的情况

单位：万元

年份	固定资产投资总额	固定资产投资中住宅投资额	房地产开发投资额
2011	49956521	568498	15852771
2012	58900984	888922	18900420
2013	65010801	680170	21102665
2014	66203739	659706	22208023
2015	70069660	999753	24419542
2016	77213053	1420308	24799341

资料来源：成都市统计局。

从外商直接投资的角度来看，外商直接投资可以促进对外贸易的发展，对促进成都对外贸易的发展具有良好的作用。过去成都引进外资主要是利用优惠的政策，现在则主要是成都市凭借区位优势来吸引外资。成都引进外资对对外贸易的发展最直接的体现是加快了外贸结构的改变，对成都的发展活力起到加强作用，成都的外商投资企业已经成为一股很重要的力量。据统计，成都的外商投资企业出口比例低于进口比例。

5.2.3　成都市对外贸易可持续发展的分析

5.2.3.1　对外贸易可持续发展的动力因素

（1）充足的资金保障。21 世纪以来，成都市对外贸易呈现稳步发展的趋势，对外贸易量的增加为成都市对外贸易可持续发展提供了充足的资金保障，为成都市进行产业结构升级提供了有力的支持，同时为成都改善商品结构、贸易结构及扩大贸易规模提供了强有力的经济后盾。成都市的对外贸易总量逐年增加，大量的进出口额给成都创造了进行可持续调整的机会，利用资金引进新技术和新能源，实现可持续的对外贸易。

（2）环保意识的提高和环保法规的建立。改革开放以来，中国经历了对外贸易快速增长的时期，开始认真思考可持续发展这一问题。此外，世界上许多发达国家开始制定一系列有关可持续发展的法律法规。我国开始将视线放在了可持续发展问题上，而今，在企业中和消费者群体里，已潜移默化地形成了强烈的绿色环保意识，"绿色产品""无添加""可循环"等概念已成为人们消费时的考虑因素。

我国开始重视可持续发展后，把环境保护确定为一项基本国策，并制定了有关保护环境和自然资源的相关法律法规，在实施过程中逐步完善并形成了一个完整的体系。我国还参考《21世纪议程》制定了中国特色的《中国21世纪议程》，并将这些法律法规落到实处，这一系列的法律法规是实施可持续发展的重要依据。

（3）技术标准的建立。根据进出口产品的特点和国际上的情况，我国在对外贸易的产品上制定了一些技术标准，一方面是为了提高出口产品的国际竞争力，另一方面是为了减少贸易产品特别是出口产品生产加工各个环节上对环境造成的污染，这些相关的技术标准的建立只要能够在对外贸易过程中严格执行，就能对对外贸易可持续发展具有一定的积极作用。

5.2.3.2 对外贸易可持续发展的制约因素

（1）较快的外贸增长给资源环境带来了巨大压力。对外贸易的快速增长似乎给环境带来了一定的负担，特别是开放初期，政府为了吸引外资，过分看重增长速度，而没有考虑环境的承载能力，使许多高污染、高耗能产业有了发展的机会，生态环境和自然资源受到严重破坏和浪费。到目前为止，中国对外贸易的发展仍然过多依赖于低廉的劳动力价格和巨大的数量优势。外贸模式仍然是高消费和低产出，这种外贸模式决定了更多的环境成本仍留在国内。高环境成本和环境负担使中国难以适应可持续经济发展的要求。

（2）贸易方式的不合理影响环境。为了使贸易快速增长，许多国家和地区会选择通过吸引外资或者国内企业进行加工贸易，且在加工贸易方式下，半成品在中国进行加工和组装，中间加工过程中产生的废弃物仍然存在于国内，严重影响了国家的生态环境。虽然其贸易量巨大，对对外贸易增长有很大的贡献，但因其加工贸易技术含量不高，仅仅依靠消耗我国资源和对环境的污染来取得收入，这种不合理的贸易格局严重制约了对外贸易的可持续发展。

5.2.4 成都市对外贸易发展面临的问题

5.2.4.1 对外贸易过程中的环境污染

目前，成都市的主要出口产品包括机电产品和一些初级加工品，与其他产品相比，这些产品都需要耗费大量的环境成本，这给成都的生态环境带来了相当大的压力。另外一些产能过剩的产业，对环境的污染比其在对外贸易中的获利还多。由于 21 世纪初许多国家发展对外贸易都是以"先发展，后治理"为目标，这也对成都市的对外贸易发展有一定影响。

2016 年成都市大气颗粒物分析结果表明：PM10 中，城市粉尘贡献率占 25.4%，移动源占 24.7%，燃煤源占 23.3%，居民生活来源占 5.8%，工业生产占 5.3%，其他来源占 15.5%；PM2.5 中，移动源占 27.9%，燃煤源占 25.1%，扬尘占 20.8%，居民生活来源占 7.3%，工业生产占 6%，其他来源占 12.9%。尽管大气颗粒物来源中工业生产贡献率小，但不代表其不对成都市环境造成影响。尤其一些传统产业，如纺织、冶金、化工、建材等，对成都市的资源与环境都产生了一定的影响。图 5-3 描述了 2016 年成都市的工业"三废"排放情况与重庆、昆明的对比，从中看出，成都市工业"三废"排放量低于重庆市又高于昆明市，这可能与其城市经济发达情况有关。2016 年成都工业废水排放总量为 11453 万吨，比 2015 年增加 13.8%，工业废气排放总量和工业固体废物产生量分别比 2015 年减少 30% 和 35%，说明成都市开始逐渐重视环境对对外贸易、对经济的影响，开始采取措施控制对外贸易过程中的环境污染。因此，成都市今后的对外贸易很大程度上受其资源与环境的制约，在发展对外贸易时需要重视工业、纺织业等易产生废气的产业，权衡其中利弊，充分协调其间关系，严格控制有害于环境的产品的出口，如此才能实现成都市的贸易可持续发展。成都应看到环境污染的严重性及可持续发展的重要性，在今后的发展中结合自身特点，充分调整进出口产品结构，实现对外贸易的可持续发展。

成都市高速发展的经济吸引了大量外贸企业，在带来更多贸易机遇的同时，也给环境带来了不小的挑战。许多企业的环保意识较为淡薄，为了经济利益不惜以环境为代价，对于政府制定的法律法规也是想方设法"钻空子"。成都市政府应该注重提升外贸企业的环保意识，既要鼓励和吸引企业进入成都发展，也应当进行严格筛选，做好环保监督工作，对于达不到合格标准的企业坚决不予成立，对于影响环境的项目坚决不予批准。只有守好了这条防线，才能真正实现可持续发展。

5.2.4.2 产业结构的不合理、不可持续

通过对成都对外贸易结构的分析可知，成都市的加工贸易占比最高，产业结构还在继续调整中，高污染、高耗能产业在对外贸易中仍占不少，高新技术产业还处在发展初期。成都市当前的产业结构需要调整、升级，传统工业、农业和制造业对环境造成的影响不容忽视，且当前成都的对外

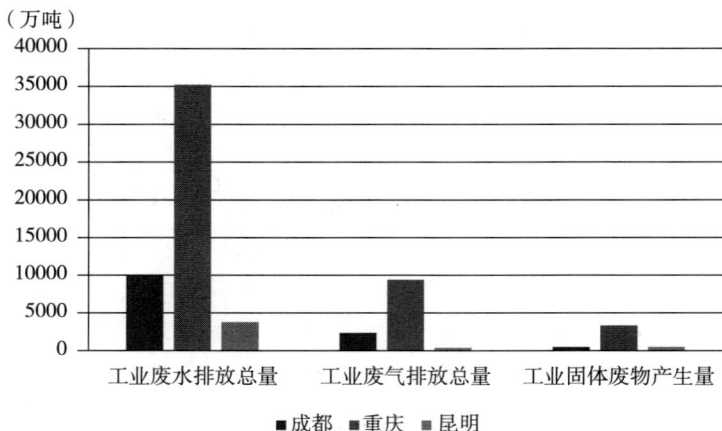

图 5-3 2016 年成都及其他城市工业"三废"排放情况

资料来源：《成都统计年鉴》(2017)。

贸易集中在劳动密集型产业，这样的结构不仅影响环境，在国际市场上也容易被别国替代，没有竞争优势，这样的对外贸易也难以持续。成都市应该继续调整产业结构，传统工业、农业可以向现代化工农业转型，传统制造业可以引入现代技术，外贸重心可以逐步向第三产业转移，实现对外贸易可持续。

5.2.4.3 外贸规模的限制

尽管成都市的外贸规模近年来不断扩大，经济实力在中西部地区都处在前列，但与沿海城市仍有很大差距，特别是近几年成都市的进出口总额受到全球经济的影响开始有所下降，外贸规模有所缩小。图 5-4 描述了 2000~2016 年成都市进出口总额的变化情况，从中可以看出，2000~2014 年成都市的对外贸易发展迅速，但 2015 年和 2016 年进出口均有所下滑，一方面是国际市场不景气，另一方面是成都市的外贸依存度受国际市场的影响近年来增长缓慢，规模的限制使成都市实现对外贸易可持续发展难度更大；且当前成都对外贸易地区集中在亚洲和欧美发达国家，又多为加工贸易的进出口，这样的规模和方式使成都市的对外贸易受欧美市场的限制，发展前景受限。

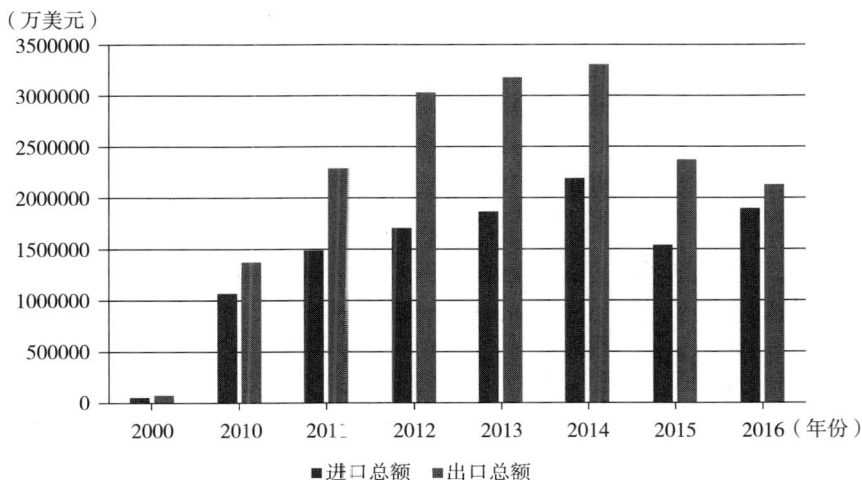

图 5-4 2000～2016 年成都市海关进出口总额

资料来源:《成都统计年鉴》(2017)。

5.3 四川自贸区的建设与四川对外贸易发展关系

5.3.1 四川自贸区的建设

5.3.1.1 四川自贸区的战略布局

(1)总体布局。2017 年 4 月 1 日,四川自贸区正式成立,总体布局按照国务院颁布的《中国(四川)自由贸易试验区总体规划》进行。其总体战略定位是"四区一高地",重点是高端制造业、现代服务业和物流业。以激发自主创新能力为发展动力,完善相应的配套产业及设施,加强国内区域间经济联系,建立全球产业链,促进四川对外贸易发展,促进区域经济增长。

(2)战略方针。四川自贸区自成立开始到现在已经经历一年多时间的发展,其顶层设计已基本形成。到 2017 年 12 月止,四大立柱架梁性工作已完成三个,即《中国(四川)自由贸易试验区总体方案》、《中国(四川)

自由贸易试验区管理办法》（以下简称《管理办法》）、《中国（四川）自由贸易试验区建设实施方案》（以下简称《实施方案》）政策的出台与实施，自贸区地方条例及支持运行平台的制定与建设也在逐步进行。

其中，在《管理办法》中提到，四川自贸区的建设将以制度创新为核心，以可复制推广为基本要求，将已有自贸区的可复制改革试点经验规范化和制度化以适应本省发展的要求。这些方针将进一步解放和激发四川科技发展与创新的动力，加速科技成果的转化。除此以外，在《管理办法》中还对投资、贸易、金融、物流及执政体系建设等方面做出了规定与安排。2017 年 11 月 21 日出台的《实施方案》中给出了四川自贸区建设的七项具体任务，强调了对人才的管理，将完善人才管理制度，吸引高技术人员来蓉发展，同时以交通建设为依托，全面提升对欧经贸合作水平，打造西部金融中心。

（3）具体举措。第一，在制度创新方面。四川自贸区建立以来，四川省政府在制度创新方面进行了多方面的探索与实践。首先，进行行政审批制度的改革。其次，2017 年 5 月先在青白江片区开展经营场所申报登记制改革，其后成都市出台相关政策，使企业登记门槛降低，为企业发展提供方便；国务院发布的新版外商投资负面清单也在四川省实行，"内外资备案合二为一"的方式吸引了大量外资企业进驻四川；围绕简政放权，深化实施"放管服"政策，出台了《中国（四川）自由贸易试验区片区管委会实施的首批省级管理事项清单》，下放至自贸区片区管委会。最后，自贸区率先提出与实施"证照分离"改革，以激发市场活力。

第二，在交通物流布局方面。四川省航空、铁路、水路兼备，四川自贸区的建立更是为交通运输枢纽的打造提供了运行平台。成都双流国际机场在四川对外贸易发展中发挥着重要作用，自贸区战略实施后，除发展先期业务以外，还在区内进行保税维修监管制度创新，推动航空发动机维修业务的发展。成都青白江铁路片区推进成都国际铁路港的建设，中欧班列（成都）以其低于空运的成本和快于水运的优势，在四川省与外部的联系中发挥着越来越重要的作用。川南临港片区在自贸区成立后积极与国内其他省份联系，开通多条航运路线，使水上运输时限降低。

第三，在金融体系构建方面。企业的发展需要有资金支持，推进金融市场建设，是四川自贸区建设的重要目标之一。自四川自贸区成立以来，中国银监会四川监管局、四川保监会、国家外汇管理局分别出台相关政策，以促进四川自贸区内金融体系的构建。

第四，在外部交往与海关优化方面。四川自贸区建立以来，一直加强国内外合作，走联合共赢的发展路线。在国内合作上，川南临港片区与山东、福建、广西等港区签订了协同开放的合作协议，与相关口岸签订了合作备忘录，以推动交通运输方面发展。在国际交往中，四川自贸区的建设与"一带一路"建设相结合，加大与"一带一路"沿线国家之间经贸往来。在海关方面，海关总署制定和出台了相关规定措施以促进自贸区建设，其中海关制度的改革大大简化了货物过关所需花费的时间，降低了企业进出口通关的滞港成本，有利于鲜活农产品业务发展。

第五，其他方面。在四川自贸区建设中，相关配套措施也在不断改进与创新。在人才引进方面，《中国（四川）自由贸易试验区管理办法》中对培养人才、引进人才、留住人才做出了具体的部署与规划，吸引国内外人才来川发展。在保障措施上，区内的法制保障在逐步加强，不仅出台相关法律政策，自贸区法庭建设、自贸区区审判团队成立也在逐步开展。

5.3.1.2 自贸区地区发展差异与对地区外贸影响

（1）成都天府新区片区。成都天府新区片区包含了成都高新区与双流区，是国家自主创新示范区，其自主创新能力居于四川首位，是国家重点建设的高新技术产业园区，当前正在大力发展国际航空，第二大国际机场将建成并投入使用。四川自贸区也在建设中不断发展，积极开展对外合作，搭建四川地区与国外合作交流平台，并取得了显著的成绩，具体以成都高新自贸区与欧洲的合作为例。成都高新自贸区很多年前就与欧洲有着紧密的合作，现在成都高新自贸区更是进一步启动了中国—欧洲中心项目，采用了"6+1"的新型功能布局，在整个布局内部设立了展馆和交流中心、六大功能区，并且包括很多项综合配套服务区。四川自贸区高新区着力打通"6+1"综合服务通道。当前，四川已经充分挖掘出它的地理资源等优势，在水陆空等领域开发资源，利用本土已经有的优势建立便利快捷的物流运输体系，方便国际贸易合作。四川自贸区高新区与欧洲合作优势方面，四川成都坐落于长江经济带与"丝绸之路"的交会处，并且成都现在正快马加鞭力图建设全面体现新型发展理念的中心国家城市。因此，成都高新区作为创新改革和对外开放引擎地，正积极主动融入到"一带一路"建设中，集纳国际化资源，积极推进高新区对外开放与交流合作机会，在地域条件方面享有很好的优势。另外，四川自贸区高新区以天府国际机场为纽带，正在规划建设中的天府国际空港城也将成为四川成都对外贸易的重要阵地。"蓉欧+"战略布局与自贸区的两重效应叠加，以它独特的优势实现国际国内的互通互连，打造成四川成都国际物流快速通道上的强劲合力，并且有效串联起四川自贸区与欧洲、中亚地区，让资源全球化配置有了更便捷、更高效、更经济的选择。

（2）青白江铁路港片区。以重点发展国际商品整车进出口、特色金融体系与制度、国际贸易货代、保税物流仓储、集散转运等服务模式和现代服务产业，为四川西部内陆和"一带一路"的发展创造条件。从青白江城市的地理位置来看，青白江地区正从城市发展的外围圈子向市中心靠拢。从城市功能来看，青白江地区正在从成都重工业基地转变为相关产业的开放。从城市的发展潜力来看，青白江主要从纯粹的制造方式转变为全新的动能生产方式的综合创新改革。其面临的挑战有：在国际方面，发达国家的高端回流形势和发展中国家的低端转移形成了"双向挤压"。在国内方面，铁路港口的激烈竞争状态与单个港口的功能板块不足构成了"两大瓶颈"。当前，国内以铁路集装箱中心站为基础而设立的港口较多，发展相对较好的有西安、重庆、武汉、郑州及成都（青白江区）等地。从这些陆港的发展状况来看，虽然有发展的快与慢之分，但是大多功能相类似，同质化竞争较为严重，如表5-17所示。

表5-17　国内几大陆港发展情况对比

	西安（国际港）	郑州（经济技术开发区）	重庆（现代物流园区）	武汉（临空港经济技术开发区）	成都国际铁路港
独特优势	属于陕西自贸区	属于重庆自贸区	属于河南自贸区	属于湖北自贸区	属于四川自贸区
产业特点	世界500强企业5家；国内500强企业5家	世界500强企业5家	园区产业年产值30亿元	物流企业达2800余家	500强企业4家、中国物流百强企业60余家
口岸功能	国家开放口岸	跨境电商试点区、国家开放口岸	邮政口岸、跨境电商试点、国家开放口岸	国家开放口岸、综合保税区	保税物流中心、多式联运海关监管中心、国家开放口岸
通道能力	中欧班列开行146列	中欧班列开行445列	中欧班列开行251列	中欧班列开行233列	中欧班列开行520列

资料来源：国家商务局对外贸易统计资料。

（3）川南临港片区。川南临港片区发展的重点产业包括现代服务业，如教育和医疗、港口贸易，先进制造业和特色产业包括食品饮料、现代医药和装备制造业。其目标是建设成为重要的区域综合交通枢纽，是成渝城市群开放和发展的重要门户。

川南临港片区利用区域优势大力发展该区域物流并借助港口优势，加之配合成都区域的水港、双流区域的空港和青白江区域的铁路，开通了"泸蓉欧"快铁，形成极其便利的"铁水联运"和"公水联运"运输方式。另外，开通了泸州到上海的快班和升船机使外贸直航班轮与政务服务内陆沿海直通互办模式。

5.3.1.3 自贸区与外贸协调发展对策

（1）加大自贸区金融改革创新，提升经济金融服务水平。金融服务是外贸发展的关键环节，国家根据自贸区的不同经济区域，差异化、有重点地形成了不同的、各具特色的创新格局。四川外贸企业应该更好地利用自贸区，使金融服务水平得到明显改善，使人民币在跨境使用、支付管理、资本的流动等方面进行一系列"放管服"改革，增加企业进出口贸易及投资的便利化，降低企业进出口资金成本，从而提高企业竞争力。

对外贸易中，资本跨区域流动，稍有不慎，易受到金融危机的影响。在金融改革中，不仅要抓住机遇，也要警惕金融风险。因此，要完善防范机制，加强金融风险监控，防范资金流动风险。

推进对外贸易金融体系和制度创新是促进对外贸易发展的关键。四川自贸区建设需要不断促进产业链改革，以加快构建标准化的供应链金融。因为在当前经济转型的过程中，初加工行业、制造业、劳动密集型产业、大众服务业等相对比较成熟的产业集团会大量向中西部地区转移。四川省已承接了一大批大型企业和一些科技型企业的加工生产基地，促进了供应链金融的快速发展，增加了供应链金融标准化的形成，使核心企业能够促进供应链上下游小微企业的发展。为了促进产业链的协调发展，四川省的产业链结构将迅速升级。

（2）创新外贸经营管理方式，打造自贸区示范基地。企业应改变以低价赢得竞争力的策略，以四川自贸区产业建设为引导，特别是高新区自贸区，大力开发高新技术产业，并用先进技术带动周边产业及相关产业的发展，形成四川独特的竞争力，改变企业停留在国内寻找商机的方式，以政府搭台、企业主动的形式走出国门开办相关展会，举办商品交流论坛，将四川品牌推广活动带出国门，获得更大的发展空间。由于四川外贸企业大多规模较小，其可以联合起来，共享资源优势，提高整体竞争力。自贸区则可以发挥其特殊区域优势，搭建平台，带动四川外贸企业走向世界。

（3）加强对近邻国家开放，全面提高对外开放水平。中国周边有很多发展中国家，因此区位上，四川可以借助这一优势发展与邻国的对外贸易。目前，四川普遍进入工业化中后期阶段，面临着各种资源和环境约束及市场扩张的不足。通过与"一带一路"国家的交流与合作，可以解决面临的问题。此外，这些国家在市场准入方面更容易获得，而且商业环境比发达国家更灵活，在贸易时可以实现更有利的谈判，更适合四川企业的发展。高新区通过我国邻国再与欧洲合作便是一个很好的例子。自贸区的建设能更好地增强四川与其他国家之间的交流合作，特别是在"一带一路"的推动下，借助近邻国家的力量，开发四川与其他国家更多的发展合作机会。目前，四川外商投资数呈逐年增长态势，如图5-5所示。

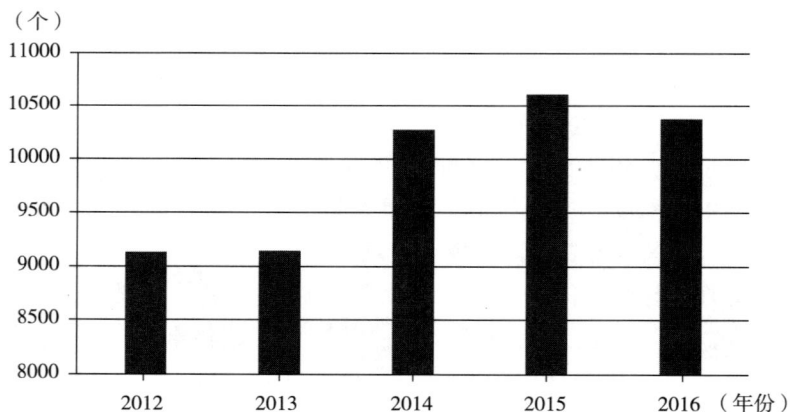

（个）

图5-5　2012~2016年四川外商投资数

资料来源：《四川统计年鉴》。

（4）统筹扩大内需，实施大经贸战略。长期以来，无论是四川企业还是四川政府有关部门，对于如何增加四川GDP或者企业销售收入和企业的产值都很有热情和信心，而对于如何发展对外贸易则有些信心不足和热情度不高。一谈到对外贸易发展，就强调其诸多不利的客观条件，而忽视了很多可以改善的主观的开拓精神和努力。四川的企业对如何开拓四川省内和国内市场比较感兴趣，而对其开拓国际市场的表现则相当冷淡。我们应该明确的是，在我国加入了世界贸易组织（WTO）后，从外贸竞争环境发生的根本变化可以看出，对外贸易在国民经济中的作用和地位越来越重要，对外经济不仅是国民经济的重要组成部分，也是提升四川经济竞争力的重要途径之一。应以更加积极乐观的心态面对目前发展较缓慢的外贸经济。因此，各地大中型企业应充分认识到加快对外经济贸易发展需要以更加乐观积极的态度协调四川对外经济发展和树立"外向带动"的发展理念，把扩大对外贸易融入到四川省的国民经济和社会发展大战略之中，并且对其实施统一的规划，明确其目标和任务，并为发展和扩大外贸出口建立方法和思路。

政府也应该抓住外贸发展的短板，除了积极响应国家的外贸大发展战略以外，更应该针对四川地区对外贸易发展特点，如四川对外贸易结构的不均衡，以及对外贸易发展面临的相关政策缺陷加以补充与完善，并将自贸区已有成熟产业和制度优势加以利用，给予外贸企业充足的支持。

5.3.2 四川自贸区建设对四川对外贸易发展的影响

5.3.2.1 增加了全省的外贸总值

四川自贸区成立于 2017 年 3 月 15 日，经国务院批准，于 2017 年 4 月 1 日正式挂牌运行。作为中国第三批七个自由贸易试验区之一，四川自贸区与"一带一路"倡议挂钩，目的是使中东西互济、海陆空统筹的对外经济走廊的构建进程加快，从而为中国扩大开放和中西部自贸区的建设积累新的经验。

近年来，随着国家对外开放的不断提高，四川对外贸易的发展条件不断改善，四川外贸发展也取得了较好的成绩。譬如，2016 年四川对外贸易的进出口总额为 3261.9 亿元，比 2010 年增长了 1.8 倍。其中，出口贸易总额为 1847.5 亿元，进口贸易总额为 1414.4 亿元，成都市的贸易总额更是在四川省对外贸易总额中占据大部分。2016 年，成都进出口贸易总额为 2713.4 亿元，其中，进口贸易额为 1262.9 亿元，出口贸易额为 1450.5 亿元。总的来说，四川具有充分的对外贸易发展潜力和较好的发展基础。其优势具体表现为：①四川对外贸易方式多种多样，一般包括产品深加工方面的贸易，还包括初级产品加工贸易。②外贸经营出口的主体趋向于多元化发展，虽然国有企业占主体地位，但是私有企业也在不断发展中，并在四川对外贸易中扮演着越来越重要的角色。③四川对外贸易出口结构也在不断改革与创新中。四川外贸出口以制成品为主，多年来以生产制作鞋子、衣服、纺织品等劳动密集型产品为主，但是到目前为止，工业制成品的比例有所增加。④国际外贸市场范围也在扩大，市场主体多元化。不同于之前外贸市场主要是北美及亚欧地区，目前也向南非、欧盟、东南亚地区发展。⑤四川对外贸易对四川 GDP 作用也越来越大，不仅促进了四川居民的就业提升，也以外贸拉动四川产业链，带动经济发展，增加居民经济收入。

2017 年四川自由贸易试验区正式挂牌后，贸易园区的关税优惠政策及各种福利性质的新制度规则，使 2017 年四川进出口贸易总值达到 4605.9 亿元，相较 2016 年增长了 41 个百分点。其中，2017 年四川外贸出口总值为 2538.5 亿元，比 2016 年增长了 37.4%；进口总值为 2067.4 亿元，较 2016 年增长了 46.2%（见图 5-6）。因此，四川自贸区的建立对四川的进出口贸易产生了巨大的影响。

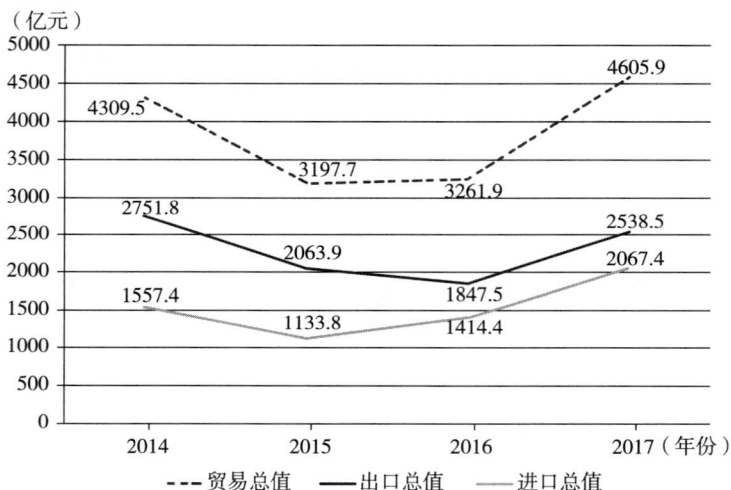

图 5-6　四川近几年贸易值走向

资料来源：根据成都海关、《四川统计年鉴》（2017）、四川省商务厅数据整理所得。

5.3.2.2　吸引了更多企业、资本的入驻

四川自贸区成立后，各方面都进行了改革，自由贸易区企业登记数量继续增加。例如，"境内关外""境外关内"这两项新的政策就给园区内的进出口企业带来了更多的便利与优惠。"境内关外"相当于只要企业在四川自贸区，货物就在园内出售。也可以将销售货物看作是出口货物，则货物就能够享受减免出口关税等优惠的福利政策。"境外关内"相当于只要是在四川自由贸易园区的企业，将货物买进园区内，就可以将买进货物看作进口货物，则货物就能够享受减免进口关税等福利政策。

四川自贸区建立 1 月后，新增企业近 2000 户，其中天府新区新设立企业 145 家，注册资本达到 65 亿元；6 月，川南港区南部新增注册企业 700 家，涉及高端制造业和金融业；7 月，成都新注册企业 7680 家；到 8 月底，新设企业达到 13078 家，平均每天新增企业 85 家，新设的外资企业超过了四川省的 1/3。四川自贸区企业登记制度的改革与创新简化了企业登记进程，吸引了更多企业进入四川。到 2018 年 5 月 6 日，中国（四川）自由贸易试验区的报告显示，自贸区挂牌运行一年多来，新入驻企业已经达到了 24843 家，较挂牌前增长了近 55 个百分点，新的注册资本已经达到 3418.89 亿元，同比增长 47.35%。

自贸区的建立不仅吸引了国内投资者进行企业投资，也同样吸引了外商企业投资。截至 2018 年 4 月 1 日，园区内新登记的外商投资企业达到 292 家，相比一年前的 202 家增长了 44 个百分点，比成都市这一年来 15 个百分点的平均增幅还要高出 29 个百分点。外商在这一年内向四川自贸区成都区域内资企业注入资本 1475 亿元（见图 5-7），占全部投资的三成左右。这也充分表明了四川自贸区对国内外公司的吸引力。

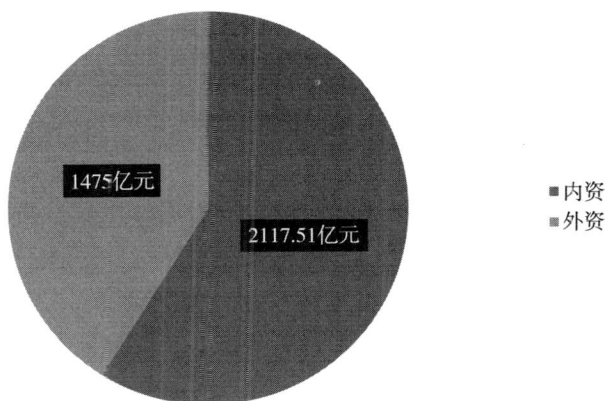

图 5-7　四川自贸区新企业入驻资本

资料来源：成都海关、四川省商务厅。

5.3.2.3　打开了新型外贸市场

四川省地域辽阔、资源丰富，素有"天府之国"之称。在四川自由贸易试验区建立之前，由于四川处于内陆，若要进行易腐烂变质商品的贸易，运输的成本太高，造成了这方面商品的贸易并不容易进行。

　　成都海关称，2016 年的平均通关时间接近 11 小时，但 2017 年的统计数据显示，平均通关时间已接近 7 小时，平均缩短了将近一半的时间；2016 年成都海关的通关时间为 0.9 小时，2017 年的平均通关时间缩短为 0.6 小时。越来越短的通关时间为贸易缩短了交易的时限，也使四川易腐烂商品的出口量增加（见图 5-8）。例如，在自贸区还未挂牌运行的 2016 年，四川地区出口天然蜂蜜总值约 1474 亿元，在 2017 年 4 月自贸区挂牌后，出口总值达到 2521 亿元，同比增长 71%；2016 年出口水海产品总值约 1425 亿元，在 2017 年 4 月自贸区挂牌后，出口总额达 4211 亿元，比上年同期增长 195.5%；2016 年出口制作或保藏的鳗鱼总值约 233 亿元，在 2017 年 4 月自贸区挂牌后，出口总额实际达到 1808 亿元，同比增长 676%，是上年出口总值的 6 倍多。以上证明了四川自贸区的建立为四川省内的易腐烂类的产品打开了新的国际贸易市场。

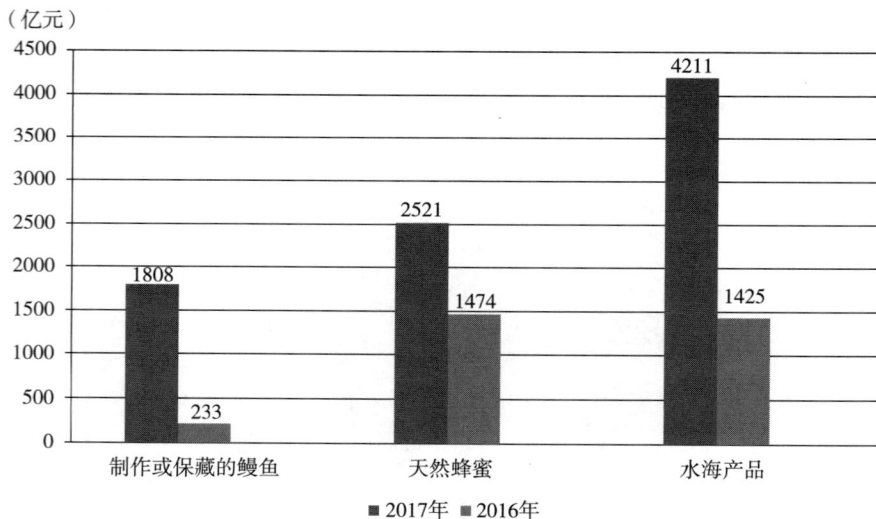

图 5-8 四川出口部分易腐商品总值比较

资料来源：成都海关、四川省商务厅。

　　四川的特色农产品辣椒、茶叶、白酒等，也因为四川自贸区外贸的便利自由打开了更加广泛的国际市场。以四川的特色农产品辣椒干为例，如图 5-9 所示，2015 年全年四川省的辣椒干出口总值为 25 亿元，2016 年出口总值为 131 亿元，在 2017 年自贸区建立并且挂牌运行后，出口总值达到 269 亿元，相较于 2016 年的出口总值足足翻了 1 倍，更是 2015 年出口总值的 10 倍以上。这充分说明，自由贸易区的建立也为四川特色农产品开辟了新的市场。

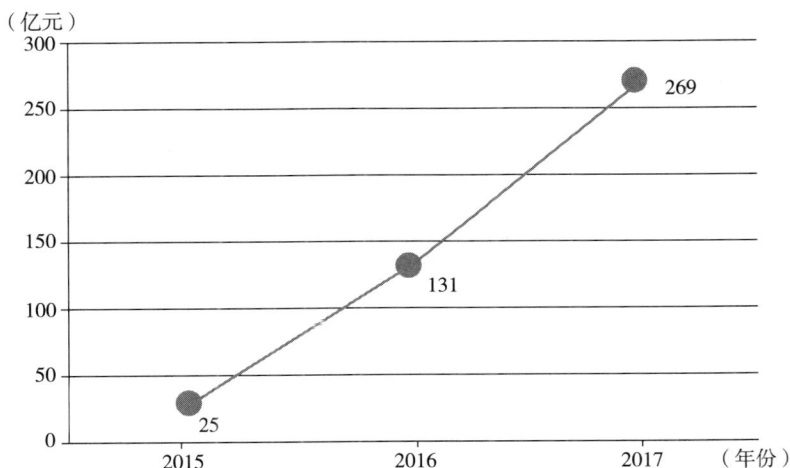

图 5-9　四川省近三年辣椒干出口值走势

资料来源：成都海关。

5.3.2.4　调整了对外贸易结构

在产业结构中，四川地区外贸出口仍然保持着以纺织品等劳动密集型产业为主，其属于低附加值产品，盈利水平较低，并且高新技术产品出口能力呈现下滑趋势，如表 5-18 所示。在主体结构中，主要是与市场集中率强的北美、欧洲等国家之间的合作导致四川对外贸易市场份额较低。其中，机电产品在四川外贸中总体一直占据优势，自贸区成立后，实现进一步的增长，2017 年，出口占总数的 78.7%，比 2016 年增长 7.2 个百分点。其中高新技术产品实现快速增长，占比达到 71.6%。自贸区的建立，使四川省科技能力得到进一步激发，带动四川外贸商品结构从劳动密集型产品向技术密集以及知识密集型产品发展。

表 5-18　2013~2016 年四川出口商品类别总额对比

单位：万美元

年份 类别	2013	2014	2015	2016
农产品	68949	74663	64842	63779
机电产品	270982	2926109	2195564	1997596
高新技术产品	1921726	2104568	1522894	1567530

资料来源：国家商务局对外贸易统计。

5.3.2.5 贸易主体更加多元化

除了外贸实体外,外贸伙伴关系也发生了变化。与传统贸易国的贸易往来得到加强,与此同时,"一带一路"建设也加强了与沿线国家的贸易往来。四川省与多个国家和地区建立了贸易合作伙伴关系,大型的国际博览会相继在四川举行,与相关地区建立了木材交易中心,加快与全球经济的接轨。

5.3.2.6 贸易可持续发展能力增强

贸易竞争指数即 TC 指数,是指一个国家或地区某类商品的净出口与进出口贸易总额的比值,其值在(-1,1)。用公式表达为:

$$TC = (X_i - Y_i) / (X_i + Y_i)$$

表 5-19 所示为四川省近五年主要商品的 TC 指数,可以看到四川 TC 指数五年来一直保持为正,凭借在国际上的竞争优势,其初级产品 TC 指数从负数逐渐增大,在 2017 年达到 0.211,初步具有贸易竞争力;在工业制成品上,TC 指数在减小,主要原因在于四川省产业结构在进行升级调整。自贸区建设以来,四川省与国内外合作加深,承接东部地区产业转移的速度上升,高新技术等发展,使传统的对外贸易商品类别减少。表 5-20 所示为2017 年四川省不同类别商品的 TC 指数,从中可以得到,1 类、4 类、5 类、6 类 TC 指数均在 0.5 以上,具有较强的贸易竞争力,说明四川省结合本省的资源及劳动力优势,在自贸区布局中承接产业转移。

表 5-19　四川省近五年主要商品类别 TC 指数

TC 指数 ＼ 年份	2013	2014	2015	2016	2017
全部商品	0.299	0.227	0.293	0.133	0.102
初级产品	-0.454	-0.369	-0.232	-0.232	0.211
工业制品	0.334	0.303	0.317	0.317	0.126

资料来源:根据《四川统计年鉴》中数据计算得出。

表 5-20　2017 年四川省不同类别商品 TC 指数

类别	0 类	1 类	2 类	3 类	4 类	5 类	6 类	7 类	8 类	9 类
TC 指数	-0.025	0.744	-0.744	-0.308	0.773	0.597	0.563	0.047	0.34	-0.02

资料来源:根据海关发布数据计算。

四川自贸区的战略布局加快了产业集聚效应，自主创新能力得到进一步激发，第三产业在四川产业发展中占比越来越大，有利于四川对外贸易的可持续发展。

5.3.2.7 有利于改变外贸发展方式，增强吸引力

四川自贸区的建立有利于吸引更多的外资引入，扩大四川产业范围，增强企业实力与竞争力。四川外贸过去长期以低附加值产品为主，难以吸引具有优势的新兴产业入驻。依托四川自贸区建设，四川劣势被新优势所代替，在自贸区建设下，大力发展四川高新技术产业，改变粗加工制造业为主的模式，使发展方式更良好，利润空间也比以前扩大。优化四川进出口商品结构，增加内需，有利于提高四川出口产品的先进技术含量，增加利润空间；有利于推动引进国外的先进技术和资本，推动生产设施的完善和更新，同时在扩大出口的同时提高四川出口产品的品牌效应，使之在贸易壁垒中占据优势位置；有利于促进外贸企业深加工的发展，增加四川出口商品的价值空间。

5.3.2.8 有利于开拓新兴市场，扩展自贸区国际市场

四川自贸区的建立和四川对外贸易的发展有利于促进四川与其他地区或国家的贸易往来。它可以作为促进四川对外贸易经济快速增长、调整四川外贸市场结构、扩大四川对外开放规模的有力保障。四川对外贸易的纵深发展，使四川产品、资本、技术、企业等走出国门，也有利于国外等资源要素走入四川地区，有利于丰富四川进出口外贸市场，促进多元化外贸市场发展。同时，在对外贸易竞争力提升的背景下，四川对外贸易以更好的态度面向国外市场和环境。这有利于提高四川对外贸易的整体形象，从而获得外贸实体的关注和尊重；有利于在四川对外贸易政策与制度的完善下，使外贸企业利用好这些优势来拓宽国际市场，使四川外贸在今后金融危机极有可能发生的时代拥有更大的生存和发展空间；有利于鼓励四川外贸企业更加积极地利用"万家企业出国"活动"走出去"，和更多的与四川合作的国际贸易伙伴建立起直接而紧密的联系，扩大和保持四川外贸合作伙伴的数量。

5.3.2.9 加强风险防范，提供外贸发展利益保障

四川自贸区的建立有利于推动四川对外贸易风险防范机制的建立，建立风险防范机制、风险识别和评估机制及风险应对办法，以面对并减少四川外贸风险发生时给企业造成的损失。四川外贸企业可以借助更全面和完

善的法律法规强化风险防范，依法从事对外贸易活动，更自由地选择中国法律来解决贸易争端。在"一带一路"发展中，与中国友好贸易交往的国家越来越多，四川自贸区给这些友好国家带来了更加便利化的合作平台。未来，四川外贸企业可以通过对政治局势稳定的国家选择性地发展贸易往来，来降低甚至规避政治风险中存在的外贸利益损失。

5.3.3 四川自贸区建设对四川外贸发展的作用分析

5.3.3.1 自贸区战略布局推动制度创新

国际贸易的基本前提是潜在贸易利益的存在，实现利益的基本保障和贸易利益的合理分配。其作为国民经济的重要组成部分，与国内财税、金融和企业制度密切相关。制度安排在一定程度上可以直接决定一国或者一个地区在国际贸易中的比较优势，例如爱尔兰香农自贸区，正是不同阶段的贸易政策制度安排，确定了其在不同时代的发展方向，使其获得相关优势，取得良好成绩。四川自贸区对三大片区的战略布局，确定了各区重点发展的产业，配合产业发展，进行各方制度改革，产业集聚效应明显，带动外贸增长。制度创新是推动技术创新的关键，有利于积累人力资本和解决资本匮乏的问题，自贸区战略布局推动了四川法制建设等保障机制的发展，从而促进资本的积累，带动外贸增长。交易成本存在于任何类型的交易中，企业，尤其是跨国公司，通常纵向或横向发展，以降低外部市场的交易成本。自贸区建设中对企业相关管理实行负面清单制，有效激发企业发展积极性，促进对外贸易增长。

截至 2017 年底，据统计，四川自贸区的成立使 1.92 万家企业"落户"成都区域，这让众多企业感受到了四川自贸区建设完成后带来的一系列制度支持与制度福利，使企业贸易更加便利化，积极促进外贸转型升级，完善口岸开放功能，构建协同发展机制，支持建设四川特色名片。从自由贸易区出口的货物可享受到减免出口关税的政策，而从自贸区进口的货物可享受减免进口关税的政策，进出口成本大大降低，福利支持也带到了企业。同时，政策支持使许多通关程序更加便捷，大大缩短了企业的通关时间。

5.3.3.2 自贸区交通布局加快物流网络构建

物流成本是对外贸易成本的重要组成部分，可以在一定程度上改变国际贸易中产品的比较优势。自由贸易区在运输和物流方面的建设和布局将降低商品物流成本，从而降低国际贸易成本，促进对外贸易增长。首先，自由贸易区港的建设，使集装箱吞吐量上升，区内物流作业的效率及港口综合服务能力改善，更多物流公司和船公司愿意入驻，从而降低物流成本。其次，航运、水运、铁路及公路运输使区域间经济融合加强，外贸商品具有更多物流选择，应对突发状况的能力及物流信誉度上升，企业进行贸易的意愿上升，从而对外贸易实现增长。最后，物流系统的建设和互联网的发展导致了物流信息化水平的提高和国际物流范围的扩大，国际市场体系更加公平，跨境电商载体得到发展，从而带动四川对外贸易增长。

首先，在铁路运输方面，中欧班列（成都）是实现四川对外开放、拉动对外贸易增长的主要力量。在 2013 年初期，一周只有一班，且只能从成都到达波兰罗兹，随着自贸区建设的进一步展开，中欧班列（成都）形成了以成都为中心，以欧洲为主要辐射地的货物运输平台。2017 年前 11 个月其累计开行 763 列，同比增长 80%。除此以外，中亚班列也在稳定增长，已建成或正在规划建设的高铁和成都地铁线相互联系，进一步增强了四川铁路交通的优势。其次，在航空运输方面，成都双流国际机场实现了与五大洲的通航，四川口岸优势更为明显。再次，在水路运输方面，依据四川自贸区与沿海沿江沿边城市对接的战略，以泸州市泸州港为依托，与各地港口加强交流与合作，铁水联运极大地方便了四川对外贸易发展。最后，在公路运输方面，高速公路的建设，如成雅高速、机场高速，与国家高速公路网络实现对接，使货物流转速度加快。

5.3.3.3 自贸区金融布局使四川对外贸易具有保障

四川保税区建设的战略布局之一是建设西部金融中心。金融业发展使投资效率提高，其中金融市场的开放及对金融产品的创新对中小企业发展具有推动作用，自贸区内金融布局使自贸区内市场主体快速增长，对外贸易企业力量增强。四川保税区建立跨境电子商务结算体系，鼓励开发新的金融产品，开展跨境贸易人民币结算业务，使企业在进出口过程中能更高效地通关，又能降低通关的成本。金融业发展的同时会提高消费的替代弹性，国内消费需求上涨，对国际贸易的需求加深。金融业发展也使市场信用得以提高，国际贸易支付的方式改善为企业贸易提供了强有力的保障条件。同时，在国际贸易中，由于涉及产品数量多、金额大，国际保险在国际贸易发展中占据重要地位。金融布局与发展推动了四川保险业务发展，为四川对外贸易提供了现实保障，对外贸易实现增长。

5.3.3.4 营商环境改善

四川自贸区建立以来各项战略布局取得初步成果，表 5-21 列出了在行政审批、外资管理及金融发展三方面采取的措施及相应改善结果，改善了企业的商业环境，提高了工作效率，加快了公司的成长和发展。

表 5-21　营商环境改善的相关项目、内容及结果

项目	内容	结果
行政审批	川南临港片区：117 项审批事项"一章办理" 成都天府新区：23 个机构优化成 16 个	审批效率提高 80%
外资管理	单一信息窗口、多规合一、建立联合审批平台、外资投资企业备案管理	备案材料减少约 80%，办理时间减少 50%
金融发展	双创债、盈利动力科技金融服务模式	为中小微企业及缺乏资金的高新技术企业提供利润融资来源

资料来源：根据政府官网中成果整理。

四川的对外贸易依赖着水陆空运输，自贸区的建立要求港口的海关、商检部门简化通关手续，促进贸易便利化。同时，加强港口信息安全管理，促进港口间智能化管理，增强信息共享，满足企业国际快速运输需要。另外，不断促进通关过程优化。海关自由贸易区的战略布局彻底改变了海关税收征管方式；使用"双随机"体制；实行 AEO 认证机制；对加工贸易的管理进行改革；支持在特殊海关监管区域维护飞机发动机等零件。这些措施以及改革方针，极大地方便了四川对外贸易发展，通关时间得到改善，进出口平均通关效率在全国 42 个直属关区中名列前茅，其中 2017 年进口所需时间为 8.84 小时，出口所需时间为 0.75 小时，较 2016 年分别减少了6.26 小时和 0.45 小时。

5.3.3.5 推动全域开放平台

自贸区的建设、创新提出负面清单管理模式使四川外贸发展面临越来越少的障碍，推动国外企业投资四川企业，增强外资对四川经济的影响。同时，鼓励对外贸易合作交流，推动四川外贸企业与国外企业沟通，优势互补。推动建立外贸合作平台和交流平台，例如开发商务代表处和国外领事机构，使四川成为资本、人才及技术等融汇之地。

6

"一带一路"倡议下四川自贸区
不同片区发展研究

6.1 川南临港片区

6.1.1 川南临港片区发展现状

川南临港片区是四川自贸区三大片区之一，是"一带一路"和"长江经济带"的重要节点城市，也是长江上游的重要港口城市。其辐射范围广，具有巨大的经济增长潜力。中国西部地区作为连接中国与新丝绸之路经济带的重要枢纽，在新时代背景下，随着消费类型的转变，中国承接国际产业转移的主要领域也将从东部地区转移到中西部地区。随着对外开放的不断深入，西部地区在中国整体经济发展格局中的主要战略位置和经济发展状态也将逐步由被动从属向主动引领转变。外商直接投资对中西部地区的吸引力增大，外资向中西部地区的跨梯度转移趋势日益明显。东部发达地区的大多数外资企业都有意在西部投资和分销。在此背景下，川南临港片区根据自身区位优势结合产业发展特点，加快与泸州市产业对接，尽快实现两者之间协调的产业发展，有助于抓住发展机遇，刺激增长潜力，推动区域经济增长。

6.1.1.1 川南临港片区的区位条件

（1）从地理位置来看。在国务院发布的《关于促进基于黄金水道的长江经济带发展的指导意见》中，长江经济带的概念和范围得以明确，涵盖了长江从上游到下游流经的四川、云南、重庆、湖南等 11 个省份，最后从上海汇集出海。长江的流域面积十分广阔，达到 205 万平方千米，构成的沿线经济区域资源优势和发展水平层次各不相同。川南临港片区所处泸州市位于四川省东南方，位于长江上游重要中心位置，向前连接长江源头，往后通达长江中上游。除此以外，泸州位于中西部结合区域，可以连接周边地区，将西部与中东部、长江上游与中下游串联起来，起到交通枢纽的作用。

（2）从经济区位条件来看。泸州市东部、北部分别与重庆和成都相邻，位于成渝经济区，进而融入整个"西三角"经济区中；西部则和省内宜宾、自贡两市相连；南边和滇黔两省相接，紧邻南桂昆经济区，处在西南、西北地区相交会的地带。进一步向北可连接西安、兰州等重要城市，从而接通亚欧大陆桥；向南深入可连接南贵昆经济区，使与东南亚各国各地区的经贸往来变得更加便利；西南地区和西北地区通过这个节点进行整合，形成一个耦合点。除此以外，泸州市也是"一带一路"倡议与长江经济带战略布局中的重要节点城市。长江经济带战略是中国新一轮改革开放，进行新区域开发与开放的重要战略，长江一线沿边地区淡水资源、生物矿产资源等丰富，是天然的黄金水道，其流经地区广、连接范围大，区域内工业化水平高，是中国自古以来地位显赫的经济走廊。而"一带一路"横贯亚洲、欧洲和非洲，给沿线城市带来新的发展机遇。泸州市坐落于长江经济带，上衔"丝绸之路经济带"，下接"21 世纪海上丝绸之路"，具有十分重大的意义，是中国内陆地区向西开放的重要门户。

（3）从资源分布情况来看。泸州市位于资源丰富且密集的川南地区，属于资源中心地带，地区煤炭待开采量已被探测确认的高达 638 亿吨；无烟煤待开采量已被探测确认的仅在古蔺、叙永两县就有 69 亿吨，数量达到四川无烟煤待开采量的 30%；煤层气待开采量为 1000 多亿立方米，占全省存储量的三成左右。丰富的无烟煤和煤层气储量，使泸州被纳入全省煤炭资源相关开发利用规划和全国大型煤炭开发基地规划之中。其金属矿资源丰富，通过探测，硫铁矿的待开采量确认储量达到 32 亿吨，占全国范围内硫铁矿待开采量的 14%，占川南地区待开采量的一半以上，达到 71%。经初步探测，泸州市还具有丰富的页岩气资源，可以进行大规模开发，天然气待开采量约 650 亿立方米。除矿产资源丰富以外，泸州市还拥有丰富的能源资源，由于其位于长江之畔，水能资源蕴含量大，大约有 400 万千瓦，开发利用效率高，能开发其储量的一半以上。泸州市拥有的资源不仅丰富，而且资源的可开采力度强，每年有近千万吨煤炭等矿产品经泸州初加工转移，煤炭资源储量中可以被综合利用的部分高达 900 多亿吨，便于泸州工农业生产，是长江经济带至关重要的能源资源保障基地。

（4）从交通运输条件来看。泸州市位于长江航道上游，是上游航运副中心，也是出川的第一大港，可以作为连通中国东西部的通道。泸州拥有良好的航运基础条件，长江位于泸州境内的航道通航里程总长为 928 千米，其中涵盖了长江三级标准航道、沱江航道、赤水河航道，总计 200 多千米，一共建造了 108 座航运码头，最大实际停泊能力为 8000 吨。泸州港成功依托五大港区，成为四川最大的水运港口，构造了立体多面的"一横二纵五港区"综合水路运输体系。其中，"一横"即东西流向的长江干线航道，"二纵"说的是沱江和赤水河，"五港区"则分别是指纳溪、龙江、合江、泸县、古蔺这五个地区。在泸州境内的长江流域，3000 吨级的货运船舶可全年昼夜通航，在丰水期内，5000~8000 吨级的船舶可以直接抵达泸州港。

泸州港具有较强的航运竞争力，是全国 28 个主要内河港口之一。长江水道是西部内陆地区连接沿海沿边地区的重要渠道，是实现中国内部江河运输与海上运输相连接的重要通道。2017 年，泸州港货物吞吐量达到 5000 万吨，港口集装箱吞吐量达到 80 万箱，位居四川第一，占到四川总量的 85% 以上。计划到 2020 年，这两个数字将分别达到 6000 万吨和 100 万箱。如《国家物流园区规划》所述，泸州市是四川省规划的二级物流园区城市。泸州临港工业物流园区的全面推广吸引了众多物流公司入驻。泸州港还开辟了直达台湾的航空线路，加大海内外交流；同时，保税仓库和出口监管仓库的建设将促进泸州港保税物流中心的建设；联合成都，运用省会城市的优势一同打造四川泸州保税港，吸引了国内外大批知名船舶和运输公司在此地进行中转和开通班轮。除此以外，泸州市目前正在规划建设更优越的交通体系，在《国家公路运输枢纽布局规划》及《铁路"十二五"物流发展规划》中，泸州市被列为交通节点城市。其享受了国家政策倾斜带来的福利，不仅是全省 10 个国家道路主枢纽城市之一，也是交通部规划的全国 196 个主枢纽城市之一。

6.1.1.2 川南临港片区发展机遇

（1）党的十九大的胜利召开带来了新的历史发展机遇。在党的十九大报告中，以习近平总书记为代表的党中央明确表示我国将继续坚持对外开放的基本国策，在深化对外开放格局的同时坚定不移地贯彻落实创新、协调、绿色、开放、共享的发展理念，推进新型工业化、信息化、城镇化、农业现代化的同步发展，为我国新一轮对外开放格局的形成指明新的发展方向。为推进我国全方位对外开放格局的形成，党的十九大报告中指出要优化区域开放布局，加大西部开放力度。四川省作为西部大省，在我国新一轮对外开放格局中占据重要地位，且对外贸易在我国开放型经济建设中也占据着重要地位。党的十九大报告中强调，我国在深化对外开放布局时要拓展对外贸易，培育贸易新业态新模式。因此，将两者结合，在当前传统国际合作关系面临大的挑战之际，另辟我国经济发展的新途径，以推动四川省对外贸易的发展来带动西部地区经济发展对实现我国经济增长具有重要作用。四川自贸区作为我国进一步融入全球经济的重要措施，是开展对外贸易的重要平台，对构建开放型经济具有重要作用，党的十九大报告中指出，将赋予自由贸易试验区更大的改革自主权，并探索建立自由贸易港，打造国际合作的新平台，以增添共同发展的新动力。川南临港片区作为四川自贸区三大片区之一，在地理、经济、交通、资源、运输等方面均具有优势。党的十九大报告中对自贸区、对外贸易等的相关安排，为川南临港片区充分利用其自身优势，实现产城融合、城园一体的发展目标带来重要发展机遇。

（2）"一带一路"倡议与长江经济带战略实施带来的发展机遇。川南临港片区位处"长江经济带"与"一带一路"的交会点，具有战略优势和要素优势，加上泸州自贸区的内陆开放优势，园区正构筑起中西部最优的投资发展环境，开放程度大大提升。川南临港片区区位优势显著，与各方建立协同开放平台，推进贸易国际化。在系列政策和改革红利的带动下，其依托长江，承东启西，协同开放，面向全球，正在打造连接"一带一路"和长江经济带的西部航运枢纽、内陆与沿海沿边沿江协同开放示范区和沿江开放型经济新高地，逐渐向着"建成内陆自由贸易港"的终极目标迈进。在"一带一路"倡议与长江经济带建设的背景下，内陆与沿海间的经济交流加快，资源要素转移速度加快，进一步地激发了川南临港片区的市场活力。

（3）新一轮西部大开发战略和成渝经济区建设带来的机遇。党的十九大报告指出，加大西部开放力度，不仅要优化区域开放布局，更要赋予自由贸易区更大改革自主权，以"一带一路"建设为重点，坚持"引进来"和"走出去"并重，加强创新能力开放合作，形成陆海内外联动、东西双向互济的格局，使川南临港片区与沿海沿边沿江城市协同开发，为成渝经济特区的经济建设带来机遇。实施区域协调发展战略，强化举措推进西部大开发，同时建立更有效的区域协调发展新机制，发展重心逐渐向西部地区推进，带来相应的政策扶持、财政支撑、技术保障与基础设施建设，使区域发展协调性增强，开放型经济体制逐步健全，全社会发展活力增强。首先，新一轮西部大开发战略的实施，加强了国家在自贸区园区建设中有关基础设施、民生、特色产业、生态安全等领域的国家资金、项目、政策等的支持；其次，成渝经济区建设速度的加快，进一步明确了川南临港片区在成渝经济区建设中的发展定位，为川南临港片区自身的发展特别是片区内国别园区的建设发展带来了更好的条件基础与政策机制环境。

（4）新形势背景下西部经济发展带来的机遇。中国西部作为连接中国与"丝绸之路经济带"的重要纽带，承接国际产业转移，开展新的产业贸易与对外投资将是中国经济发展的新起点。我国西部地区承接产业转移基本上可以归结为四次历史进程，从中华人民共和国成立以前的区域产业转移到三大区域发展战略的提出与实施都极大地促进了中西部地区的发展。新时期以来，我国经济发展环境有了大的变化，改革开放使我国经济实现迅速增长。但21世纪以来，由新一轮科技革命和产业变革所带来的新发展环境的改变，以及全球经济环境等的变化趋势，均对我国经济发展提出新的更高的要求。我国必须改变过去粗放型的经济发展模式，寻求一条绿色协调可持续的发展道路，并在新形势背景下，改善我国区域经济发展不平衡的现状。对此，我国出台了大量发展政策，并坚持以创新引领来带动我国经济增长。在全国经济建设的新形势背景下，我国西部地区成为承接国际产业转移的主要地区，西部地区在中国整体经济发展格局中的战略位置由被动从属向主动引领转变，给新形势背景下川南临港片区的建设带来大的机遇。

（5）川南临港片区建设中的政策机遇。川南临港片区在政策方面将围绕制度创新、产业发展、平台建设、服务川南、协同开放五个方面推进改革，市场开放程度将进一步扩大，在"一带一路"倡议下国际通道的建设将逐步完善以提升贸易便利化程度，以制度创新和政策供给为支撑，加快促进新业态、新模式的发展，以体制创新为促进，辐射带动腹地和周边经济发展，政府的职能转变将改善营商环境。国家在政策、资金、金融领域所给予的一系列优惠政策将会为川南临港片区内基础设施的建设及产业项目的引进提供宽松的发展环境和政策机遇。政府机构、社会及有关部门共建共享线上线下协同运行的法律服务平台，将会为自贸区发展提供专业化、系统化、全覆盖的法律服务，在区内形成法治化的营商环境，便于吸引外资入驻发展。

6.1.1.3 川南临港片区建设的功能特点和发展模式

（1）川南临港片区的范围和功能定位。川南临港片区总面积约 19.99 平方千米，进港铁路和长江分别位于园区的北面和南面，东面紧邻成自泸赤高速，向西则一直到医学教育园区。其位于四川、重庆、贵州三省接合部，坐拥出川第一港，是"一带一路"和长江经济带的重要交会点，同时也是川南城市群向南开放、辐射周围的重要口岸。川南临港片区的主要定位是长江中上游物流中心，能够辐射西南三省；除此之外，则是承接沿海产业转移，打造产业协调发展区。整个园区根据其地理优势及产业基础集中主要力量发展航运物流、港口贸易、教育医疗等现代服务业等先进特色优势产业。

（2）川南临港片区规划思路和发展模式。川南临港片区位于长江沿岸，承东启西，有着极好的地理优势，但由于其分属内陆，可供借鉴参考的自由贸易试验区建设经验较少，已有的自贸区建设经验很难提供参考。再者，泸州市经济总量仍不够大，进出口贸易总量相对较少，整体经济实力与省会城市及沿海城市相比差距较大，其发展模式还需逐渐探索、磨合。总的来说，川南临港片区应继续现阶段经济水平的增长，充分利用"一带一路"建设，加强对外开放能力，努力建设成为对外开放水平较高的区域。川南临港片区的交通运输条件也在不断改进和建设，在此背景下，应利用好长江航道的运输能力，协同多种交通方式，建设成为我国西部地区重要的交通枢纽。

在规划思路上，川南临港片区的规划思路是打造"一核引领，四区联动"的自贸区格局。"一核"是最为关键的地方，包括园区内 19.99 平方千米的土地（含泸州港、保税物流中心、高铁枢纽、医学教育园区等）；"四区"指的是（长江）经济开发区、国家级高新技术产业开发区、空港产业园区和中国白酒金三角酒业园区。除此以外，应特别注意的是航运物流核心区、现代服务业聚集区、西南贸易中心区、高端制造业聚集区和保税加工区这五个重点试验区域的建设。从功能分布来讲，航运物流核心区主要以发展长江航运、物流集散、相关商品贸易为主，积极探寻长江沿线和沿海地区协同发展的新机制，提高开放程度。现代服务业聚集区，顾名思义是主要发展医疗教育等现代化的服务业，建造一个辐射西南地区的新机制。西南贸易中心区正在积极构建境内外投资综合服务新的平台，推进各类新兴贸易和电子商务的发展。高端制造业聚集区和保税加工区，一个重点发展装备制造等特色优势产业，一个重点构建O2O、B2B商务平台，发展进出口贸易和加工业等。在川南临港片区建立初期，可从其物流功能的基础入手，打造转口集散型自贸区，加强物流集散配送能力，同时对区内传统的产业加工基础加以利用，提高园区整体产业和产品的科技水平，促进产业转型升级。在川南临港片区运作趋于成熟之后，对功能区进行扩张，提高服务业和制造业水平，加大体制改革创新，使川南临港片区功能得到进一步完善。

在发展模式上，自由贸易区建设中的一个重要问题是如何根据当地条件选择合适的发展模式，根据全球自贸区建设的案例，环境的主导作用能够指导园区的建设模式。目前，泸州在物流集散和航运方面发展趋势良好，应充分利用该优势建设转口集散型的自由贸易园区。此外，川南临港片区要以泸州现有优势行业为基础进行产业扩张，形成产业链；注重发挥科技作用，提高产业科技水平；进行金融功能创新，提高市场创新力，不断吸引投资，最终建设成为综合型自由贸易园区。

在初始阶段，川南临港片区应抓住区内最具优势的交通运输条件，积极构建转口集散型自贸区。泸州依托成渝经济圈的经济辐射效应，凭借其独有的区位优势，可以构建辐射半径为半个西南地区的物流圈。而随着泸州与周边地区高速公路网、铁路运输网、水运体系的逐步发展形成，泸州的交通体系进一步完善，在此基础上建设四川第三大航空港——云龙新机场，使泸州具备海陆空等多种交通运输方式，形成多层次、全方位的交通布局优势，运输能力得到进一步强化。泸州各项交通基础设施的修建落实，也为川南临港片区未来打造综合型自贸区提供了基础条件。进入中期发展阶段，随着川南临港片区区内其他功能的不断深化，区内货物运输、物流集散功能也趋于成熟。可凭借泸州丰富的港口岸线资源及良好的产业基础，围绕经济技术开发区和临港工业园区，重点发展知识和技术密集型产业。围绕以外资投入为主的重型机械、化工、汽车、修造船等产业进行临港产业化，根据各个区县不同的资源环境，积极发展加工业及劳动密集型产业。自贸区的类型多种多样，综合型自贸区的功能具有多样化特征，在面对变化多端的国际形势时，能进行积极的适应和调整，所以泸州最终建设综合型自贸区是历史的必然。从长远来看，川南临港片区的功能还要不断扩展，进行产业的转型升级，提高产业的科技含量；同时加强创立相关金融创新示范园区，打造相关配套金融服务，加强对外进出口能力，直到建成有较强竞争力的综合型自由贸易区，最终成功辐射西南地区周边经济，带动区域经济社会的发展。

6.1.2 "一带一路"倡议下川南临港片区发展路径

6.1.2.1 推动川南临港片区建设与泸州产业协调发展

从泸州市经济总量来看，在所有的四川省地级市中，泸州市的经济位于前列。如表 6-1 所示，在改革开放后，泸州市经过几十年的努力，早在 2012 年便进入了四川 GDP 千亿"俱乐部"。近年来泸州市的生产总值仍在持续增加，但随着经济新常态下强调经济增长的质量，泸州市经济增长的同比增幅有所下降，2017 年全市生产总值高达 1596.2 亿元，位列四川省第六，按照可比价格计算，2017 年经济同比增长 9.1%，增速比全省平均水平高 1%。在所有产业中，第一产业增加值为 183 亿元，同比增长 4%；第二产业增加值为 850 亿元，比上年增长 10%；第三产业增加值为 562.4 亿元，比上年增长 9.5%。2017 年，泸州市全市规模以上工业增加值比上年增长 11%。从以上数据可以看出，目前泸州市经济增长的主要节点在于第二产业。从具体的重点行业分析，传统四大产业增加值比上年增长 12.9%。其中，白酒制造业比上年增长 14.7%，能源行业同比增长 1.8%，化工行业同比增长 12.9%，机械行业同比增长 8.5%。

表 6-1 2012~2017 年泸州市地区生产总值及增速变化

	2012 年	2013 年	2014 年	2015 年	2016 年	2017 年
地区生产总值（亿元）	1030.5	1140.5	1259.7	1353.4	1481.9	1596.2
同比增长率（%）	14.8	11.2	11.0	11.0	9.5	9.1

资料来源：泸州市人民政府门户网站。

从泸州市产业分布现状来看，第二产业是泸州市的主要经济增长来源。泸州市的产业可以分为三个类型。首先是在国内外市场占有率高、发展成熟的四大支柱产业，分别为白酒产业、化工产业、能源产业和机械制造业。它们占当地经济比重大，优势明显，是泸州市的重要支柱产业，包含在四川省着力打造的"7+3"产业体系中，其中现代化工业和制造业更是主导了长江中下游地区（如重庆、武汉）重化工业、各种新型装备制造业产业链的发展，具有相当重要的地位。

（1）关于白酒产业。泸州的酿酒产业在全国享有盛誉，在 2000 多年前，泸州就开始了酿酒的历史，泸州老窖、四川郎酒等一批白酒知名品牌和优势企业在此地萌芽发展。自 1952 年全国第一届品酒大会中泸州大曲摘得桂冠后，泸州酒业便开始了迅猛发展。目前，泸州拥有 500 多家酒业生产企业，名优酒品牌 100 多个。除此以外，近年来泸州正在打造"中国白酒金三角"酒业园区，积极开展酒业博览会，建造固态酿造的国家工程技术研究中心，大量国家酒类及加工食品质量监督检验中心也纷纷在此落户，使泸州白酒产业进一步发展，在全国处于较为领先的位置。

（2）关于化工产业。泸州早在 20 世纪 60 年代就是我国天然气化工的发源地，诞生了我国第一座以天然气为原料生产合成氨的企业——泸天化股份有限公司。在泸州百余家化工企业当中，有 5 家大型骨干企业在全国占据一定分量。而到目前为止，泸州已基本形成多位一体的化工体系，将产业链上游的生产、设计环节和下游的科研、教育环节进行了整合。除此以外，泸州还拥有一个全国大型化工基地和全国精细化工基地，同时也是全亚洲最大的尿素生产基地。目前，泸州正倡导绿色产业的需求，积极打造全国循环型化工企业。

（3）关于能源产业。泸州的能源矿产资源丰富，其中煤炭储备和天然气储备分别占全省的 33% 和 80% 以上，古叙矿区已被国家列为大型煤矿开发基地，成功跃入中国十大煤业集团的行列，是川南地区重要的能源储备基地。在泸州所采取的发展战略中（"煤、电、化、路、港"），特别重视煤炭资源的开发利用，把它放在了战略首位，近年来，泸州矿区市场发展快，市场需求量扩大，原煤生产能力提高到了千万吨以上，同时煤炭可开采力度大，依托廉价的水上运输将矿产等资源运送出去，使泸州市煤炭产业发展速度加快。

（4）关于机械制造业。机械制造业也是泸州的特色产业之一，它起源于国家"三线建设"时期，具有很长的历史基础。在长江沿线一带的城市中，泸州市的工程机械生产规模位居第二，仅次于上海，是中国大中型全液压汽车起重机、挖掘机制造中心，也是九个大型工程机械生产基地之一。许多大型机械生产厂商纷纷落户泸州，到 2017 年共拥有规模以上企业 40 多家，企业总资产达到了 25 亿元。

其次是依托泸州所具有的资源优势，在优势上还不明显，缺乏整体优势，但具有很大发展潜力的产业，主要有医药行业、旅游业和高新技术产业。泸州在 2013 年成立了泸州高新区，后于 2015 年升级成为了国家高新技术产业开发园区，其中包含多个园区，如现代医药产业园区、大数据产业园区、智能制造产业园区等。医药业属于泸州的"四新"产业，医学园区是泸州投入重金建设的八个特色产业基地之一，园区已经成功对接美国POC、西安立邦等国内外知名项目，不断进行招商引资，完善上下游配套措施。泸州市的旅游资源丰富，境内有"全国爱国主义教育示范基地"，还有多个国家 A 级旅游观光景区，根据四川省旅游局总规划，将打造世界级旅游区——自贡和竹海旅游区，泸州恰好位于该区域内，是四川旅游南环线上的城市之一，可以充分协调周围地区的旅游资源，进行产业集群发展。

最后是当地地方经济、社会发展所必需的、在当地市场具有巨大潜力的产业，特别包括一些基建产业，包括农业、电力、邮电通信、社会服务业等。在农业方面，泸州建成一批现代农业产业基地，基本构建了"大基地+大产业"的现代农业格局，畜牧、林竹、果蔬、高粱、优质稻、烤烟等特色农业形成了规模产业，进一步地发展壮大，成为成渝经济圈这一巨大市场的主要果蔬农作物供应地。除此以外，其他行业发展稳中向好，泸州市充分利用"一带一路"和西部大开发的政策福利，紧抓"十三五"规划中重点建设内容，建立多个园区，产业结构继续优化，其中社会服务行业在 2017 年增长幅度位居全省第一。

6.1.2.2　川南临港片区建设与泸州产业协调发展的对策建议

综上所述，自由贸易园区的发展建设与其区位条件之间具有相互作用的关系，自由贸易园区的构建和发展需要结合一定的时代背景和特定的区位条件，而自由贸易园区的发展也将持续深入地促进区内各种条件的完善和发展。泸州市现有区位条件和川南临港片区的建设相互影响促进，能带动地方产业升级，实现产业链构建。在川南临港片区建设综合型自贸区的过程中，泸州市应重视为川南临港片区的发展提供更加便利的条件，在已有区位条件基础上，按照分步实施、逐步完善的建设原则，规划布局川南临港片区建设模式。而自贸区在建设的过程中，也应紧密联系泸州市目前的产业分布与产业基础，注重制度创新，实现产业的转型升级，更好地实现与泸州市产业的对接，从而实现两者协调发展。

（1）完善基础设施建设，构建综合交通体系。综合来看，泸州市具有良好的产业基础和各类交通运输方式，但交通基础设施建设水平还较低。在川南临港片区建设过程中，泸州市应注重在已有区位条件基础上，进一步完善产业、经济、交通、对外开放等方面的基础设施建设，为川南临港片区的高效发展提供有力支撑。首先，要完善相关配套生产基础设施和商务生活设施建设。川南临港片区早期由于缺乏宏观指导，规划滞后，导致园区内布局无序，配套的基础设施相对滞后，极大地影响了川南临港片区的发展速度与效率。基础设施建设通常决定产业的发展，为不断吸引投资，创造一个良好的投资环境，政府必须在园区内规划建设全面配套的基础设施，让投资能够顺利引进并转化成产业。配套的商务生活措施是增强园区整体竞争力和吸引力的有效措施，从现实情况来看，综合环境越好，开发区人气越高，因此川南临港片区在建设中要特别注意道路、场站、供气、供电、环保、学校、医院、市场等生活保障措施的建设。其次，要构建综合交通体系。当前较近距离城市之间的主要交通联系方式仍是高速公路和城市间轨道，政府应加大力度建设川南地区各城市之间的高速公路和高速铁路轨道网，形成公轨为主轴的交通网络；共享繁荣发达的城市圈，推进泸州市与成都及其他地区的经济区域内部合作，共同促进产业发展。在港口水运建设上，应明确泸州港的定位，进一步加强运作、管理，真正起到沟通省内和东西部交流的作用。在航空运输方面，加快泸州蓝田机场的建设，切实做好规划，与川南其他多个机场进行竞争合作。从水、陆、空三个方面一起入手，对综合交通体系进行整合，建设衔接顺畅的运输枢纽。

（2）优化临港产业园区的规划建设。政府应鼓励临港产业园区的规划建设。首先，促进中介机构和服务体系的市场化。中介机构是指依法设立，位于政府和市场之间，通过为各类市场主体从事协调、评价等各项服务活动，收取费用并承担相应责任的机构或组织。要培育支持企业创新，支持企业与研究开发实验室、行业协会、信息技术中心等联合发展，形成中介机构基本系统，鼓励这些中介机构从市场的角度出发，引导临港企业之间的竞争与合作，充分发挥创新要素的作用，促进产业链的发展与完善，以优化社会资源格局。其次，加大公共要素投入。人才、基础设施建设和信息服务这三大公共要素对临港产业的发展尤为重要，政府应加大这三方面的投入。企业投资者和劳动者通常会通过自己的市场决策对政府投入要素的行为予以回应，政府在一定程度上可以通过这些回应得到要素投入效果的反馈。政府首先要吸引人才，对基层人才适当放宽要求，出台各项政策对人才实施优惠，加大奖金、住房等补贴，尤其重视实用人才的培养。园区内要以产引才、以才促产，将产业链与人才链进行深度的结合，加强高素质的人才队伍建设。重视加强川南临港片区内道路建设，推进电力、天然气等能源产业基础设施的建设和完善。高度重视信息基础设施建设，将网络织密，提升宽带速度，提供交通出行、环境保护、健康养老等涵盖生活各个方面的大数据服务，提供更多社会需求的服务。

（3）推进港口对外开放，打造长江沿线经济带。当前泸州市发展新格局具有经济和政治方面保障，正是进一步增强对外开放的最佳时机。应大力推进临港片区申建国家级对外开放口岸，进一步形成对外开放的全方位立体空间；建设西南进出口商品集散中心，进一步实现货物、服务及人员的自由流动。泸州市顺应经济全球化潮流，实施多元化战略，建设区域性综合交通枢纽。让川南临港片区与邻近地区协调发展的路径之一是让泸州港、宜宾港进行协同监管，优势互补，互利共赢，以优化对外渠道。重点搭建物流发展平台，加强水路运输的进出口监督管理模式，支持开展内外贸货物同船运输、国轮捎带等相关业务，打造产业转移的重要承接地。就港口条件而言，泸州港吞吐能力可达上百万标准箱，作为长江黄金水道的上游城市，泸州应充分利用港口优势，推动区域综合发展，特别将重点放在扶持欠发达地区的综合开发上，提高泸州市与其他地区的开放合作水平，最终打造一条富有价值的长江沿线经济带。

（4）做大做强园区经济，促进产业协调发展。要实现泸州市经济的进一步增长，增强泸州在川南地区的竞争力，应依据川南临港片区建设优势，进一步加大开放力度，加快发展和规划泸州酒业发展区、泸州高新技术产业园区及泸州长江经济开发区。

第一，打造泸州酒业发展区。泸州目前正在着力打造全国第一白酒产业园区，酒业的发展应紧紧围绕泸州老窖和郎酒两大知名品牌展开，壮大酒业龙头企业，加大扶持二线品牌力度，制定白酒品牌的原产地保护政策，提升品牌效应，形成大批规模以上的白酒企业，加强泸州白酒行业的产业关联效应和就业拉动能力。在园区中进一步延展上下游产业链，大力发展"微笑曲线"两端产业，让整个行业的发展从原料种植贯穿到最终的白酒销售环节。同时，更深层次地发掘产品所包含的文化与内涵，打造白酒文化区和发展白酒相关旅游业。从地理位置上进行规划，对泸州酒业集中发展区进行整合，集聚白酒生产全产业链，打造全国最大白酒行业先进集群。坚持推进优质品与新品开拓相结合、做强主体优势企业与做大配套产业相结合，让白酒行业中的制造业与服务业紧密联系，互相促进发展，在各个层面上提高白酒行业发展的质量，做到可持续发展。

第二，培育泸州高新技术产业园。泸州高新技术产业园已成功创建成为国家级高新技术产业开发区，下面设有特色产业园区，包括机械装备产业园区、新能源新材料产业园区和现代医药产业园区,将对泸州轻工业园区及川南机械厂等重点骨干企业进行整合。产业园区正在打造"生态城",将完善区内创新体系建设,集中各地分散的创新资源,构建优良的环境基础,通过园区建设吸引高等人才和优质企业入驻,创造一个富有创新活力和创造精神的产业园区,成为泸州市科技研发与创新的中心点,促进泸州市产业升级和转型。园区内产业发展以高新技术产业与新兴产业为主,以建设高端装备制造、新能源、新材料、现代医药等产业的产业链为发展重点,坚持技术新、规模大、污染轻、效益好的原则,坚持原料多元化、产品高端化发展。除此以外,园区内将发挥重点企业的带头作用,以其转型发展为引导,促进区域缓和转型和企业缓和转型相结合,使两者联动发展,最终推进整体产业的转型和升级,争取建造成全国范围内重要的高新技术基地。

第三,发展泸州长江经济开发区。泸州市位于"一带一路"和长江经济带的连接点,拥有丰富的港口岸线资源,相关政府文件中指出,要加快泸州长江经济开发区建设,依托园区发展,加快建设泸州商贸物流中心城市。在泸州市沿江的三个区县中,依据"一区五园"的建设布局,以合江临港工业园区和临港产业物流园区为建设核心,重点发展知识密集型和技术密集型工业,如机械制造、新材料、商贸物流等产业,形成产业体系,以增加区域经济总量。利用各区县所具有的不同资源,发展电子信息、农副产品加工产业。重点建设泸州临港产业物流园区,在区内重点发展临港产业和现代物流运输业,依托水、陆、空多式联运的交通运输优势及区内设立临港保税区所带来的多种便利,重视发展重型机械、化工、修造船和临港物流产业,并以此为基础发展建设形成沿长江水道的现代临港产业带。泸州还具有丰富的煤矿、天然气等资源,该类资源属于运量较大、运输成本较高的大宗产品,利用水上运输可以节省大量成本。泸州市借助发达的水运交通进行该类大宗商品交易,对码头进行合理规划,建造煤炭专属码头,打造西南地区"西煤东运"的中转中心,有利于带动区域经济的增长。除此以外,要加快"港城一体、产城一体"的建设,按"高起点、高标准"原则进行规范,围绕码头规范土地用地,以满足港口发展需要为出发点,在沿江经济园区中引入各类商业娱乐生活设施,促进港城一体化。

6.1.2.3 提升四川自贸区川南临港片区贸易便利化水平

川南临港片区的通道优势明显。党的十九大报告中指出,要继续加大西部开放力度,在优化区域开放布局的同时,赋予自由贸易区更大的改革自主权，以"一带一路"建设为重点，坚持"引进来"和"走出去"并重，加强创新能力开放合作，形成陆海内外联动、东西双向互济的格局，使川南临港片区与沿海沿边沿江城市协同开发，为成渝经济区的经济建设带来机遇。在一系列政策和改革红利带动下，川南临港片区依托长江、承东启西、协同开放、面向全球，正一步一步向着"建成内陆自由贸易港"的终极目标迈进。在此背景下，探究川南临港片区贸易便利化进程对了解其承接产业转移基础开展国际贸易活动等具有重要意义。

（1）川南临港片区贸易便利化发展现状。第一，在交通便利化方面。川南临港片区具有先天的区位优势，区内交通运输体系发达，实现了铁路、公路、水路、空运四大交通体系的对接，向内与成都自贸区合作，相互协同开放，促进自贸区建设发展；向外与昆明、昭通、毕节等市沟通，依靠泸州港水运港口优势，加强与沿海沿江沿边地区交流，形成区域发展合力。川南临港片区在 2016 年底开通了从泸州到上海的直航班轮，使两地间航行时间大大缩短，泸州港水运竞争力进一步增强。良好的交通运输条件，同时使川南临港片区的汽车行业快速发展，特别是平行进口车的引进和建设。在川南临港片区建设的一年时间内，区内吸引了大量汽车厂商，引进平行进口汽车贸易企业四家，销售额增长 1 亿元左右。

第二，在营商便利化方面。川南临港片区建成了综合性服务大厅，对外贸易企业在此进行设立登记等事项办理，办理时间大大缩短，由之前的 2~3 天缩短为现在的 1 小时内，最快甚至可在 15 分钟内完成相应业务办理。川南临港片区的行政审批速度飞快提升，区内企业设立登记的平均速度提升 80%，不仅本地投资者可享受高效的政府办公效率，异地投资者在川办理登记设立的时间也大大缩短。而审批速度飞快提升的前提是制度的大胆创新，川南临港片区为改善营商环境，积极开展实施营商环境优化三年计划，专门设立行政审批"单一窗口"；集中办理行政审批手续；实行证件融合发展，简化企业办理程序，提高审批效率。

第三，在功能平台建设方面。川南临港片区正全力做好功能平台，缩短此类货物在整个进口审批及备案等流程办理过程中花费的时间，以促进新兴企业的快速发展。此外，川南临港片区筹建的进口肉类指定口岸已获得国家层面批准，一经实施，可解决泸州市周边肉类供应不足的问题。在川南临港片区挂牌一周年时，泸州港被指定为我国新增的启运港，在今后将有更多的货源向此聚集，从而带动泸州经济的发展。

除了相关政策的创新改革之外，川南临港片区一直在通过吸引各界投资实现资源要素的集聚，进一步加深区内贸易便利化进程。2017 年，在川南临港片区注册登记的企业已达 1500 多家，注册资本达 135.3 亿元，其中有 276 家企业的注册资本超过 1000 万元。四川省内川南临港片区的注册总量仅次于成都。不仅如此，川南临港片区还与国内各口岸签订开放合作协议，积极召开合作交流座谈会，与国内口岸监管部门签订合作备忘录，迄今为止，川南临港片区与各区的签约总额已达到 113 亿元，区内要素流动与集聚明显加快，贸易便利化水平向更高层次发展。

（2）川南临港片区贸易便利化实施进程。

1）川南临港片区贸易便利化的创新举措。第一，关于国际贸易"单一窗口"的建立。"单一窗口"是自由贸易区内的一种特殊设施，其准许贸易及运输相关方在某个单一窗口提交有关文件、单证，以履行全部的与进出口和过境监管有关的要求。关于"单一窗口"制度，在《国际贸易便利化协定》中也有相关规定，其中指出，WTO 的成员方在相关海关口岸建立单一窗口，进出口商可在该窗口一次性提交所有对外贸易的相关文件和数据，单一窗口所接到的文件视为最优方，除此以外的其他机构不得提交文件申请，在完成一系列审查核对之后，相关人员通过单一窗口将关口决定通知交给申请人。单一窗口制度的建设对自贸区内政府和企业的发展具有重要意义。对政府而言，单一窗口的实施可以提高政府对国际贸易数据进行监管的效率和效益，降低政府监督成本，同时，政府可通过对国际贸易数据进行分析处理，进一步强化安全意识，尽可能地保障进出口货物安全。对企业而言，只在一个窗口提交相关文件数据，极大地节省了通关时间，降低了通关成本。开放的网上办理窗口，改善了从前多次无法审批完成的情况，也为行政相关人员提供了便利，易于打造优良的营商环境，提供经济发展的地基。2017 年 10 月，川南临港片区正式上线 7 个单一窗口平台，其中包括泸州通智慧城市单一窗口，国际贸易、行政和多规合一审批、督查督办、事中事后监管单一窗口，以及事中事后综合监管平台。为进一步提高国际贸易货物通关效率，川南临港片区还会将检验检疫、港口、海关、报检报关等部分业务联合起来，进行整合，打造川南临港片区"一条龙"服务，实现企业的一次性通关；与此同时，将监管部门全部串联起来，照顾每一个步骤，实现川南临港片区又快又全发展。综上所述，单一窗口制度是贸易便利化的必经之路，《贸易便利化协定》中的内容对自由贸易区便利化水平的优化具有很强的借鉴意义，川南临港片区现有单一窗口建设使自贸区经济实现迅速发展，在今后，川南临港片区将进一步向该方面发展，逐步建立起更多元化的单一窗口，实现贸易便利化。

第二，关于进一步完善国际海关合作。在《贸易便利化协定》中，关于国际海关合作的条文有 12 条之多，这些条文对指导一国如何实施贸易便利化具有重要作用。海关间合作的核心是海关间信息的交换，在国际海关合作中，参与《贸易便利化协定》的成员国，在其他成员质疑一国进出口商向其海关提交的信息有误、缺乏真实性和准确性时，其进出口商所在的成员国应向质疑者提供该进出口商在其国内提交的相关信息。除此以外，《贸易便利化协定》中还做出规定，这些被其他成员国要求提供的信息将受到所在国法律的限制，不能作为刑事调查、司法程序及非海关程序的证据，除非申请交换的人员在国家出版的相关书面文件上做出许可。中国在这一条款的谈判中，努力争取将草案内的"国内法律法规"作为"国内法律和法律制度"的正式文本，主要是由于我国海关相较其他国家海关制度立法程度还较低，其主要通过规章制度进行约束。而《贸易便利化协定》的海关合作主要是有约束力的条款，海关信息交换的使用必须与国内法律相结合。川南临港片区的制度创新优势明显，将其作为国际海关合作的试验点，有利于在改善区内贸易便利化水平的同时，进一步改善我国海关监管的情况。

第三，关于货物的分类监管。以荷兰为例，荷兰高效的物流运输效率和其颇具特色的保税仓库系统有着密切的关系。荷兰的保税仓库分为 B 型、C 型、D 型、E 型四种类型，采取相对应的管理方式。同样地，川南临港片区也建立起了自己的保税仓库——泸州港保税物流中心，从数据上来看，2017 年泸州港保税物流中心（B 型）的进出口货值达到了 2.02 亿美元，同比增长 5.6 倍。川南临港片区为立足西南地区服务更多企业，推行了海关口岸通关"零费用"、保 B 仓库"零租金"等一系列措施，吸引了大批外企来川南临港片区注册。保税仓库的便利制度还使物流运输成本大大降低。为更好地提供货物的高级监管，川南临港片区还制定了深入推进海关特殊监管区域（保税监管场所）监管模式改革措施，通过深化改革，达成一次上报一次审理，使企业相关资料录入后实现系统共用，免去二次上传的流程；扩大保税货物"区间结转"范围；建立"负面清单"管理制度。借用仓储物流的手段提高整个自贸区的货物安全意识，加入现下高精尖的智能服务，层层监管，对保障园区内货物安全、企业国际贸易化进程及政府海关口岸管理具有重要意义。

2）自贸区建立前后对外贸易发展情况分析。从经济效益来讲，四川自贸区成立后，整个西南地区的对外贸易有了飞速发展。根据四川省对外贸易的统计资料及数据可以得知，自贸区建立前后四川地区进出口贸易总额变化情况如图 6-1 所示。

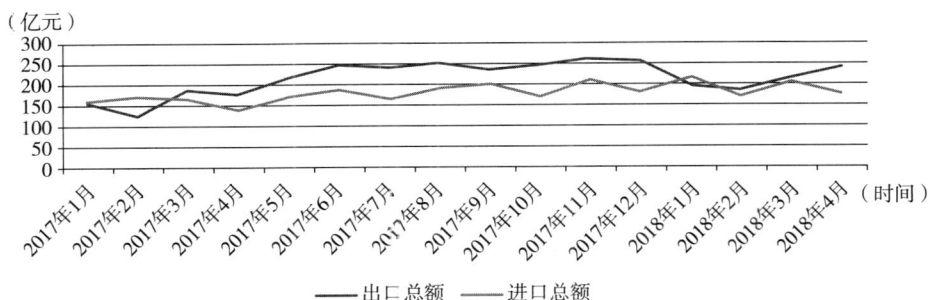

图 6-1 四川省进出口总额对比

资料来源：四川省商务厅。

从图 6-1 中可以看出，自 2017 年 4 月四川自贸区挂牌以来，四川省进出口总额比之前有了显著的提升，2018 年 1 月，四川省出口额为 193.15 亿元，相较于 2017 年 1 月四川省出口额 156.05 亿元，上升 24.8%；进口额 214.04 亿元，同比上升 33.8%。2018 年 2 月，四川省出口额为 186.77 亿元，同比上升 50.2%，进口额为 170.72 亿元，同比上升 2%。2018 年 3 月，四川省出口额为 217.09 亿元，同比上升 22.1%，进口额为 203.31 亿元，同比上升 29.7%；2018 年 4 月，四川省出口额为 241.02 亿元，同比上升 46.7%，进口额为 175.64 亿元，同比上升 37%，可以看出，2018 年四川省进出口总体增速快、增量多，自贸区经济实现高速增长。2017 年四川省出口额为 2538.52 亿元，进口额为 2067.37 亿元，同比上升 37.4% 和 46.2%，而川南临港片区成立首年进出口贸易额达 139.3 亿元，带动全市 GDP 增长 5.8 倍。

从口岸效率来看，川南临港片区及新挂牌的大部分自贸区在一定程度上都复制了上海自贸区的通关制度。国内老牌自贸区上海自贸区已将通关提货时间压缩了 1/2，在 2017 年上海自贸区的进出口通关时间已经分别达到 18.77 小时和 1.32 小时，2018 年这段时间再度压缩，完成进出口通关的时间分别约为 9 小时和 0.7 小时。第二梯队的广东自贸区，在 2018 年 4 月中国（广东）自由贸易试验区发布的《2017 年度广东自贸区运行第三方评估报告》中也指出，货物进出口通关时间压缩了 1/3，由原来的 3~5 小时压缩成了 1~3 小时。而川南临港片区在全国首创的"一小时办结"等新技术上将通关时间压缩到 1~2 小时，在通关时间上，川南临港片区的口岸效率不输于上海自贸区与广东自贸区，高效快速的通关时间使川南临港片区在贸易投资便利化上的推进更进一步。

从物流效率来看，川南临港片区在全国首推的"保税物流中心与港口出口联动作业"模式，降低了企业发展的物流成本，同时也使物流时间减少了至少 2~3 小时。但与香港自贸区 4~6 小时的卸货时间及上海自贸区 2 小时的卸货时间、3 小时卸货出园的效率相比，川南临港片区在该方面还存在缺陷。在新加坡自贸区，货物从卸货到运出自贸区，仅仅需要 1 小时，显而易见，成功实现贸易便利化的自贸区在物流效率方面表现非常出众，因此川南临港片区在贸易便利化上还有很长一段路要走。

（3）推进川南临港片区贸易便利化进程的措施建议。第一，推进区域通关一体化。区域通关一体化，即"多地通关，如同一关"，是贸易便利化中的一项重要措施，异地企业可以通过通关一体化政策直接自主选择申报、纳税、验放地点和通关模式。早在 2015 年，我国已在全国范围内推行区域通关一体化，加强海关之间的合作，采用 TFA 中的信息透明化条例，建设电子口岸，结合网站平台等渠道建设，进行信息的及时更新，充分利用现下先进的网络分析技术，结合防火墙建设，使通关电子化和风险可控一并实现。川南临港片区应在区内加快推进区域通关一体化措施，实现数据信息的共享，在各个口岸、部门及区域间加强信息的流通。在信息共享确定之后，落实"互联网+海关"政策，货物通关通过网络办理，进行单证电子化，简化通关程序，提高贸易便利化水平。区域通关一体化的达成也可以减少政府权力对市场的影响，以便激活更多的市场活力，促进进出口企业的发展。结合通关一体化措施，政府进一步放松管制，突出货物在海关间流通的自由性，可为企业争取到更大的利润空间。川南临港片区还拥有四川航运的第一港——泸州港，区域通关一体化推进将把川南临港片区打造成重要的区域性口岸，与成都自贸区协同发展，逐步实现内陆与沿海沿边沿江协同发展。

第二，推进港口管理体制改革。海关、商检等部门的共同合作可提高贸易便利化水平。政府应加强在宏观实务上的动态指导，弱化一些在微观事务上的管理，放松细节，把握大方向，了解自贸区的形势变化。合理划分各个部门管理港口事权，可将泸州港的具体事务管理交由川南临港片区直接管理，成都自贸区从旁指导；调动自贸区政府的上下统一协调管理作用，努力调动港口积极性；改革自贸区和海关的管理机制，进行创新，以国际市场上通用的现代企业制度来要求企业，达到更高质量的自身建设，使之逐渐发展成为市场经济的竞争主体，实现自主研发、自产自销。针对管理港口的细分化制度改革，泸州港首先要推动港口的属地化管理。在2001年颁布的相关规定中提到，相应港口或口岸都应分归当地政府管理，也就是港口管理的属地化。这一规定可以推动港口的基础设施建设，使港口所在城市借助港口的生产活动获得经济发展。将港口分归当地政府管理后，地方政府可获取管理港口发展的第一手权利。而港口属地化管理同时也意味着当地政府不仅可以拥有管理港口发展的自主权，也拥有港口发展资金的财政管理权，当地政府可以根据市内的发展情况制定符合自身的港口发展计划，使港口发展速度大大提高。其次是港口分权，有相关规定明确提出："港口分权后，实际行政与企业分离。"对港口承担行政管理权的不再是港口企业，而港口企业要遵照现代企业制度的要求，加强企业内部改革，成为独立经营、承担全部责任的法人单位，有利于提高企业的竞争力。

第三，贸易便利化与基建并重。基础建设是提高贸易便利化的基础，可以说，基础建设是贸易便利化进行的一个关键因素，川南临港片区应该充分考虑口岸内基础建设的持续性、高效性，将信息化运用到管理和实践中来，提高海关、商检等部门的信息一体化、透明化水平，加强联动性，从而实现更高效的运作效率。应优化口岸服务，吸引外资企业直接投资，及时更新设备，设专人管理，职权分明，打造一个全新的、与国际接轨的川南临港片区。

第四，建立跨境电商结算制度。2018年初，央行发布了《进一步完善人民币跨境业务政策促进贸易投资便利化》文件，其中提到，任何合法地利用外汇结算跨境交易的企业都可以使用人民币结算。支持银行为实体经济服务，促进贸易和投资便利化，银行将根据现有人民币跨境业务政策创新金融产品，增强金融服务能力，满足真正符合人民币业务需要的跨境人民币业务的市场参与者。川南临港片区丰富跨境电商结算方式，是对整个进出口业务的一次优化，使业务进行得更加便利、快捷，可降低错误发生的概率，同时也提高了企业通关的效率。川南临港片区应鼓励区内金融机构开发金融创新产品，以适应人民币跨境结算的需求。

第五，推动内外贸易协同发展。长期以来，国内贸易和国际贸易之间的联动性还没有被充分利用起来，国际贸易会影响国内贸易，国内贸易的变化也可以影响国际贸易，从而对贸易便利化产生影响。以川南临港片区为例，人们对贸易便利化的最直观感受是可以低价购买到国外商品，甚至领取国外工资，那么，推动内外贸易协同发展，个体和企业理解到贸易便利化的好处之后，会主动自觉地开发自身国际贸易的需求，从而改变海关的部分制度，引起贸易便利化的改变。基于此，川南临港片区应充分结合两个市场，调动两种资源，推进区内贸易便利化发展。

第六，建立负面清单管理模式。负面清单模式是由上海自贸区首创的，利用反向思维，与以往的清单模式分割开来。政府将在清单中规定国内或区内哪些经济领域不开放，除名单禁止行业外，其他行业、领域和经济活动都是允许的。在外商投资领域，所有与外资国民待遇、最惠国待遇措施或业绩要求、高级管理要求等不一致的管理措施都列在名单上，方便国外投资者放心大胆地在区域内进行投资。川南临港片区通过复制上海自贸区的做法，实行负面清单制度，加快政府简政放权步伐，充分发挥市场经济配置资源的决定性作用，消除没有被自贸区解决的国际贸易隐形壁垒，打破贸易间的空白地带，提升贸易便利化的水平。

6.2　天府新区

6.2.1　四川自贸区成都天府新区片区产业发展现状

6.2.1.1　成都天府新区片区产业经济情况

四川自贸区成都天府新区涉及高新区、天府新区成都直管区和双流区。其发展目标是通过 3~5 年的努力，在区内不断整合全球创新要素，形成创新创业集聚区，构建内陆开放型经济新体制综合改革区；培育引领西部大开发的主导产业动能；加强与"一带一路"沿线国家进行装备制造合作的能力；对接国际贸易规则，进一步加强与欧盟国家的服务贸易。

自自贸区成立以来，成都天府新区片区根据自身已有产业经济优势，结合国家发展战略，与意大利、英国等国际领事馆及毕马威会计师事务所等其他国际知名机构建立了互动机制，并与维也纳的阿斯庞湖滨新区建立了合作关系，不断加强国际交流与合作，吸引外国机构进入该地区；同时，通过行业推介会等投资促进活动，如高端产业推介会、四川商人回国发展大会、四川和台湾产业合作推介会等，引进国内外投资以进一步推动相关产业和产业链的发展。截至 2017 年上半年，区内已成立规模以上工业企业 705 家，实现产值 1926.3 亿元，同比增长 11.6%。作为天府新区两大支柱产业的汽车制造业和电子信息产业发展迅速；轨道交通、高端制造业等的增长速度加快；生物医药、新材料和新能源等产业集群不断发展。

此外，随着天府新区被正式列为第二批国家级双创示范基地，大量实验室、研究院、创新创业基地、孵化基地等相继入驻新区，吸引了国内外相关知名企业集团、研究团队及优秀人才进驻和落户新区。区内科技水平进一步提高，服务业发展迅速，如与现代物流展览业务、总部经济、现代金融、文化创意等有关的高端服务产业正加速发展，2017 年上半年区内共实现服务业营业总收入 311.3 亿元，比上年同期增长 20.3%，成为拉动四川自贸区天府新区经济增长的新引擎。

6.2.1.2 成都天府新区片区产业发展结构

随着成都天府新区建设规划设计方案从"一城、一区、一带、两镇"向"一中心三城"的转变，围绕规划建设方案所做的产业布局也使成都天府新区片区内的产业发展结构日趋完善。首先，在最早提出的"一城、一区、一带、两镇"城市建设规划中，"一城"指成都科学城，主要发展基础科学、生物医学、信息安全、智能制造、创意设计、技术研发、新兴金融等新兴产业，以"创新为魂、科技立城"作为其发展的理念；"一区"指天府商务区，重点发展会展经济、总部经济、高端商务、酒店服务和医学教育；"一带"指锦江生态带，作为生态环境保护与建设的典范，将发展具有现代城市功能的体育休闲、文化服务、商业商务及文化娱乐等产业；"两镇"即合江镇和太平镇，重点发展现代都市农业和观光农业，创建成都新城镇形态和地方特色的城乡规划与新农村建设示范区。其次，在 2017 年底提出的"1775"城市空间结构布局中（"1"指鹿溪智谷核心区，"7"指 7 个板块和 7 个乡镇，"5"指 50 余个幸福美丽乡村），基本定下了天府新区片区发展的生态格局。最后，在最终提出的"一中心三城"规划设计中指出，天府新区将最终打造"公园城市"。在产业结构上，以创新驱动、跨界融合、低碳高效作为产业发展的特质，加快构建以新经济发展为突破、以科技创新为主导的支撑产业，积极探索经济社会与自然环境融合的产业发展新途径和新模式。

6.2.1.3 成都天府新区片区产业集聚情况

片区内的高端产业依托现有金融城、天府软件园、新川科技园、会展中心、环球中心及城市综合体、商务写字楼等产业载体和产业基础进行发展，形成了高端产业集聚区。借鉴高新技术综合保税区现有产业经济发展的成功经验，结合区域本身的实际发展，确定了天府新区在保税区内重点发展航空维修、保税加工、研发设计、智能制造等高端制造，以及国际贸易、保税物流、金融租赁、跨境电子商务等现代服务业；在海关特殊监管区域，货物贸易自由化改革、服务贸易发展模式创新和跨境金融服务探索是发展的重点，正在加快出口导向型制造业的转型升级；非海关特殊监管区域的发展重点则在于金融及服务领域的创新与开放、营商环境的改善和优化、双向投资的开展，不断发展区内特色优势产业。此外，在基础设施建设方面，天府新区核心区已形成"六纵六横"骨干路网系统和重点区域路网系统，轨道交通工业园区和新兴工业园区的建设加快，形成了西部第一个国家级华侨产业集群和华侨创新基地。在文化建设方面，区内的国际旅游文化功能区已初步形成承载能力，国内外知名院校和企业科研机构落户新区。

6.2.2 四川自贸区成都天府新区片区发展路径

成都天府新区总面积为1578平方千米，行政区范围包括成都、资阳等七个区县，其中属于成都管辖的面积大约为1293平方千米。在四川自贸区所包含的三个片区中，成都天府新区片区总面积为90.32平方千米，占自贸区总面积的3/4，在三大片区中占比最大。且四川自贸区成都天府新区片区集国家级新区和自贸区两大国家级战略于一身，在今后发展中，需结合自身资源禀赋及产业优势，发挥双重战略背景下的政策优势，加快区内创新要素集聚，加快产业生态圈打造，进一步加强政策改革力度和对外开放水平，激发四川省经济创新发展活力，实现内陆地区经济高质量发展。

6.2.2.1 打造自贸区产业发展集聚区

随着改革开放的进一步推进和外资的快速流入，工业经济发展迅速，尤其是各种类型的城市开发区和工业园区已成为经济发展的重要载体。与此同时，过往研究及我国的实践经验均表明，产业集聚有利于提高产业的全要素生产率，进而提升产业竞争力。四川自贸区成都天府新区片区包含高新、双流和天府新区成都直管区三个功能板块，成都科学城、秦皇寺中央商务区、锦江生态带、创新转化园、新兴工业园和国际合作园等天府新区重点发展区域均包含其中，区内高端制造业、生产及生活性服务业等产业发展优势明显，为进一步提高自贸区相关产业国际竞争力，四川自贸区成都天府新区片区应进一步加强产业布局,以成都科学城为创新创业发展核心,重点发展新一代信息技术、智能制造、生物医药等产业,加快高端制造产业集聚;以天府商务区为重点,发展总部经济、会展商务、跨境电商、保税商品展示、文化创意等产业,加快生产及生活性服务业集聚;以国际基金小镇为依托,重点发展股权投资基金、互联网金融、科技金融等新兴金融产业,形成西部重要金融产业集聚区。此外,四川自贸区成都天府新区片区应以中国西部国际博览城为依托,一方面积极引进国内外知名展会项目,另一方面加快跨境电子商务载体建设,以会展为核心加速会议展览、金融服务、商务办公、酒店餐饮、交通旅游、广告装饰等会展产业链的发展,提升区域影响力。通过进一步加强国际及区域间的交流合作,打造自贸区自有品牌,提高区域整体产业竞争力。

6.2.2.2 提升自贸区科技创新能力

科技创新能力和水平是一个城市经济发展和核心竞争力的关键衡量指标,更是一个城市经济高质量增长的持续动力,具有较高科技水平的城市能够快速掌握前沿技术和信息,更加能够较为容易地给予外资企业科研创新资金的支持,使外资企业在当地进行新产品开发有优越的基础铺垫,从而成为吸引高质量资本的重要抓手。基于此,天府新区片区在今后发展中应不断提高区域科技创新能力,创造更加自由化、国际化和法治化的贸易投资环境,以增强自贸区国际竞争力。具体而言,提升自贸区科技创新能力应从以下几个方面着手:第一,积极鼓励企业创新。企业是推动创新发展的源泉,也是将知识和技术成果化的最好的平台,因此,要不断完善支持企业创新的相关政策,鼓励更多企业参与绿色技术研发,提高自主开发的能力,在提高生产效率的同时促进绿色发展水平提高。第二,加强知识产权保护。创新具有较大的风险,如果不对创新的结果进行保护,会使创新的激情大大降低。第三,积极培育创新型人才。人才是创新的关键要素,人才的丰富程度决定了创新能力的大小,先进的技术往往依赖于创新型人才的研发。

6.2.2.3 优化自贸区发展营商环境

营商环境质量会影响一个地区生产要素的流动和资源配置的效率,是地区经济发展的动力源泉。优化自贸区发展营商环境是提升自贸区国际竞争力的关键。具体而言,优化自贸区发展营商环境,一是要优化自贸区制度建设。通过应用现有信息技术，打通各部门之间的交流渠道，实现企业信息的跨部门共享；通过精简行政审批流程，推动政府职能"以审批为中心"向"以服务为中心"转变，不断提高企业办事效率；通过对标国际一流，在自贸区探索建立与国际高标准投资贸易规则相衔接的制度体系。二是要提升法治化营商环境。依托四川天府新区成都片区人民法院，聚焦优质项目，加强配套法治服务建设，营造稳定、公平、透明、可预期的法治环境。通过构建法治化营商环境评估体系，加强自贸区企业开展对外活动的信心。三是要提升数字化政府建设。通过建立企业服务中心、企业服务云，集成为企业提供全流程的高效服务。通过创新建设特色"互联网+营商"平台，打造业务、数据、技术三大通道，有机衔接市场前端应用与政府后台业务办理，有效解决市场主体需求。

6.2.2.4 提升自贸区发展物流水平

区位交通是影响国际贸易往来的重要因素，成都天府新区片区提升自身发展物流水平：一是要完善自贸区内交通基础设施建设。天府新区片区应以综合交通枢纽建设为契机，打造立体交通设施体系，推进区域交通一体化运行，通过加强对地下空间的改造和建设，完善基础设施建设，为国际物流的发展提供良好基础。二是要搭建跨境物流服务平台，通过引入国内外知名物流集成商和货代企业，不断提升跨境电商物流水平。三是要加强宏观监管，通过加强调控和引导，制定物流行业统一的技术与服务标准，变分散为集中，打造一批物流领域龙头企业，推动自贸区内物流产业集中化发展。通过加强市场监管，降低甚至消除自贸区内物流企业之间的恶性竞争，营造良好的物流市场环境，引导自贸区内物流产业健康发展。

6.3 青白江区

6.3.1 四川自贸区青白江片区产业发展现状

成都青白江铁路港片区总面积 9.68 平方千米，主要以铁路港口和保税物流中心（B 型）为核心，是内陆腹地连接"一带一路"的重要支点，具有"丝绸之路经济带"与"长江经济带"交会的重要优势；重点分销国际货物，发展物流仓储、国际货运代理金融及港口服务等现代服务产业。区内交通优势明显，已开通多趟从国内开往欧洲的班列，在今后的发展规划中将进一步以"蓉欧"快铁的建设加快覆盖长三角、珠三角及环渤海经济圈的发展，实现与我国东部地区及东边国家如日本、韩国等的对接。

金融部门的改革和创新是自由贸易区改革的关键。四川自贸区青白江铁路港片区在区内正加快以供应链为特征的金融创新，以增强区内金融服务的发展能力。利用区内工商银行等大型金融机构在支持"一带一路"沿线国家和地区发展中建立起来的贸易结算和货币兑换制度，充分发挥"一带一路"建设的布局和资金优势，与沿线国家或地区建立起密切互动的合作关系，为区域内企业"走出去"提供如跨境结算等相关的综合性金融创新服务业务。除此以外，以优势互补、共建共享、资源互通为原则，依托自由贸易区建设的平台和创新改革的优势，为进口汽车零部件和跨境贸易提供方便快捷的仓储服务、物流渠道服务和保税仓储服务，并为平行车辆的进口和跨境贸易的开展提供展览和交易的平台，不断开展供应链金融服务和产品售后服务的区域合作，以实现区内产业互动和一体化发展。

在对外开放方面，为进一步加快中欧之间的经贸与文化交流，相关研究中心与学校合作，建立港口与沿线国家交流与合作的平台，促进中欧之间的贸易文化交流与融合，促进经济的发展。以四川大学为例，可以利用学校的小语种专业优势，进行人才培养，为铁路港与欧洲的交流合作提供人才支撑，助推铁路港"走出去"和"引进来"共同发展。成都青白江铁路港区代表的是"陆上丝绸之路"，通过扩大国际、国内物流"两网"，打破西部内陆物流的瓶颈，带动西部重点产业参与"一带一路"，有利于提升西部产业体系的国际竞争力。

6.3.1.1 青白江铁路港片区产业经济情况

青白江铁路港片区重点发展口岸服务业及与信息、科技、会展等相关的现代服务业，致力于打造内陆地区联通"丝绸之路经济带"的西行国际贸易大通道重要支点。

成都国际铁路港为成都整车进口提供了新的交易渠道。2015 年 2 月，成都铁路口岸获批为汽车整车进口口岸，也是西部内陆第二个整车口岸。整车贸易方面，成都铁路保税物流中心（B 型）成为全国首个实现平行进口车保税的保税物流中心，已打通欧洲、北美、中东三大进口渠道，2018年实现整车进出口 2500 余台。肉类贸易方面，已实现海铁联运和中欧班列

（成都）进口肉类常态化，2018 年实现进口 3500 余吨。木材贸易方面，2018 年开行木材定制化班列 240 列，货值约 6022.1 万美元，实现与阿拉山口、二连浩特、满洲里和绥芬河四个沿边口岸木材进口直通。跨境电商方面，首创跨境电商铁路直购进口业务，创新开发智能终端远程监管、验放系统，实现全流程移动执法。成都铁路保税物流中心（B 型）2018 年实现监管额 50 亿元，报关单量位列西部地区保税物流中心第一，入驻意大利、法国等五个国家馆，初步形成国家馆集群雏形。

6.3.1.2 青白江铁路港片区产业发展结构

青白江铁路港片区不仅具有物流和贸易承载能力，还具有工业承载能力，区内兼有贸易区、物流区和临港工业区。在商品交易过程中，以木材、贵金属、小麦和机电产品等商品为贸易抓手，在进一步完善风险防控和风险管理机制的基础上，建立起线上线下共同运行的商品加工和交易中心，致力于改善区内大宗商品的交易模式，更好地服务于当地经济的发展，并推动其自身从国际运输渠道向国际贸易渠道转变。

在大众商品运输和集装箱运输发展的基础上，港口将从传统的运输平台扩展到集物流、信息、金融、贸易和工业为一体的综合性平台，加快发展"国际铁路第一港"，建立起配套的汽车工业园区，建设国家级实验室、平行进口车展示及交易中心，完善整车上牌、维修、装饰、改装等配套型的售后服务以支持本地市场的发展。而跨行业云联盟平台作为青白江区第一个实现海关和国家检验数据对接的国际贸易综合服务平台，也已正式投入运营。其以"互联网+对外贸易"的贸易服务模式创新，构建了包括物流、贸易、金融、监管在内的跨境贸易产业链。基于汽车、酒类、机电、建材、家居等专业市场领域，为外贸企业提供便利化服务。

在运输方式上，通过铁路运输，区内打通了与欧洲肉类产品交易的通道；通过与沿海直通口岸的合作，推动了口岸监管部门优化查验机制和肉类通关一体化的建立和实施，切实推动了与中欧班列沿线国家的关务合作。

6.3.1.3 青白江铁路港片区产业集聚情况

青白江铁路港片区加速培育产业集群，鼓励当地企业与优秀跨国公司共同合作，开展贸易业务；鼓励园区与地方大学互动，营造有利环境，推进区域产业结构升级，将商业和投资的自由建立在相关产业的协调发展的基础上，尤其是制造业和高科技产业之间的协调发展；重点发展成熟的、具有影响力和生产力的产业，促进可持续贸易和投资的发展，进而推动产业的转型升级。

青白江铁路口岸加快了四川对外开放，并充分融入国际贸易通道中。作为该片区重要的支撑载体，成都国际铁路港口是四川对外开放的重要战略桥梁，是四川"一带一路"与长江经济带一体化的重要贡献，也是"蓉欧+"的重要载体。它突出建设国际综合物流服务体系，借助双流航空枢纽、成都国际港口、四川南部港口和中欧班列，打造一个三维综合开放式交通网络系统，满足了内部舱口的空中、铁路、公路和水上运输需求。

通过开放渠道、多式联运、无缝对接、顺畅内外沟通等方法，将自贸区与"一带一路"的建设结合起来，构建海、陆、空联合开放的对外经济走廊，打造独特的四川综合物流服务系统。成都青白江铁路港片区的定位为面向四川，辐射整个西部地区，是四川联通内陆国际贸易路线的重要支撑点。区内具有铁路交通优势、跨境贸易电子商务试点战略的平台优势，有利于铁路丝绸之路的建设。

6.3.2 四川自贸区青白江片区国际铁路港建设状况

6.3.2.1 青白江国际铁路港发展现状

成都国际铁路港充分发挥四川自贸区青白江片区、蓉欧铁路港国家级经开区、成都国际铁路港综合保税区、"金青新"大港区、蓉欧国际铁路港供应链服务功能区的"五区叠加"优势，构建国际陆海联运走廊，拥有亚洲最大的成都铁路集装箱中心站、大弯货站，以及国内功能最全、最具竞争力的铁路货运型国家对外开放口岸，集装箱近期年处理规模达到 250 万标准箱，远期达到 400 万标准箱，散货年处理能力达到 1100 万吨。2013 年 4月，首班中欧班列（成都）从成都国际铁路港始发，其货物运输时间为海运的 1/3，运输成本仅为空运的 1/8。经过五年耕耘，2016 年、2017 年、2018 年连续三年中欧班列（成都）开行量居全国首位，货值、货量呈显著上升趋势。

形成互联互通的陆海联运大通道。一是坚持完善"四向"物流通道建设，稳定西向、北向、南向、东向班列中国境内的开行，中欧班列（成都）已连接海外 25 个城市，其中 14 个城市为连接欧亚大陆的主要节点城市，打造 7 条国际铁路通道和 5 条国际铁海联运通道。西向建立起了以马拉为一级节点，罗兹、蒂尔堡、纽伦堡为二级节点，辐射布拉格、杜伊斯堡、汉堡等城市的三级网络；北向建立起以托木斯克为一级节点，莫斯科为二级节点，辐射远东地区、白俄罗斯地区的三级物流网络，打造木材、汽车（配件）贸易通道；东向与上海、天津等港口合作，开通辐射日韩及泛太平洋铁海联运线路；南向稳定开行了经钦州港出境的铁海联运班列，班列辐射了新加坡、马来西亚、越南、泰国、以色列、迪拜等国家和地区的20多个港口，网络覆盖了东南亚、中东等重要城市。二是丰富铁海联运班列开行线路，精准对接粤港澳大湾区，首发成都至广州港海铁联运班列。三是加快提升铁海联运班列开行频率，依托"蓉欧+"国内通道的建设，稳定运行至上海、宁波的铁路班列，并通过货源的挖掘、铁路线条的申请保障加大了开行频次，实现了成都至上海每周4~5列、上海至成都每周5~6列、成都至宁波每周1~2列的稳定开行。

完善的口岸功能。成都铁路口岸是四川唯一的铁路货运型国家对外开放口岸，已先后获批投运国家多式联运海关监管中心、汽车整车进口口岸、进境肉类指定口岸和保税物流中心（B型）。其中，整车进境指定口岸是四川省首个、西部内陆第二个汽车整车进口口岸，于2016年9月获批平行进口车试点资质；肉类进境指定口岸于2016年3月完成验收，依托欧洲和南美双向进口通道，实现海铁联运批量进口和中欧班列（成都）进口肉类常态化，是全国首个通过国际铁路运输方式直接进口欧洲肉类的口岸；成都铁路保税物流中心（B型）于2016年11月封关运行；进境粮食指定口岸已通过海关验收，将依托中亚双向进口通道和粮油加工物流园区发展粮食物流，打造四川省粮食交易分拨基地。

临港产业集群集聚发展。港区已明确发展现代物流、国际贸易、保税加工三大主导产业和冷链物流、城市共同配送、供应链管理、跨境电商、大宗商品交易、平行车进口、物流自动化装备、新零售八大行业细分领域。以成都国港服务业、先进材料、智能铁路港为核心，联合港区智慧制造和加工贸易产业城、欧洲产业生态圈，打造临港区内"研发+制造+供应链服务"的产业协同创新发展态势，辐射、示范、引领带动"新青金淮"共同构建"一带一路"产业合作园。目前，港区累计已入驻产业化项目84个，总投资550亿元，入驻市场主体近万家，已建成投运中铁八局、万贯、百利威等34个行业龙头项目，新签约引进重大项目22个。其中，供应链物流方面，已聚集苏宁云商、美国安博、新加坡丰树等知名企业；冷链物流方面，已聚集盒马鲜生、菜鸟物流等标杆企业；国际贸易方面，引进香港新华集团、天津物产、绿地商业、弘毅投资等合作打造"一带一路"国际大宗商品交易中心。

自贸区改革成效显著。2017年4月，四川自贸区青白江片区挂牌成立，片区位于成都国际铁路港内，实施范围9.68平方千米。作为全国唯一依托铁路港而设立的自贸区，多项改革举措走在前列。全国首创集拼集运模式、平行进口汽车海铁联运监管模式，组建港投集团创新路地合作机制。多式联运"一单制"荣获全国十大改革案例。推动向自由贸易港升级探索，深化"放管服"改革，出台产业支持"黄金十条"，全面启用承诺制推动重大项目快动工快投产260项行政事项实现集中审批。

对外交往日益完善。国际方面，在布拉格、纽伦堡等地设立办事处，与罗兹经开区、萨拉戈萨物流园建立合作伙伴关系；国内方面，与广西合作促进南向通道拓展，与宁波、上海合作推进海铁联运转关转检一体化，与乌鲁木齐合作推进班列集拼集运；省内方面，加快和德阳、内江、泸州、宜宾、广元、遂宁等川内城市探索通道合作，打造"中欧班列基地"或"蓉欧+基地"；市域内区（市）县方面，吸引TCL、LG、沃尔沃等一批适铁企业产能转移，促进联想、东方电气等80余家企业积极开展进出口贸易，推动安岳柠檬、新都家具、温江花卉、蒲江猕猴桃、金堂脐橙、武侯女鞋等四川优质产品"走出去"。

吞吐能力强。成都铁路集装箱中心站项目规划设计集装箱年吞吐量中期250万标准箱，集装箱吞吐量连续多年位列全国第一；铁路智慧无人港项目通过互联网感知、模糊控制、大数据云计算、视频识别等先进技术，实现集装箱装卸、运输、堆存、收发等全过程的自动作业，打造国内首个铁路智慧无人港。多式联运中心项目规划建设"1+3"功能框架，打造西部最先进的多式联运中心、甩挂运输联盟基地、集装箱共享中心，建成西南地区重要的物流集散中心；大弯货站项目设计年吞吐量达1100万吨，是西南地区重要的大型散货场站，配套规划三条铁路专用线。中欧班列（成都）是国内在途运行时间最短、发班频次最多的中欧班列，连续三年位居全国第一；截至2018年，集装箱累计吞吐量已达408万标准箱，成都铁路口岸已累计监管量25万标准箱；2018年成都铁路保税物流中心（B型）业务量西部地区第一，全国前十。

（1）青白江国际铁路港定位。

成都国际铁路港位于中国四川省成都市青白江区，规划面积33.6平方千米，是国家推进"一带一路"建设、构建全面开放新格局的战略支点，是四川实施"一干多支、五区协同"发展战略，形成"四向拓展、全域开放"立体全面开放新态势和成都高水平打造西部国际门户枢纽、建设全面体现新发展理念城市的重要载体,是全国唯一以铁路为依托的自贸区和"一带一路"产业合作园核心区域。成都国际铁路港围绕"陆海联运枢纽、国际化青白江"发展定位,以建设"内陆开放门户铁路枢纽"为目标,加快建设国际陆海联运新通道核心枢纽和商贸基地,以铁路港国际化助推青白江国际化进程,全力打造"国际铁路第一港"。青白江的主要发展定位是"国际物流港",将依托国际铁路港、中欧班列(成都)等,打造国际领先水平的现代化物流中心,争取在世界经济一体化的大背景和自贸区建设的基础下构建辐射全球、功能强大的物流中心及水陆空多式联运中心。此外,作为丝绸之路经济带西部走廊的重要枢纽,青白江国际铁路港将充分利用相关政策优势,加大与世界物流中心的沟通与交流,努力建设"内陆亚洲欧洲门户和国际物流中心",积极探索并建立自由贸易港口,形成陆海空内外联动、东西双向发展的开放格局,建成国际一流的陆路商贸物流枢纽。

(2)青白江区域的优势。

首先,青白江片区在交通方面的优势明显,在铁路系统中,其位处成都,坐拥国际铁路港,而成都国际铁路港是区域性国际物流枢纽,为青白江物流港的建设提供了独特的优势;同时,青白江也是成渝铁路、宝成铁路、成昆铁路、达成铁路等几条铁路的交会处,是西南片区重要的铁路口岸。在公路系统中,成都是全国公路运输密度最大的城市之一,全面的高速公路系统使小型货物运输具有较大优势。此外,在空运系统上,双流国际机场是西南片区最大,也是货运、旅客吞吐量最大的机场。强大的物流运输基础设施为青白江物流城的发展奠定了良好的基础。

其次,"一带一路"建设的实施构建成了两条重要的黄金国际通道,而双黄金国际通道正逐步改变着青白江产业发展的轨迹,这种强大的区位优势对世界500强企业有着很大的吸引力。目前,世界500强企业已有超过300家落户成都,其中大型的物流企业与青白江开展密切合作,使青白江"国际铁路港"的地位、作用日益突出。

最后,"蓉欧+"互联互通网络的不断拓展实现了中欧班列(成都)对亚欧非三大洲的最大辐射能力。在"蓉欧+国内"方面,已经开通了深圳、厦门、雍蓉等欧洲班列,并将进一步向南宁和武汉开放,与国内更多的城市建立起铁路、海水和公路多式联运通道。除此以外,中欧班列(成都)与全国物流系统也有着强大的运输交流能力。在"蓉欧+欧洲"方面,波兰罗兹地处欧洲大陆腹地的优势将中欧班列(成都)在欧洲的终端延伸到了更多的地区，还将尽力打通中欧班列（成都）通向欧洲各地重要区域的线路，现已扩展到了荷兰和德国，将形成中国多班列车和欧洲班列的综合运营模式。在中亚列车方面，中亚列车将向五个中亚国家运送国内产品、小家电和其他产品，为四川乃至整个西部制造业开拓国际市场带来大的市场机遇。

（3）青白江区域的劣势。

首先，国内物流城建设和国外物流城建设有着显著的不同，这使国外的先进经验不适用于青白江物流中心建设，使青白江国际铁路港的建设在很多方面需要从头开始，根据实际情况发展物流城建设。其次，中国现在还没有形成大规模的物流网络，使国内国际物流对接效率低，增加了企业的物流成本。再次，我国物流人才的整体素质与现代物流服务的发展要求还存在很大的差距。近几年来我国的物流产业虽然有了飞速的发展，但具有物流知识的高级与综合型人才还大量缺乏。青白江相较于其他物流中心，在相关设施配套上还不齐全，薪水福利和生活环境水平等较低，限制了高素质物流人才来青白江发展，并由此引发了效率较低、发展速度慢和不能满足需求等问题。最后，信息化程度低。与国际先进物流城相比，青白江国际铁路城信息化水平较为落后。而信息化是现代物流产业自动化、网络化发展最重要的核心基础，健全的信息传递供应链和公开透明真实的物流信息是物流产业发挥效用的基础前提。目前，青白江物流中心的信息化建设仍处于摸索阶段，已经应用的信息化技术只能提供基本的物流需要，新技术自主创新和应用还存在一定的问题，需要不断推进。综观物流产业在国外的发展现状，发达国家的物流建设基本实现了仓储和运输的自动化，以美国为首开发的电子数据交换系统、地理信息系统、全球定位系统已有多年的实践应用，而我国这些系统的开发与应用还十分有限。据相关学者预测，我国物流信息系统与国外发达国家的先进系统之间至少还存在10年的差距，这10年是科技飞速发展的10年，我们应该在该方面做出努力，加快研发和成果转化的应用速度。

6.3.2.2 青白江国际铁路港对四川进出口贸易的影响

（1）基于中欧班列（成都）影响的分析。

蓉欧国际快速铁路货运直运班列，简称中欧班列（成都），是一条横跨欧亚大陆的直达货运轨道。通过中欧班列（成都），货物从成都到达波兰的最短时间仅为10.5天，从青白江出口的货物到达波兰后，即可通过欧洲交通系统在 3 天内快速分拨至欧洲任何地方。这种高效物流模式对四川进出口贸易影响巨大，也是我国"一带一路"建设的重要组成部分。

从具有的优势进行分析，首先，通过中欧班列（成都）进行国际运输，所需的时间小于海运所需时间，一般为 10~14 天，且其班次固定、价格较低、运输效率较高，能帮助企业快速抢占市场先机，同时能有效降低企业运营成本，加快企业资金链的运转，帮助企业更好更快发展。其梯度运价的模式也能保证客户享有最优惠的价格。自 2013 年 4 月中欧班列（成都）开运以来，其保持每周五定期稳定开行，每周至少发行一列的运行频次。随着自贸区战略的实施，货运量增加，现已调整为每周"去 15 回 13"的开航频率。如表 6-2 所示，近年来中欧班列（成都）的发班次数较上年同比增长 1 倍以上，呈现出爆炸式增长趋势。据海关统计，中欧班列（成都）现有货运量已占到全国发往欧洲货运班列总运量的 43%，位居第一。这样的增长速度带来的红利是可预见的，这对青白江国际铁路港发展具有重要意义，进一步确定了青白江国际铁路运输的中心地位，带动青白江税收、城市经济发展，同时推动了周边生活设施配套的完善建设，增大了四川进出口贸易规模。

表 6-2　中欧班列（成都）发班次数

单位：次

	2013 年	2014 年	2015 年	2016 年	2017 年
开行频次	31	45	103	460	865
去程	31	45	72	291	541
返程	0	0	31	169	324

资料来源：成都国际铁路班列有限公司。

其次，通过中欧班列（成都）进行运输，全程使用 EDI 过境申报系统，在通关中更具有便利性。通过提前提交通关审批手续，以实现不停留通关，申报—查验—放行快速处理，清关高效。在国内，与海关、国家检验检疫局建立了紧密协作的工作机制，得到了各级海关的支持，并且安装专业查验系统，提高查验效率，减少通关步骤与时间，为相关物流企业、商贸企业、生产企业提供了高效便捷的通关服务。尤其是四川"单一窗口"的设立，还结合了本省口岸通关业务的特点，拓展了物流监管系统、一单多报系统等特色功能，全力配合中欧班列（成都）改良清关流程。同时，为配合四川自贸区建设，青白江海关口岸还组建了自贸区专用的服务平台。在欧洲方面，波兰建立了保税仓库，中欧班列（成都）已得到欧盟和俄罗斯的支持保税特许，可为欧盟、俄罗斯和其他相关客户提供纳税延迟 160 天的政策优惠，这给利用中欧班列（成都）进行商品进出口贸易提供了极大的便利性。

最后，在高效服务上，中欧班列（成都）作为公共服务平台，秉持公开、公正、高效、透明化管理态度，可为各大企业和个人提供全面的一步式物流运输，同时也提供定制服务，多样化的服务使客户有更多更自由的选择方案。中欧班列（成都）自行开发的信息管理系统可同时连接客户、承运人、海关、收货人，实时跟踪物流信息，全程可查，信息公开透明。中欧班列（成都）对服务板块的重视与提高也让社会看到了其服务态度，中欧班列（成都）专门配备空调集装箱，保证价值较高的电子产品在极寒天气条件下不受到损害，并且在换轨阶段修建了专门的室内区域，保证了换轨作业在冬季寒冷天气下正常进行。

实施"四向拓展"和"全域开放"、中欧班列提能计划和"蓉欧+"战略，打造 7 条国际铁路和 5 条国际铁海联运通道。突出南向，稳定运行经广西钦州联通东南亚、澳大利亚、中东的铁海联运班列和经广西凭祥至越南河内的跨境铁路班列，适时开遄经云南至东盟国家的泛亚班列，形成东中西三大泛亚铁海联运大通道。提升东向，打通长三角、珠三角等通道，辐射日韩、中国港澳台及美洲地区。深化西向，形成经阿拉山口至欧洲腹地，经霍尔果斯至中亚、中东的泛欧铁路大通道，打通进出印度洋阿拉伯海最近的铁海联运通道。扩大北向，稳定开行经二连浩特直达蒙古、俄罗斯、白俄罗斯的国际铁路运输通道，对接中蒙俄经济走廊。

（2）进出口贸易特点。

从进出口贸易的角度来讲，青白江国际铁路港的建设首先降低了企业的经营成本。物流城存在的最初目的就是降低成本，使货物运输集中化、规范化，有利于缓解城市交通压力，促进货物运输更加高效、便捷。青白江具有较为成熟的交通体系，除了中欧班列（成都），成都还有两个国际机场——成都双流国际机场和简阳新机场（在建中）。高价值物品的空行对接系统使青白江具有天然的价格优势，大大降低了企业的物流成本和经营成本。除此之外，青白江正在加快现代物流标准体系的建设，加强物流标准的实施，研究制定城市配送车辆管理指导意见，监督城市交通和车辆管理，进一步优化交通环境，为配送车辆进入城市道路提供便捷的通道，从而进一步降低物流成本。

其次，青白江国际铁路港的建设使进出口贸易便利化得到改善。贸易便利化一般是指在商品贸易过程中，简化、协调与商品贸易有关的程序和流程，降低流程成本，推动贸易更好更快发展。在现实生活中，有许多方法可以促进贸易便利化，如简化不必要的程序、调整相关法律法规和改善基础设施等，目前已经实施并且效果明显的是简化不必要的流程和手续。青白江片区政务服务大厅位于成都铁路保税物流中心 B 区，质监部门、区税务局、区工商局、区环保局、区建设局、区规划局、港口管理委员会及区行政中心等服务中心均在此聚集，大量的政务中心部门聚集在一起，使企业相关手续办理和货物进出口、申报缴税等事项可以在这里集中完成。最重要的是，企业到这里办理任何服务都可以在一个窗口办结完所有手续，名为"一个窗口化"。在这种模式下，国际贸易手续化繁为简，高效快捷，大大提高了便利性。此外，青白江还汲取上海、厦门等自由贸易区的先进经验，通过资源整合达到流程一体化操作，建立以企业为中心、以企业生命周期为核心的单一窗口服务机制，以提升办事的效率。

6.3.2.3　国内物流城运营模式及盈利模式对比

（1）运营模式。

中国物流园区运营模式可分为政府引导企业模式、企业自发建设模式和政府规划企业主导模式。第一种模式下，政府会出台具体物流城具体规划，由政府和企业共同出资建设物流城，政府和相关企业都作为投资者，后期分享收益；或者政府单独出资建设然后进行招商引资，前期为了吸引更多企业入驻，政府会以较低的价格或者免费租给企业使用。第二种模式下，在自由市场中竞争力较大的物流企业互相联合，在原有的物流发展规模上进行资源整合，形成规模效应。第三种模式下，政府出台相关优惠政策，企业在政府创造的良好政策下主导物流城中心建设，这对企业自身资金、管理能力都有着较高的要求。由以上论述可以看出，在这三种运营模式下，政府在物流城建设及运营中都扮演着尤为重要的角色。

青白江物流城采用的是政府规划和企业主导模式。在国家"一带一路"总发展路线下，国务院、四川省和成都市政府都给予了许多优惠政策，并且青白江物流城是由政府规划、政府出资建设公共交通、通关信息系统等基础设施体系，政府和企业共同建设仓储基地。四川省物流业发展计划指出，成都目标是建成西部最大的区域物流集散中心，其中青白江物流园区在成都铁路枢纽货运站的强大基础设施背景下，努力建设成为全国枢纽型铁路集散中心。目前，青白江物流园区已经有中铁八局、文轩集团、福临物流、四川物流、德源物流、西部钢铁、青龙建材、邦邦建材、鑫顺捷物流、万贯机电、中铁物流等知名企业入驻。根据四川省物流发展规划，在未来的10年中，青白江国际物流中心运输总量将分别达到70万吨和540万吨。相较于航运、空运和公路运输方式，铁路系统运输能力大、成本低、全天候运行，会极大降低园区企业的运输成本，特别对大宗商品的运输来说，减少企业对外交通的中转环节是一种很好的交通选择。

在物流园区建设方面，德国、日本和中国台湾在世界处于领先地位：日本的物流园区建设起步较早，早期的建设是以减轻城市交通压力为目的，如东江物流园区。由于在物流城的实际建设与运营过程中积累了相关经验，日本物流城的建设得到了快速的发展。可以了解到，在日本物流园区建设的过程中，其十分注重利用政府政策、市政设施和国内外投资政策进行初期规划。而在交通发展方面，德国注重将各种交通工具和整个交通系统的通行能力进行整合。德国企业在联邦政府的统一规划下，能得到政府和市政府的支持，并由企业自己经营管理。

我国台湾省的物流城多为海港集散中心，与青白江铁路公路运输模式具有极大的不同，本书不作讨论。但台湾的自由贸易区是具有借鉴意义的。建立自由贸易区和简化关税体系有助于吸引更多的再生性资源，带来再出口物流的附加价值，吸引跨国企业和更多电商企业的使用或投资，以提高其竞争力。灵活的关税体系允许货物在欧盟自由流通，以吸引更多的货物来源。自由化的经济贸易环境，满足了各行各业物流运作的需要。同时，海关、贸易和港口三个方面的信息交流，使海上运输、装卸可以实现快速的信息流通和无边界限制。它还加速了跨地区传输的实施，并节省了人力、物力、时间和程序，在自动、无纸化、网络化和简单有效的操作下，频率和存储成本的减少将降低来自海关检查和清关操作的操作成本。

（2）盈利模式。

物流园的盈利模式主要是指企业的收入来源渠道，追求利润最大化是所有企业的生存基础和目标。从国外先进物流园的发展模式来看，物流园区具有前期投资大、社会公益性明显、回收周期长等主要特点。

物流城的初期建设需要大量空闲且交通便利的土地，这就需要政府支持和大量人力物力投资，以青白江国际铁路城为例，2017年数据显示总投资达390亿元。物流园区建好以后，还需要修建大量相关的生活配套设施，如交通、电信、教育和医疗等，这就是物流园建设的社会公益性。前期的大量投入使物流园区的投资回报周期长也是可以理解的，从长远来看，物流园区的建设可以增加贸易进出口，带动周边经济发展，投资回报周期也是一个长远指标。

物流城盈利可以分为三个阶段：初创期、发展期和成熟期。在初创期，物流园区应该注重基本职能收入，使园区稳中求利，初始建设阶段的盈利模式是进行大批量集装、散装仓储、公路和轨道交通、集装箱转运和轨道交通。以交通为导向的物流园区位于交通便利的地方，因此，物流城在建设时期应充分发挥优越的地理和交通网络优势。在发展期，应该在前期积累的物流基础上进行保税物流、国际货代等具有一定增值服务的经营活动。转运功能明显的物流园区主要依靠各种便利的交通设施，所以应该加强与海关的合作，争取对接国际物流。在国际物流中，保税物流和国际货代是最重要的组成部分，所以，在物流园区中期发展阶段应该大力发展国际物流服务。在成熟期，物流园区会提供物流全程一体化服务。物流一体化是对商品物流全程实行科学规划，减少物流仓储与运转时间，确保商品更快速地流通，实现物流园区系统利益最大化，降低企业运营成本和物流成本，使物流企业得到更好的发展，提高经济发展速度。

（3）国内外盈利模式对比。

国内外主要物流城市的利润收入主要包括以下三个方面：①基本职能收入，包括仓储、分拣、整理、运输、配送、装卸等收入。②租赁和租赁收入，即投资者和经营者以一定比例获得租赁收入，包括仓库租金、设备租金和房屋租赁费等。在物流城发展的初期，土地租金相对便宜，投资者以低价从政府租用土地。由于物流城建成后的招商引资、人才吸引和众多就业人口的聚集，物流城的相关配套设施不断完善，带动周边地区经济发展。由此引起的土地价格上涨使投资者提高仓库、住房租金，这些差价是物流城盈利收入的一部分。③增值服务收入，包括结算和物流金融服务、需求预测、物流咨询与培训、供应链管理和信息服务。物流城建设可以优化产业结构，提高服务业营收比重，具体就体现在这些增值服务收入上。

目前，中国物流园区盈利模式的主要收入来源是基本职能收入，其次是租赁收入，最后是物流企业的增值服务。根据国内外优秀物流园区的经验，传统租赁和租赁利润比重会降低，增值服务收入比重会大大增加，尤其是信息咨询增值服务。就国际发展趋势而言，信息咨询的增值服务增长潜力在园区利润总额中所占比例较大，这对中国物流园区经营者有良好的启示作用。

中国物流园区的效益主要体现在政府的经济效益和社会效益上，从宏观层面来讲，体现为经济总量和税收的增加、就业的扩大等；从微观层面来看，则主要体现在企业成本的降低及营业收入的增加上。开发商通过土地增值、财产增值、租金收入、配套服务等方式实现了经济效益，通过增加仓储收入、分配收入、信息中介收入，减少经营成本等，达到规模经济，带来盈利。

日本物流城的盈利主要来于地价升值和仓库租金方面。由政府牵头，第一步是将土地租售给物流行业，第二步是行业协会通过各种方式筹集资金，与政府共同建设物流园区。同时政府会完善相关配套设施，促进物流城集中发展，带来经济发展，劳动相关人员就业。通过这些经济活动，物流城会出现地价升值，仓库租金也会上涨，这是日本物流城应收的最重要的组成部分。

德国"货运村"的盈利模式主要来自租金收入和服务费。德国物流城的服务费用是非常突出的。在物流城建设初期，德国政府重视物流城的相关基础配套设施规划，旨在建立物流城服务中心，提高园区整体服务水平。在这种模式下，德国的第三产业优势明显，获得了大量的盈利，这一点是青白江物流城建设需要借鉴的。

6.3.2.4 青白江国际铁路港建设路径建议

（1）完善交通体系，扩大对外开放。要想富，先修路。交通系统是制约现代物流业发展的最重要因素，虽然目前青白江在铁路系统上拥有中欧班列（成都）和区内辐射全国的铁路网络，公路系统中有成金青快速通道、货运大道和连接四川各地的高速公路，空运系统上与成都双流国际机场和简阳新机场实现了快速对接，但要进一步实现与国际国内的深入交流，促进四川对外贸易的开展，还应构建更加便捷的开放交通体系。实践证明，改革开放让经济实现了更好更快的发展。在"一带一路"建设背景下，更应该抓住政府制定的优惠政策和时代改革带来的重大机遇，采取包容、和谐与发展的态度，实行各项改革，对更多优质企业和优质人才进行开放，为开展进出口贸易提供更大的便利条件。从川内层面来讲，青白江应在改善区内已有清泉大道和港城大道等旧公路项目的同时，加快其在附近区域规划的各大公路建设。公路系统的改善有利于空运系统实现高速对接，提升货运通道能力。在国内层面，应加强与其他省市交通枢纽之间的运输交流，逐步完善铁路、公路、水运、空运的终端系统建设。在国际层面，应努力推动"一带一路"沿线国家的交通设施建设,对某些经济水平较低的国家,通过申请国际援助和世界银行低息贷款进行发展。根据青白江物流中心的规划,中心内还将建设多种运输仓储口岸。要扩大港口的功能,必须加快粮食、水果等港口的建设和申报;建成"口岸综合实验室";积极申报综保区。此外,还应该加强国内国际物流中心的互联互通,在国内,完善各级物流交通枢纽,加强青白江与海运的衔接;在国际上,应与对应的出口国家携手推动物流网点和交通网络建设,以扩大进出口贸易规模。

(2)加强项目建设,实现可持续发展。要全力推进重大项目建设。四川经济发展势头良好,青白江国际铁路港也迎来了新的重大机遇。在预计投资千亿元的300个重大物流项目计划下,青白江片区应努力推进这些重大项目的落地实施,将计划投资转化为有效投资。重视中小型企业的扶持与发展,中小型企业往往有自己的竞争优势,在得到相关优惠政策扶持后会给物流行业带来活力,可以弥补大型企业在办事效率、流程复杂性等方面存在的不足。做好重大项目储备工作,在青白江原有的重工业生产基础上,对第三产业占比高的一些企业做好初期规划与对接洽谈,加快产业升级,促进青白江国际铁路港良性发展。

在生态环境建设上,生态文明建设是可持续发展的重要组成部分,青白江作为曾经的成都北部工业城市,其生态环境不可避免地遭到了一定的破坏。物流产业作为第三产业,其发展有利于推动地区产业结构的升级,大力发展现代物流业必须打造宜居的生态环境,改善居民生活环境,推动高标准生态田园城市建设。具体可以从污染治理、严控污染源头和生态修复三个方面入手,对已经造成污染的土地、河流、空气开展多种治理活动,阻断污染物进入食物链,减少重金属对人体的侵害;制定相关政策,严控企业排放污染物标准,加大监管力度,对污染较为严重的企业应该尤为关注;在生态修复方面,应该加大绿植建设投入和保护重点湿地。

(3)完善生产生活配套设施,积极引入建设人才。吸引人才入驻物流园区,才能加快国际铁路港的建设速度。随着中国物流业的蓬勃发展,中国对物流人才的需求越来越大。然而,由于中国物流业起步较晚,物流人才的培养与培训还不能跟上经济发展的步伐。只有进行人才引进,通过人才进行发展,才会使物流企业和社会经济实现共同良性发展。从目前青白江的生态环境、公共配套设施和其他的情况来说,并不能吸引很多的优秀人才来到青白江区发展,所以应该由政府牵头,出台相关优惠政策,从经济环境、政策环境、社会环境等方面入手,首先,加快对物流园区相关能源、电信、教育、医疗、商业、文体等配套设施的建设。其中，能源是指水力、电力、石油等相关能源，以确保物流园区内水电的供应正常、交通工具的正常运行。物流园区的发展目标是信息化、自动化和智能化，而这些都是在电子信息的基础上发展起来的，所以电信配套设施要跟上步伐。其他的配套设施是为了保障和改善区内居民生活，将青白江物流城建设成为宜居的标准现代化生活区域。其次，在经济环境方面，要创造一个宽松的经济环境，吸引人才到青白江就业和创业；在政策方面，应简化审批手续，健全人才报酬机制，对来青白江物流城发展的人才实行年度评审，在科技开发和技术改进项目中设立研发基金，在项目成果出来以后，积极应用于实践流通环节，给予研发小组以科研奖励，对符合要求的人才，政府还可以给予补贴奖励；在社会环境方面，要营造尊重知识、人才的社会风气，经济发展需要依靠源源不断的创新，尽可能发挥人才的创新潜能，只有形成科学健康的人才观念，尊重人才的劳动、知识与创造，形成良性的吸引人才的社会环境，人才才会源源不断地进入区内，促进青白江物流业又好又快发展。

6.4 四川自贸区三大片区的协调发展

2017年3月，为积极培育内陆地区参与国际经济合作竞争的新优势，全力打造区域协调发展的新引擎，国务院印发了关于打造中国（四川）自由贸易区的通知，宣布正式开始建设四川自由贸易区。四川自贸区自成立以来，与国家实施的各项改革战略，如"一带一路"建设、创新驱动发展战略、长江经济带发展战略等结合，充分利用自身发展的政策优势及各项战略尤其是"一带一路"建设落实所带来的发展机遇，结合四川省独特的地理与人口优势，在区内不断进行学习、创新，优化各类产业发展，探索不同于其他自贸区的发展方式和模式，以实现自身经济增长并积累内陆自贸区发展经验，为推动内陆经济的增长贡献力量。四川自贸区三大片区所处地理位置不同，具有的要素资源优势也不同，经济发展水平具有一定差异，使区内产业发展水平各不相同。研究四川自贸区三大片区各自的战略定位以及资源要素优势，了解区内相关产业发展，探究得到其各自的优势产业和发展具有的优劣势，有利于进一步了解四川自贸区建设与区内产业发展之间的关联性，实现两者之间的相互促进、和谐统一发展，加快四川自贸区的建设速度，进一步优化升级四川省的产业结构与分工布局，从而带动四川省整体经济的发展。

6.4.1 四川自贸区三大片区协调发展的战略定位

6.4.1.1 三大片区的战略定位

四川自贸区的功能定位虽与前两批自由贸易区相似，均是通过推动区域内的制度改革来促进区内多边贸易投资体系的发展，实现与国际贸易投资规则的衔接，改善区内贸易便利化条件，以进一步深入实现我国金融、服务业领域的逐渐开放，是新时期我国深化经济改革的路径探索。但在战略定位上，四川自贸区与前两批设立的自由贸易区相比存在很大的不同，四川作为中西部省份中与国际接轨最前沿的区域，在自贸区建设过程中可充分利用其所具备的交通枢纽优势，协同沿海沿江沿边地区的发展，发挥其作为西部门户城市的辐射与带动作用，重点带动我国南部与西部地区的对外开放，并在辐射东南亚与南亚过程中发挥重要而关键的作用。

在国务院印发的《中国（四川）自由贸易试验区总体方案》中，除确定了四川自贸区在建设和发展过程中的整体方针外，还针对四川自贸区的三个片区，明确了其各自的发展任务。对于成都天府新区片区，根据其区域自身特点及在制造业、金融产业上所具备的发展基础与潜力，将其作为创新驱动发展的主要动力区，在区内加快高端产业的聚集与发展，将其建设成为内陆对外开放的金融产业创新高地。完善片区内的基础设施建设及生产配套措施建设，建立起商务物流中心及国际性航空枢纽，使之成为西部门户城市的开放高地。对于成都青白江铁路港片区，凭借其所具备的陆上交通运输体系，成为连接"一带一路"、实行对外开放特别是对欧开放的重要陆路枢纽，有利于发展物流相关产业，建立口岸服务业及与信息、科技、会展等服务有关的现代服务业。对于川南临港片区，由于其产业优势明显，将推动装备制造、现代医药及食品饮料等先进制造业的发展，重点发展航运相关产业，在区内打造区域性重要综合交通枢纽以辐射滇黔并实现成渝城市群的南向开放。

三大片区的战略定位充分考虑了其各自的区域位置、地理优势、自然优势、经济优势及人口优势，在自贸区建设的过程中，各片区的发展与布局应以确定的战略定位为基础和主线，积极发挥自身优势，打造独具特色的四川自贸区。四川自贸区三大片区的战略定位各不相同，但不意味着彼此之间是相互独立的，或者只依据自身战略定位进行发展规划，应是在以各自战略定位为前提的条件下，有效合作、相互支持、实现共赢。

6.4.1.2　三大片区的协调发展

国务院发布的《中国（四川）自由贸易试验区总体方案》根据四川自贸区各片区的特点，制定了其各自发展的战略定位，每个片区按照该战略进行合理规划可以实现自身经济的增长，但短期内，各片区的缺点不能通过制度改革加以克服，如成都天府新区土地资源稀缺、成都青白江铁路港片区经济实力相对匮乏、川南临港片区高层次人才有所欠缺等。如果只依靠片区本身的优势进行独立发展建设，一定程度上会使相关资源的利用效率低、发展速度慢，通过进行区内合作，实现资源的互补，取长补短，进行协调发展，是实现四川自贸区三大片区本身经济增长及四川自贸区整体经济增长的有效和合理措施。在三个片区中，每个片区都有属于自己的独特优势，或者说，在四川自贸区的三大片区中总有一方其某一资源相较其他两方处于比较优势位置。在领先领域与其他两大片区进行分享，可以使四川自贸区发展速度进一步加快。通过对相关资料的收集整理，以及对四川自贸区发展的现实情况进行分析，从四川自贸区三大片区具有的人力资源、土地资源及经济资源优势三方面进行具体分析。

首先是人力资源。人才是经济发展的动力来源，无论是自贸区建设路径的制定与实施，还是自贸区制度的创新都离不开人才的作用。在三个片区当中，成都天府新区片区的高技术人才缺乏。虽其本身劳动力资源较为丰富，但由于其主要发展高科技产业和高端制造业，对高科技人才的需求量大，使区内原有人力资源相对不足。而川南临港片区一般劳动力资源丰富，甚至出现溢出效应，此时，成都天府新区与川南临港片区相互协调进行有效合作，不仅能解决天府新区的人才需求问题，同时也能解决川南临港片区人口的就业问题。

其次是土地资源。无论是发展制造业建造工厂还是人口增长开发新房产，土地资源由于其有限且不可再生的特性在经济发展中发挥着重要作用。以成都天府新区片区为例，高端制造业的发展需要大量的人才，以目前具有的土地资源状况来看，在自贸区建设过程中，由于需要大量的工业用地及人才落户的居住用房，土地的使用成本将会进一步上升，不利于经济的发展。而青白江铁路港片区土地资源丰富，能提供相对廉价的土地用地。

两者相互合作，实现协调发展，在解决天府新区土地利用成本过高问题的同时可以解决青白江铁路港片区土地的闲置浪费问题。

最后是经济资源。只有具备强大的经济后盾，才可以大刀阔斧地进行改革和创新，否则会寸步难行。在三个片区中，成都天府新区依托成都经济发展的基础，主要发展高科技产业、高端制造业和金融业。而青白江铁路港片区和川南临港片区的经济发展水平相对落后。三者进行协调合作，成都天府新区可以对另外两个片区进行投资，帮助其进行发展，实现本身资源利用的最大化。

6.4.2 四川自贸区建设的优势与挑战

6.4.2.1 四川自贸区发展的优势

第一，地理位置优势。四川省位于丝绸之路经济带、长江经济带、孟中印缅经济走廊等国家发展战略的交界处，是一处战略腹地，是"一带一路"发展的重要支点、国家向西部和南部开放的重要门户。处于这样一个有利位置，四川自贸区更有机会抓住我国"一带一路"倡议和西部大开发战略所带来的机遇，发展自身，加快自贸区建设。同时，这一个有利的地理位置，也让四川自贸区未来的建设路径和方向更加广泛和清晰。把握自贸区建设良机，打破过去的交通障碍，有助于四川经济的对外开放，实现"引进来""走出去"相结合，实现经济效益的最大化，资源配置效率达到最高。

第二，人力资源优势。目前成都市正在施行的人才免费落户政策，为一些高端人才提供补助以激励其在蓉落户，也将进一步吸引大量人才来蓉来川发展，使四川省人口增长实现新的飞跃。落户的人才将会成为四川自贸区建设的不竭动力源泉，推动四川自贸区的不断发展。

第三，产业优势。成都是我国除北上广外唯一一个拥有国际直达通信能力的二线城市，也是我国在高新技术产业领域发展处于领先地位的城市之一，具有一定的产业基础和优势。成都市每年的主要出口产品为大中小微型计算机和集成电路，其中生产的平板电脑占全球的66%，其中60%是芯片组，软件收入占西部总收入的一半。"科学技术是第一生产力"，在高新技术和高端科技上的领先是四川自贸区建设的又一助力。

第四，金融优势。在我国西部的12个省份中，成都市是唯一一个金融体系和布局相对完善的城市。就本地银行而言，成都市拥有成都银行和成都农商银行，除此之外，还拥有花旗银行和汇丰银行等 14 家外资银行。2017 年末，成都市银行业金融机构的资产总额达到 9.3 万亿元，同比增长 9.2%。证券、保险业稳步发展；多层次资本市场的建设成效逐步显现；金融生态环境和金融基础设施建设不断推进。全省农村地区银行网点全部接入现代化支付系统中，消除了集中连片贫困地区基础金融服务空白行政村 1532 个。庞大的金融体系将为四川自贸区建设提供有力的后勤保障。

6.4.2.2 四川自贸区面临的挑战

在国家各类发展战略的实施给四川自贸区建设发展带来机遇的同时，新形势新背景下全国及全球经济的发展也为四川自贸区的建设带来一些挑战。首先，自 2013 年国务院正式宣布成立上海自贸区以来，截至 2017 年，我国已有 11 个自贸区，这意味着，四川不可能像最先设立的上海自贸区那样享受特殊的制度福利待遇，也即国家给予新设立自由贸易区的制度福利待遇将会减少甚至取消，四川自贸区作为第三批建立的自贸区，其建设发展更多要靠自己去不断学习和探索，找到适合自己的发展模式，实现经济增长。

其次，中国经济飞速发展所带来的人民币升值等因素，使我国贸易顺差规模逐渐减小。这也意味着四川原本在世界产业经济中占有优势地位的产业优势会逐渐消失，从而导致出口规模的大幅度减小，影响地区生产总值的提升。除此以外，当今国际形势复杂多变，中美贸易关系紧张，以美国为主导的西方经济体试图重新制定世界经济的贸易规则，四川参与国际贸易的环境稳定性降低。因此，如何在四川自贸区建设的过程中，不断调整各区域产业结构，使其适应不断变化发展的市场将是一个大的挑战。

最后，是四川的金融体系问题。虽然成都是西部地区金融体系和布局最为完善的城市，但这对高速增长的自贸区来说依然是不够的。目前为止，我国的金融体系还需要进一步加强对外开放和市场化，金融产业发展面临瓶颈。

6.4.3 四川自贸区基于产业选择的建设分析

6.4.3.1 成都天府新区片区的产业选择

成都天府新区成立于 2014 年 10 月，是第 11 个国家级新区，其地理范围涉及成都市直管区及成都高新区、双流区、龙泉驿区、新津县、简阳市，眉山市彭山区、仁寿县，规划面积达 1578 平方千米①。成都市的规划面积为 1484 平方千米，占天府新区总规划面积的 94.04%。在地理位置上，成都天府新区地处平原，四季分明，气候适宜，拥有龙泉湖、三岔湖等生态资源；在人口上，天府新区规划到 2020 年区内将实现人口总数 350 万人，达到建设用地 400 平方千米；在经济上，到 2020 年，天府新区预计达到地区生产总值 3000 亿元以上，地区产值增速达到 2 位数以上；在交通运输上，天府新区拥有成都天府国际机场（在建）、成都双流机场，以及成熟的铁路、公路等运输系统。四川省发布的《四川省成都天府新区总体规划（2010—2030）》中指出，天府新区在发展的近期与中期，即在 2011～2020 年将大力发展高端制造业，到 2021 年后产业发展将逐渐从制造业过渡到技术研发与服务业发展建设之中，直到 2030 年将建成一个宜业、宜商、宜居的国际现代新城区。

从天府新区片区产业发展的现状进行分析：电子信息与汽车制造是推动其经济增长的两大支柱产业，近年来发展迅速，在区内已形成相应的产业基地。2017 年上半年汽车制造业实现生产总值 764 亿元，同比增长 11.4%，在汽车整车及零部件出口中不断实现新突破；电子信息产业的总产值为 244.9 亿元，相比上年增长 25.2%。此外，区内的轨道交通、高端装备制造等产业加快发展，生物医药、新能源、新材料等产业集群不断壮大，紫光 IC 国际城、天府国际生物城等的建设步伐加快。与多国领事馆及国外咨询机构建立了互动机制，且多次举办大型产业博览会，加强与国外相关片区和国家的经济合作往来。

综上所述，成都天府新区片区具有出色的经济优势、人口优势和交通（主要指航空）优势，将专注开发高端制造业（汽车制造）、高新技术（电子芯片）和高端服务业，以创建开放的金融市场和国际航空枢纽。

6.4.3.2 成都青白江铁路港片区的产业选择

青白江区成立于 1960 年，因境内的青白江而得名，是国家"一五"时期规划建设的西南第一个工业区。在地理位置上，青白江区地处成都市东北部，地形上呈现从西北平坝向东南丘陵山区行进的地形走势，拥有丰富的土地、矿场和森林资源。就人口而言，该地区总人口波动较大，2017 年常住人口为 40.7 万人。从经济发展的角度进行分析，2017 年该地生产总值

---

① 刘桢贵. 成都：城市建设四十年绘就新篇 [J]. 城乡建设, 2018 (10): 47-50.

达421.5亿元,较上年增长8.9%。其中,第二产业在其总产量中占比最大,第三产业次之。在交通运输上,铁路运输和公路运输十分发达,国内几条重要的铁路干线和公路均通达区内。

成都青白江铁路港片区的总规划面积为9.68平方千米,从其产业发展的现状进行分析:首先,金融改革是区内改革发展的重点,成都青白江铁路港片区依托中国工商银行等金融机构在"一带一路"沿线国家的布局及金融企业所具有的资金与结算优势,结合中欧班列(成都)所带来的交通优势,加强与海外机构之间的互动合作,在区内进行供应链特色金融创新,推动了区内综合性金融创新服务的发展,使区内企业在跨境结算、跨境项目推荐上获得便利化优势。其次,国际铁路港是区内发展的重要优势,依托国际铁路港,青白江铁路港片区在区内规划建设了贸易区、物流区和临港工业区三大功能区,使其不仅具有了物流、贸易承载能力,也具有了工业承载能力。最后,青白江铁路港片区不断探索发展道路,改革体制措施,以破解西部内陆物流发展的瓶颈,提升西部产业体系在国际贸易中的竞争力。譬如,以大宗商品中转和集装箱运输发展为基础,加快推动区内"国际铁路第一港"建设;借助本地特色优势产业如酒类、建材、家居等的专业市场,为外向型企业提供便利化服务;以"互联网+外贸"的贸易服务模式开展创新,构建跨境贸易产业链。青白江铁路港片区的交通运输体系发达,与国际及国内省外密切联系,有利于加速四川对外开放水平建设,进一步融入国际贸易市场。

综上所述,青白江铁路港片区具有较大的开发空间和便利的交通条件,区内在不断进行改革创新,金融业、物流业等发展迅速。根据其产业发展状况及所具交通优势,应着重发展口岸服务和现代服务产业,成为内陆开展对外贸易的重要支点。

6.4.3.3 川南临港片区的产业选择

川南临港片区位于泸州市龙马潭区境内,东至成自泸高速西侧,南至长江,西至医教园区,北至进港铁路[①];该地日照充足,雨量充沛,适宜农作物生长。就地理位置而言,川南临港片区在长江与沱江的交汇处,是四川东南出海出川及重庆西南出海东南亚的必经通道;在人口现状方面,川南临港片区2017年在籍人口509万人,其中农村人口多于城市人口,达300

---

① 资料来源:http://www.longmatan.gov.cn。

万人；在经济发展方面，2017 年泸州市的地区生产总值为 1596.2 亿元，相比上年增长 9.1%，其中第二产业占比最大，第一产业占比最小；在交通运输方面，川南临港片区具备水、公、铁、空四类运输方式，在泸州市的龙马潭区内初步形成了以长江航运、高速公路、铁路、航空、城市道路为基本骨架的立体交通网络。

川南临港片区的总规划面积为 19.99 平方千米，从其产业发展的现状进行分析：区内以制度创新为核心，实施"市区一体、三区合一"的运行管理体制，一手抓制度创新，一手抓经济发展，以吸引更多的高端产业项目在区内落户，推动泸州市经济的高质量发展。截至 2017 年底，区内新增注册企业达 3000 多户，达到原存量企业数的 4 倍以上，吸引智能终端、电子信息、金融服务等多类企业入驻，带动泸州市外贸进出口总额实现 139.3 亿元，增长了 5.76 倍，总量达全省第二，增速达全省第一。除此以外，川南临港片区所在龙马潭区内已初步形成以饮料食品、化工、机械、商贸、物流等为特色的产业形态，其中，制造业包括白酒制造业、化学原料及化学制品制造业、装备制造业等的专业化程度进一步提升，全要素生产率、劳动生产率及比较劳动生产率在全国均处于领先水平，企业的规模素质较高，特色产业技术较为先进。

综上所述，川南临港片区位处泸州，可以充分利用泸州市的区位、港口、航运优势，重点推进航运物流、港口贸易、教育医疗等现代服务业，以及装备制造、现代医药、食品饮料等先进制造和特色优势产业的发展，建成长江上游辐射川滇黔的航运物流中心，成为成渝城市群南向开放的重要门户。

6.4.4 四川自贸区基于四川优势产业的建设分析

6.4.4.1 发展优势产业的现实意义

优势产业是指相对于其他产业而言具有一定的优势资源且具有一定竞争力的产业，其生产的产品或者服务具有强大的市场需求、较高的收入弹性和巨大的增长潜力，引领着一个国家或地区的经济社会进步与发展，是促进经济水平提高的重要因素。发展优势产业对于促进四川省自贸区建设具有重要意义，具体表现如下：

首先，优势产业引领四川省产业发展。自 2008 年以来，四川省集中精力大力发展工业，使工业产业迅速崛起，在四川经济建设中占据重要地位。

同时，工业产业的发展带动了四川经济社会发展的步伐，为其他产业的发展及新时代背景下产业的转型升级和四川自贸区发展提供了建设基础。在四川工业建设中，最具代表性的产业为电子信息、装备制造、能源化工等。在现代社会发展中，高科技产品的市场需求进一步扩展，四川省正好可以借此机会进一步发展高新技术产业，以期在未来需求市场中占据重要的地位。除此之外，四川省在矿产资源上也具有存量优势，自20世纪90年代以来，全国资源过剩的情况正在逐渐转变，四川地质构造复杂，成矿条件有利，矿产种类齐全，全省矿产资源供应能力较强，是西部乃至全国的矿业大省。截至2018年，四川省具有查明资源储量的矿种92种，有33种矿产排位进入全国同类矿产查明资源储量的前三位，天然气、钒、钛、二氧化碳气、锂矿等共14种矿产在全国查明资源储量中排第一位，铁矿、铂族金属、稀土矿等10种矿产在全国查明资源储量中排第二位。四川省可充分结合优势产业发展，利用自身具有的地理及自然资源优势，将资源开发与市场开发结合起来。

其次，增强四川省产业的竞争能力，融入世界市场。培育优势产业，扩大优势产业的产能、市场容量，可以进一步提高优势产业的知名度，推动四川省优势产业走向世界，加深与国际相关产业的合作紧密度，积极参与国际分工合作，深度融入全球的价值链、产业链、供应链，增强国际竞争力，展示四川省开发合作优势，吸引更多的国际项目入驻四川省，促进四川省产业的进一步发展，加快四川省产业的国际化进程。

6.4.4.2 四川的优势产业

优势产业的建立要立足于区域，结合地区资源，利用自身优势，在市场竞争中创造出稳定的发展优势。四川省面积广阔，各地区资源存在差异，省内各区域优势产业不尽相同。基于各地区资源要素差异，结合当前相关战略安排，四川省已在三产中形成了一些优势产业。

（1）工业领域的优势产业。

2018年11月，四川省委、省政府发布《关于加快构建"5+1"现代产业体系推动工业高质量发展的意见》，提出要构建"5+1"现代产业体系，即重点培育电子信息、装备制造、食品饮料、先进材料、能源化工等万亿级支柱产业，大力发展数字经济。结合四川省工业产业发展实际情况和"5+1"现代产业体系情况，四川省在工业领域的主要优势产业包括：

电子信息产业。电子信息产业在四川省支柱型产业中居于首位，其规模在我国中西部地区居于第一位，行业竞争力在我国居于前列。目前，四川省电子信息产业的重点是包括紫光集团、中电子、中电科、华为、格罗方德、英特尔等企业在内的集成电路和包括长虹、京东方、惠科等企业在内的新型显示器。随着对其产业布局的不断优化调整，发展速度明显加快，截至 2018 年底，四川省电子信息产业主营业务收入已达到 9258 亿元，同比增长 14.1%。

装备制造产业。四川省的装备制造业发达，其装备制造基地在全国占有重要位置，并且也是全国三大动力设备制造基地之一。以成都天府新区片区所在地及成都青白江铁路港片区所在的成都市为例，近年来从航空装备、汽车、轨道交通、智能制造、能源环保等重点领域发展装备制造业，进行相关功能区建设，构建装备制造业产业生态圈，2017 年，其主营业务收入高达 2600 亿元，年均增长率为 14%，实现 690 亿元的工业增加值，年均增长率为 15%。

先进材料产业。先进材料产业是四川省多年形成的优势产业，2018 年的主营业务收入为 5780.2 亿元，实现同比增长 16.3%。其中，成都青白江铁路港片区所在的青白江区积极打造成都市先进材料产业园，聚焦先进材料产业的发展，更加深入地挖掘先进材料产业发展潜力。

食品饮料产业。近年来，四川省相继对食品饮料产业推出众多支持政策，食品饮料产业快速发展，2018 年营业收入为 8217 亿元。五粮液、泸州老窖、剑南春、郎酒、沱牌曲酒（舍得酒业）、全兴大曲（水井坊）等川酒"六朵金花"在 2018 年的主营业务收入近 1285 亿元，利润超过 284 亿元。白酒产地主要集中在宜宾和泸州两市，其中泸州是四川省自贸区中的川南临港片区所在地，宜宾也是四川省的协同改革先行区；四川还拥有怡宝、华润、百果园等众多知名食品饮料企业，同时，也在积极打造郫都中国川菜产业园。

能源化工产业。四川省具有丰富的能源资源，据中石油的资源评价结果显示，四川盆地天然气总资源量达到 38 万亿立方米，约合 300 亿吨石油当量。其中，可采天然气资源量达到 26 万亿立方米，约合 200 亿吨石油当量，位居全国第一；四川省水电装机和发电量均居全国第一，2018 年水电装机容量达 7674 万千瓦，建成全国最大清洁能源基地；拥有四川大学、电子科技大学等高校及中物院化工研究所等科研机构，具有发展能源化工产业的资源优势、科研优势；有四川泸天化、四川美丰、云图控股等优秀化工企业，2018 年四川省能源化工产业的主营业务收入达到 6868 亿元。

数字经济。近年来，四川省积极抢抓数字经济发展机遇，成效明显。2017年召开的成都新经济发展大会提出，成都将重点发展数字经济、智能经济、绿色经济、创意经济、流量经济、共享经济"六大新经济形态"，构建具有成都特色的新经济产业体系。同时，构建"七大应用场景"，通过提升服务实体经济能力，推进智慧城市建设、科技创新创业、人力资本协同、消费提档升级、绿色低碳发展、现代供应链创新应用，着力培育新经济发展的市场沃土。到2022年，基本形成具有全球影响力和区域带动力的新经济产业体系，成为新经济的话语引领者、场景培育地、要素集聚地和生态创新区，建成最适宜新经济发育成长的新型城市。新经济产值达5000亿元以上，新经济总量指数排名进入全国第一方阵。2019年，在第六届世界互联网大会（乌镇峰会）上，四川省与河北省（雄安新区）、浙江省、福建省、广东省、重庆市六地接受授牌，入选国家数字经济创新发展试验区。

（2）服务业领域优势产业。

近年来，四川省服务业快速发展，基于四川省服务业发展实际及服务业产业布局，四川省主要存在以下优势产业：

商业贸易。四川省人口众多，拥有广阔的潜在消费市场，随着供给侧结构性改革的推进，商品质量提升、结构升级、规模扩容、商业贸易快速发展，2018年四川省社会消费品零售总额1825.45万亿元，增长率为11.1%，规模以上企业社会消费品零售额达到7127.6亿元，增长率为10.9%，规模以下企业达到11126.9亿元，增长率为11.2%；货物贸易进出口总值为899.4亿美元，增长32.1%，其中，出口总额为504亿美元，增长34.2%；进口总额为395.4亿美元，增长29.4%。

现代物流。四川省在西部地区竞争能力强，经济发展趋势良好，辐射范围广，是中国向西、向南开放的重要枢纽，具有广阔的物流市场空间。在四川省自贸区的规划当中，也把现代物流作为三个片区的重要发展产业。目前，成都市已构建了以现代物流发展为核心，依托航空、铁路、公路及水运建设的全面开放体系；建成了七个重要的物流园区，比如在双流建设的双流航空港、龙泉驿建设的龙泉驿公路港及在新都建设的新都公路港等。此外，四川省布局了攀枝花、自贡—泸州—宜宾、达州、绵阳—广元、南充—广安、遂宁—内江、乐山、雅安八大次区域物流中心。2018年，四川省物流业实现增加值2680.5亿元，同比增长8.6%。物流业增加值占四川省GDP的比重为6.6%，占四川省服务业增加值的比重为12.8%。

金融服务。四川省推进众多金融服务业政策的实施，推动金融服务业发展水平快速提高,2018 年,四川金融业的增加值已经达到了 3371 亿元,截至 2019 年 6 月,四川省金融总资产大约为 10.5 万亿元,全省拥有超过 2000 家金融机构,并且其增加值、总资产及机构数在中西部地区都是第一名。截至 2019 年 6 月,四川省拥有 1.68 万亿元的全口径小微贷款余额,增长率为 8.18%,并且其单户授信 1000 万元以下普惠口径小微贷款利率 6.64%,全省金融服务发展能力进一步提升。

文体旅游。四川省历史文化悠久,旅游资源丰富,拥有都江堰、青城山、乐山大佛、峨眉山、九寨沟、三星堆等众多全国性知名景点。2018 年,四川省接待国内旅游人数 7.02 亿人次,旅游总收入 10112.75 亿元,这是四川省旅游产业首次突破"万亿大关"。同年,成都市荣获"中国首选旅游目的地"称号,上榜年度新文化旅游传播城市。

医疗健康。四川省的医药产业体系机构相对比较完善,包括化学药品的研究制造、生物制药、中成制药、医药商业、医药、医药科研和药材种植,不仅拥有华西医院等全国性知名医院,而且 5 家全国医药百强企业、12 家世界 500 强医药企业落户,建成成都医学城等 22 个医药特色产业园区,以成都为核心,形成"一核两带"制药业的发展模式。2018 年,四川省医药工业增加值同比增长 13%,主营业务收入 1349 亿元,同比增长 20%,稳居中西部第一、全国第五位。

(3)农业领域优势产业。

2017 年 3 月 8 日,习近平总书记在参加十二届全国人大五次会议四川代表团审议时,提出了明确要求,"四川农业大省这块金字招牌不能丢,要带头做好农业供给侧结构性改革这篇大文章,推进由农业大省向农业强省跨越"。四川省幅员辽阔,具有多种多样的自然环境与生态类型,有利于特色优势农业的发展。2018 年 8 月,在省委十一届三次全会精神"构建具有四川特色优势的现代产业体系"新闻发布会上,首次提出农业"10+3"产业体系的发展思路,重点培育川粮(油)、川猪、川茶、川薯、川药、川桑、川菜、川果、川鱼、川竹十大特色产业,做强现代种业、智能农机装备制造、烘干冷链物流三大先导性支撑产业。

四川省的农业在全国有着举足轻重的作用,2017 年,油菜籽产量为全国第一,不仅如此,中药材蕴藏量、生猪存出栏量、猪肉产量、竹林面积及桑果业也是全国第一,茶叶种植面积和产量方面位于全国第四,还是全国最大的冬春喜凉蔬菜生产基地和泡菜加工基地。2018 年,四川省粮食产量 3493.7 万吨、油料产量 362 万吨、生猪出栏 6638.3 万头、牛出栏 276.2

万头、羊出栏 1740.9 万只、家禽出栏 66071 万只,农产品出口总额约 56 亿元。

6.4.4.3 四川自贸区与四川产业关系结构分析

通过对四川自贸区和四川优势产业发展的剖析及对四川自贸区三大片区产业选择的状况进行具体分析,可以发现四川自贸区建设与四川产业发展之间存在着紧密的联系。

首先,四川省的产业结构是自贸区建设和发展的依托。四川自贸区的建设和战略布局与四川省产业发展密切相关,四川省根据本省实际情况及国家产业布局导向,对工业提出"5+1"产业布局,农业提出"10+3"产业布局,服务业提出发展重点领域,指明四川省优势产业和在未来的发展过程中将要重点培育的产业,使四川自贸区的建设有了立足之基。

其次,自贸区建设是四川省优势产业发展的现实手段与路径。四川省要想保持经济发展在西部地区的领先地位,必须大力发展优势产业集群,优化产业结构。其中,三大自贸区片区发挥重要作用。可以结合四川省产业布局,站在区域产业发展的高度,积极拓展国内外市场,重点发展优势产业,降低各地区盲目发展导致四川省产业结构不合理的可能性,更好地推动四川省产业发展,带动产业结构的合理化。同时,结合四川自贸区成都天府新区片区、成都青白江铁路港片区、川南临港片区三个片区的实际,规划好各自主要发展产业,能更好地推动四川省经济协调、稳健发展。

综上所述,四川自贸区建设与四川优势产业发展具有互相依存的关系,四川自贸区的建设发展是以四川省现有产业布局为前提,并根据四川省产业结构开展相关服务,积极促进区域产业结构的合理化和高度化,推进所在区域和四川省的经济社会高质量发展。

6.5 四川自由贸易试验区协同改革先行区

2017 年 11 月,四川自贸区领导小组第二次全体会议审议通过《宜宾临港经济技术开发区参与川南临港片区协同改革工作计划》,宜宾参与四川自贸区协同改革工作;2018 年 7 月,通过《中国(四川)自由贸易试验区协同改革先行区建设方案》,宜宾临港经济技术开发区成为四川省首个协同改革先行区；2019 年 7 月，四川省政府召开会议通过《中国（四川）自由贸易试验区协同改革先行区"6+1"总体方案》，确定德阳、资阳、眉山、南充、自贡、内江六个城市及成都市温江区为协同改革先行区，注重投资、贸易、金融、创新创业等多方面以扩张四川自由贸易区辐射面及功能定位。建设中国（四川）自由贸易试验区协同改革先行区，有利于持续深化探索四川自贸区发展，加快建设成为新时代改革开放新高地。

6.5.1 宜宾临港经济技术开发区

宜宾市是长江第一城，是长江经济带沿边开放、沿江开放的节点，叠加了长江经济带、"一带一路"倡议在内的多项国家战略。四川宜宾临港经济开发区成立于 2009 年，于 2013 年由国务院批复由四川宜宾临港经济开发区升级为国家级经济技术开发区，其虽然不属于四川自贸区，但是在四川省内享受自贸区各项政策待遇，同时实行现行国家级经济技术开发区的政策。宜宾临港经济技术开发区的经验为其他四川自贸区协同改革先行区做了很好的示范作用。

宜宾临港经济技术开发区是中西部地区唯一以"临港"命名的国家级经开区，位于四川省沿江发展的重点位置，也处于宜宾市中心城区核心区域，规划总面积 213 平方千米，2016 年 6 月被国家发改委列为长江经济带转型升级示范开发区。宜宾作为长江经济带上游城市，是新兴的创新之城，也是长江上游一个新的创新增长极。近年来，宜宾市委市政府充分运用宜宾地处长江经济带和"一带一路"交会处的独特地理区位优势，以新发展理念为指引，以创新驱动为引擎，积极实施产业发展"双轮驱动"战略，大力推进"双城"（大学城和科创城）建设，积极实施产业发展"双轮驱动"战略，着力打造临港新区，引进创新和智力资源优势，决定了宜宾未来在长江经济带上游起着辐射带头效应。

6.5.1.1 "双城"建设加快创新崛起

"双城"即大学城和科技创新城的简称，源自于 2016 年 10 月中国共产党宜宾市第五次代表大会上所提出的"打造科教强市，建设宜宾大学城和科技创新城"这一重要部署。这也是宜宾市委市政府立足市情，站在历史的起点，以世界的眼光、战略的高度和战术的深度做出的重大战略安排。

宜宾市经济发展水平长期位居川南城市第一，但在过去曾长期面临着人才资源相对匮乏的问题，在 2016 年前市内仅有 1 所宜宾学院和 1 所宜宾职业技术学院，知识储备不足，科技支撑不够，人才队伍总量偏少，素质不高，特别是高层次人才、创新型人才匮乏，成为宜宾经济转型发展的严重阻碍。

"双城"建设以"城市围绕大学建、产业依托教育兴"的理念，系统谋划"双城"空间、基础、功能等规划布局，充分运用宜宾作为长江经济带的起点、"一带一路"的交点及"一干多支"的高点等突出地理区位优势，以新发展理念为指引，以创新驱动为引擎，大力推进"双城"建设，着力打造临港新区，引进创新和智力资源优势，形成系统的创新发展体系。"双城"建设使宜宾在很短时间内，从科教资源的洼地一跃成为川内乃至全国的创新高地，到2019年已与中国人民大学、同济大学、哈尔滨工业大学、四川大学等18所高校签署了战略合作协议，与其中15所高校签署落地协议，8个产研院正式挂牌。以宜宾所具有的区位优势、资源优势及产业优势为依托，本地化培育了宜宾经济发展中急需的应用型人才和高端人才，为内陆城市产业发展转型提供了借鉴样本。

"双城"建设并非单纯用以教育引进，也并非单纯用以城市建设，而是统筹考虑"山、水、城、校"综合打造。宜宾"双城"建设的独特之处就在于创新实施"三个一"建设模式，即"双城"36平方千米土地中，1/3用于大学教学科研，1/3用于公共基础设施配套，1/3用于区域商业配套及商住开发。宜宾"双城"建设要以"一盘棋"的整体思维抓好"双城"范围、"双城"与宜宾中心城区及其他区域的规划协调，推动"产学研港城"一体化发展，构建"城市围绕大学建、产业依托教育兴"的发展新格局。大学城建设主要结合当地经济社会发展，着眼于培养当地急需紧缺的应用型人才，而科技创新城立足战略性新兴产业发展，侧重于高端人才引进，以及科技成果引进、消化和吸收。前者可以为后者提供优秀人才，后者为前者提供优质岗位，就地消化解决了人才问题。

在经济新常态下，我国发展环境和条件发生了深刻转变，地方经济面临着产业调整和转型发展压力。"双城"建设以新发展理念为指引，以创新驱动为引擎，积极实施产业发展"双轮驱动"战略，着力打造临港新区，引进创新和智力资源优势。从产业转型、政策扶持、要素保障及平台建设四个方面着手革新宜宾发展，成功地将创新驱动发展战略的内涵特征与城市经济运行特点相结合。宜宾的"双城"建设为"如何通过增强创新驱动发展新动力以更好地服务经济顺利转型和健康发展"这类区域经济问题提供了很好的经验借鉴，也为宜宾的发展迎来了关键性的转折。

"双城"建设以宜宾市当前经济发展所面临的主要矛盾为抓手,从战略的高度对宜宾市的产业发展进行了布局,以产业建设为中心,推进产学研更深层次的融合与发展,以全面提升宜宾市高等教育水平,壮大宜宾高素质人才队伍,完善宜宾新经济创新体系建设,提升宜宾科技成果转化率,推动科技与经济深度融合。此举充分体现了宜宾市委市政府大力实施"双轮"驱动、科教兴市的决心,旨在为宜宾市的产业转型、创新发展提供坚实有力的智力保障和科技支撑;作为促进教育、科技和经济相结合的有效载体,从根本上解决宜宾人才与经济脱离、科技与经济脱离的历史难题。

6.5.1.2 "双轮"驱动推进产业升级

为贯彻落实党的十九大精神,抓住国家战略实施的发展机遇,宜宾市依据自身区位、资源、产业优势制定了"双轮"驱动发展战略,一方面巩固提升市内传统优势产业,如白酒、建材及能源产业等;另一方面,在巩固提升传统产业的基础上,加快新兴产业如轨道交通、新能源汽车、智能制造、通用航空、新材料、页岩气等的布局与发展,全面推进宜宾市产业发展转型升级的进程。首先,在改造提升传统支柱产业的进程中,为支持促进特色优势产业的转型升级和传统产业的持续做大做强,宜宾市制订了《宜宾市传统产业改造提升实施方案》,其以提升产业发展的效率为落脚点,从产业的局部调整与整体布局两个角度出发,提出宜宾传统产业的发展要坚持创新、效益、集约、生态发展之路。其次,在新兴产业的建设与发展过程中,宜宾市从产业发展的顶层设计出发,针对不同类型产业,建立配套的领导团体,坚持解放思想、对外开放的理念进行引领发展,大力培育壮大以新材料、轨道交通、智能制造、新能源汽车产业等为代表的八大高端成长型产业。

在创新思维引导下,宜宾市新兴产业迈上了崭新的台阶。2017 年,宜宾市将智能终端产业领域的注资金额提高了 37.3 倍,累计投资金额高达 58.12 亿元,最终使涵盖电子通信、计算机、电子设备的智能终端产业产值突破 100 亿元。按照如此猛进发展的趋势,2019 年已有中兴、朵唯、苏格、领歌、酷比、邦华、康佳等品牌手机及裕同科技、上海易景科技、极米科技、得润电子和中星技术等品牌企业在内的 128 家智能终端制造项目签约入驻,总投资达 350 亿元,达产后预计总产值超 1500 亿元,创造就业岗位 5 万个以上,目前已投产 96 个。

宜宾市预期引进高端大型智能终端企业 300 余户,产出智能产品 2 亿余台，建成产值超过 1500 亿元的千亿级智能产业集群势在必行。与此同时，宜宾市更应做好基础设施的搭建、联通与高效利用，充分发挥轨道交通、铁路运输、水路运输等运输方式的载体优势，未来的宜宾市将以智能终端产业为特色带领传统制造业的转型与智能产业的兴起，打造为集研发、制造、生产、经销为一体的国家智能终端产业示范性基地，达成年产值 300 亿元的突破。

在传统制造业、服务业方面，宜宾市也在积极进行转型升级，例如总投资高达 37 亿元的凯翼汽车项目、丝丽雅集团、天原集团、五粮液集团等多家传统产业极力推进产业转型，实现了宜宾市工业总产值的大幅度增长。凯翼汽车项目扩大规划面积，突破在新能源汽车研发制造方面的发展，全年总生产 15 万辆汽车；丝丽雅集团积极研发生物科技，将传统纺织技术进行革新并向双极模式进行转型，从而实现工业总产值 9% 的增长。另外，五粮液集团工业总产值增长 10.5%，宜宾纸业工业总产值增长 37.2%，天原集团工业总产值增长 21.2%。

6.5.2 宜宾临港经济技术开发区建设路径

（1）建设科教之城。宜宾市重视教育，在教育方面加大投入和发展力度以促使宜宾市更具竞争力。无论基础教育、高等教育，宜宾市实行"科教兴市"战略，以规划面积 36 平方千米的大学城和科创城为载体，与电子科技大学、四川轻化工大学、西华大学、成都理工大学等高校建立战略合作关系。

（2）建设创新之城。推进体制机制改革创新，力争 2020 年成为川南知名的改革名区、人才高地。

（3）建设产业之城。智能终端产业园规划面积 8800 亩，已引进智能终端项目 105 个，总投资 311.6 亿元，预计到 2021 年年产值达 1000 亿元。新能源汽车产业园规划面积 10000 亩，已引进奇瑞、凯翼汽车入驻，2018 年底首台车总装下线，预计到 2021 年年产值达 300 亿元。轨道交通产业园规划面积 1500 亩，已引进中车集团入驻，2018 年底实现首台车总装下线，预计到 2021 年年产值达 100 亿元。新材料产业园规划面积 2000 亩，已入驻天原集团、国光电器等企业，预计到 2021 年年产值达 100 亿元。

（4）建设开放之城。依托宜宾港核心战略资源，发挥保税物流中心（B型）、国家临时开放口岸、进境粮食口岸功能，融入四川自贸区协同改革，加快建设综合保税区、进港铁路，融入沿江沿海区域协同开放大局。

（5）建设宜居之城。加快中央商务、总部经济、会议会展等高端服务功能和教育医疗等公共服务功能建设培育，建成商业面积达 150 万平方米的专业市场、商业综合体、产业总部基地集群。

6.5.3 四川自贸区协同改革先行区"6+1"发展路径

2019 年 7 月，四川省通过了《中国（四川）自由贸易试验区协同改革先行区"6+1"总体方案》，确定德阳、资阳、眉山、南充、自贡、内江六个城市及温江区作为协同改革先行区，通过多点协同改革，从不同的区域和不同的功能定位放大四川自贸区优势，实现区域协调联动和互补错位发展①。

6.5.3.1 德阳市

德阳协同改革先行区的实施面积为 98.2 平方千米，涵盖三个区域，并分别按功能进行特色发展，分别是德阳经济技术开发区片区、德阳高新技术产业开发区片区、德阳国际铁路物流港片区。

按照《中国（四川）自由贸易试验区德阳协同改革先行区建设总体方案》，德阳协同改革先行区加快推进德阳与沿海沿边沿江城市及口岸协同开发开放，以制度对接、平台融通、产业互动为重点，以率先复制、协同创新、自主改革为基本要求，围绕省委支持成德同城化率先突破，支持成都、德阳共建国际铁路物流港并创建国家开放口岸，支持德阳打造世界级重大装备制造基地，努力将协同改革先行区建设成为区域协同发展示范区、国际开放通道枢纽重要功能区、高端装备智能制造创新引领区，为全省全国提供自贸试验区协同改革德阳经验。

按区域布局划分，德阳经济技术开发区片区以高质量发展为抓手，重点发展高端装备、新材料、数字经济等产业，以千亿产业、科技新城、绿色园区为目标，努力建成航空模锻件制造基地、高端装备智造创新引领区和国家产城融合示范区。德阳高新技术产业开发区片区以创新创造为抓手，重点发展通用航空、智能制造、教育金融、保税检测维修、口岸配套服务等产业，以建设最高品质城市、入驻最高科技企业为目标，努力建设区域

---

① 本小节内容主要参考：四川省商务厅.《中国（四川）自由贸易试验区德阳协同改革先行区〈总体方案〉（征求意见稿）》等七个《总体方案（征求意见稿）》公开征求意见 [EB/OL]. 四川省人民政府网站，2019-03-08，http：//www.sc.gov.cn/10462/10771/10795/12400/2019/3/8/c8e8054c32dd46fbbcdb05ce12ec10c1.shtml.

协同发展示范区、创新创业引领区、科技产业新城。德阳国际铁路物流港片区以开放通道建设为抓手，重点发展保税仓储、多式联运、大宗物资交易集散、农产品冷链、商贸服务等现代物流产业。以"成德协作、两港共建"为目标，努力建设国际开放通道枢纽重要功能区、内陆开放型经济新高地。

德阳协同改革先行区在发展中有以下几大任务：一是创新推进重装基地转型升级。构建"5+5+1"现代产业新体系，加快培育经济发展新动能，加快构建人才培育新体系。二是协同建设对外开放新平台。探索跨区域共创国家开放口岸，打造海关特殊监管区区间流转作业示范，全面提升外经贸综合服务能力。三是创新协同开放开发新模式。协同探索飞地经济集群注册新路径，协同推进土地节约集约利用新模式，协同发展现代服务业新业态。四是加快构建立体开放新格局。加快拓展开放空间，加快拓展开放通道，加快拓展开放动能。五是提升投资贸易便利化水平。放宽外商投资市场准入，推行投资项目审批承诺，促进国际贸易便捷高效。六是深入推进政府职能转变。率先复制推广改革经验，全面提升政府治理能力，协同推进核心制度创新。

6.5.3.2 资阳市

资阳协同改革先行区实施面积为137.3平方千米，包含资阳高新区、资阳临空经济区两个片区。

按照《中国（四川）自由贸易试验区资阳协同改革先行区建设总体方案》，资阳协同改革先行区联动打造以临空经济为特色的现代开放产业体系，推动资阳在成资同城化中率先突破，为把资阳建设成为成渝门户枢纽、临空新兴城市提供动力支撑。按照"成渝门户枢纽、临空新兴城市"战略部署，充分发挥改革先行先试优势，全力建设体现临空开放型经济新体制的创新发展先行区；充分发挥"成都区位、资阳成本"优势，统筹产业、开放和服务功能布局，推动资阳成为环成都经济圈同城发展的率先突破试验区；充分发挥门户枢纽优势，积极融入"一带一路"和长江经济带建设，全力建设对接成渝面向国际的区域合作引领区；充分发挥临空产业生态链优势，广泛集聚资源要素，全力建设体现新发展理念和高质量发展要求的产城融合示范区。

按区域布局划分，资阳高新技术开发区片区划分为四个功能板块："中国牙谷"——以医疗装备及材料制造为核心，以华西口腔健康职业教育及医疗检验检测为支撑,以医、美、康、养等"口腔+"产业为外延,培育口腔健康产业生态,建成国内最具影响力的全产业链口腔健康产业基地;机车产业园——建设具备广泛影响力的机车制造产业体系;汽车产业园——形成具有自主创新能力的产业集聚区;电子信息配套产业园——突破发展电连接器、消费电子,延伸发展云计算、3D打印、物联网,打造区域性产业增长极、产业转入地。

资阳临空经济区片区划分为三个功能板块:临空高端制造组团——重点发展高端制造、电子信息等临空制造业及临空仓储物流,建设成为配套成渝、辐射周边的先进制造业集聚区、优势产业集合地和临空综合物流集群;临空综合服务组团——重点培育壮大临空商务服务、都市消费、康养医疗、国际教育等现代服务业,建设成为服务功能齐全、服务层次多样、服务内容丰富的临空综合服务承载区;文旅休闲及都市农业组团——重点发展休闲旅游、文化创意、都市农业等产业,建设成为产业融合互动、特色小镇优势发展的成渝都市观光休闲集聚地。

为此,四川自贸区资阳协同改革先行区的主要任务包括协同打造具有国际竞争力的现代临空产业生态圈,建设以航空枢纽为支撑的现代开放通道体系,构建融入成渝、面向全球的全域开放合作新格局,推动投资贸易管理体制创新,打造西部重要的创新创业基地,构建现代政府治理体系。

6.5.3.3 眉山市

眉山协同改革先行区实施范围为122.8平方千米,包含三个片区:天府新区视高片区、天府新区青龙片区和眉山空港经济区。

按照《中国(四川)自由贸易试验区眉山协同改革先行区建设总体方案》,眉山协同改革先行区以制度创新为核心、以开放促发展为目标、以复制推广为基本要求,重点在创新赋能、开放带动、同城化等方面深度探索,推进传统型制造向研发型制造转型,打造区域协调发展新引擎,助力眉山建设环成都经济圈开放发展示范市,为四川省全面深化改革和扩大开放探索新路径、积累新经验。围绕省委支持眉山建设环成都经济圈开放发展示范市、支持成眉同城化率先突破、支持天府新区眉山片区加快建设的要求,努力将协同改革先行区建设成为发挥"成都优势",承接自贸试验区辐射、溢出和带动效应的环成都经济圈开放发展引领区;建设产业高端前沿、平台多层立体、开放动能强劲、营商环境一流的全省外向型经济示范区;建设空间布局协同规划、基础设施协同共建、产业发展协同互补、公共服务协同共享的成眉同城化发展突破区。

按区域布局划分，天府新区视高片区对接成眉协同发展轴，联动天府科学城和天府新区南部旅游文创片区，拓展创新创造、现代服务和文化创意等产业功能，依托川港合作示范园、眉山加州智慧城等加速构建"政产学研用"深度融合体系，重点发展电子信息、数字经济、高端服务业。天府新区青龙片区立足成德绵眉乐发展轴，促进职能同构、产业同创、产城共建，推动智能化创新型园区建设，重点发展装备制造、先进材料、高端服务等产业。眉山空港经济区依托天府国际机场，融入天府国际空港新城，共同打造内陆开放新高地，拓展临空制造和商贸物流产业功能，重点发展装备制造、电子信息、空港物流等产业。

为此，四川自贸区眉山协同改革先行区建设的主要任务包括建设源头创新区域中心、推动产业向高端智能转型升级、推动成眉同城实现更大突破、着力构建开放发展新格局、提升投资贸易便利化、提高政府治理能力。

6.5.3.4 南充市

南充协同改革先行区实施范围为 119.86 平方千米，包含南充江东片区、南充经济技术开发区片区、南充北部新城片区、南充嘉陵工业集中区片区。

按照《中国（四川）自由贸易试验区南充协同改革先行区建设总体方案》，南充协同改革先行区充分发挥成渝城市群北部中心城市、川东北区域中心城市优势，以促进与四川自贸试验区协同改革发展为主攻方向，建立健全协同改革先行区跨区域协同推进机制和保障体系，率先复制推广自贸试验区改革经验，深化政府职能转变和"放管服"改革，大力发展更高层次开放型经济，培育川东北地区参与国际经济合作竞争新优势，打造区域协调发展新引擎，为全面深化改革和扩大开放探索新途径、积累新经验，为促进川东北区域振兴发展发挥引领示范带动作用。以协同创新、扩大开放为基本要求，探索南融（渝）北上（甘陕）西联（成都）东进（长江经济带）互联互通，致力产业转型、制度创新，创建国家开放口岸，建设中国西部油气化工、汽车汽配、丝纺服装、电子信息、现代物流等产业高地，打造成渝西"金三角"腹心开放型经济增长极，构建现代服务业创新体系，示范带动川东北共享改革红利，打造南充经验样本，将协同改革先行区建设成为成渝经济区北部中心国际物流枢纽区、外向型经济示范区、川陕革命老区振兴开放发展突破区引领区。

按区域布局划分，南充江东片区充分利用高坪机场临空、嘉陵江航道临港及兰渝铁路国际大通道、南充现代物流园国家示范园区、南充丝纺服装出口示范基地等优势，重点发展现代物流、保税仓储、多式联运、跨境电子商务及金融、文化、医疗、育幼养老等服务业，建设川东北保税物流仓储集聚区、大宗物资交易集散区，致力打造内陆电子信息产业高地和丝纺服装千亿产业集群。南充经济技术开发区片区发挥园区铁路及水运通道优势，重点发展石化、新能源、新材料等先进制造和特色优势产业，建设加工贸易产业园区、国别产业园区，打造川东北区域加工制造中心。南充北部新城片区充分发挥主城区科教文卫、商贸重镇、人口集聚、生态嘉陵江基础优势，构建川东北国际教育、文化交流、卫生康养、国际商贸、创新创业发展集聚区。南充嘉陵工业集中区片区充分利用嘉陵工业集中区产业发展、科技研发优势，重点发展新能源汽车、汽配、丝纺服装产业，打造"产学研用"一体化制造基地。

为此，四川自贸区南充协同改革先行区的主要任务包括：转变政府职能、构建川东北开放高地、高质量推进产业园区建设、推动投资贸易创新发展、创新区域协同发展和构建区域发展人才高地。

6.5.3.5　自贡市

自贡协同改革先行区的实施范围为101.18平方千米，其中包括两个片区，即自贡高新技术产业开发区片区和西南（自贡）无水港片区。

按照《中国（四川）自由贸易试验区自贡协同改革先行区建设总体方案》，自贡协同改革先行区充分发挥成渝发展轴心地带和南向开放重要节点作用，进一步解放思想、先行先试，加快建设国家文化出口基地，加快建设全国老工业城市转型升级示范区，加快融入国际陆海贸易新通道，为全面深化改革和扩大开放探索新经验、提供新路径。以制度创新为核心，以可复制可推广为基本要求，立足川南、服务四川、面向世界，将协同改革先行区建设成为对外文化贸易先导区、老工业基地创新发展引领区、西南开放通道枢纽区、内陆与沿海沿边沿江协同开放示范区，在区域协同改革、协同开放、协同发展中发挥重要引擎作用。

按区域布局划分，自贡高新技术产业开发区片区发展以文化产业、节能环保装备、新材料、电子信息产业为主导，生物医药产业、现代服务业为支撑的产业体系，着力建设国家文化出口基地、国家新材料高新技术产业基地、国家节能环保装备制造示范基地。西南（自贡）无水港片区重点打造国际物流体系，构建国际贸易网络，推动国际产能合作，推进国际文化交流，积极发展临港贸易、临港加工，建设对接北部湾、通达太平洋的川货出川及大宗商品贸易开放口岸。

为此，四川自贸区自贡协同改革先行区的主要任务包括：加快建设国家文化出口基地、探索全国老工业城市转型升级示范区建设经验、建设四川南向开放重要门户、促进贸易投资便利化和深入推进政府职能转变。

6.5.3.6 内江市

内江协同改革先行区的实施范围为 132.33 平方千米，涵盖三个片区：内江经济技术开发区、内江市市中区城南新区、内江高新技术产业园区。

按照《中国（四川）自由贸易试验区内江协同改革先行区建设总体方案》，内江协同改革先行区以制度创新为核心、以开放促发展为目标、以复制推广为基本要求，重点在创新赋能、开放带动，提升成渝特大城市功能配套服务中心功能等方面深度探索，充分发挥内江川南门户的区位优势和要素优势，以及产业链、供应链特色，建立与四川自贸区协同开放新机制，深度对接"一带一路"倡议，不断优化营商环境，为我省全面深化改革、扩大开放、实现高质量发展、探索新路径、积累新经验发挥积极作用。围绕省委支持内江建设成渝发展主轴重要节点城市和成渝特大城市功能配套服务中心的要求，努力将协同改革先行区建设成为成渝协同发展、产业配套互补共赢、交通设施互联互通、公共服务便捷共享、创新改革开放协同联动、生态环境联防联治、协作机制高效顺畅的区域经济中心和高质量发展先行区。

2017 年，国家发展改革委办公厅印发《关于开展第一批流域水环境综合治理与可持续发展试点工作的通知》，正式批复同意沱江流域（内江段）作为首批流域水环境综合治理与可持续发展试点。要求试点流域要结合流域特点，统筹谋划产、城、人、水等重大经济社会活动，探索流域治理与发展模式，形成节约资源和保护环境的空间格局、产业结构、生产方式、生活方式，使试点流域水环境质量得到显著改善、绿色发展初见成效、发展协调性明显增强，努力探索出一批可复制、可推广的流域治理与发展模式。沱江是长江的一级支流，流域人口和经济总量均占四川省的 1/5 左右，是省内社会经济较发达地区之一。同时，沱江也是四川省污染最严重的一条河流，内江市更是沱江流域范围内唯一严重依赖沱江供水的城市。内江市委、市政府高度重视沱江流域治理，市委七届二次全会出台《关于内江沱江流域综合治理和绿色生态系统建设与保护若干重大问题的决定》，把沱江流域（内江段）综合治理和绿色生态系统建设与保护作为一项战略工程、民生工程、世代工程，全面启动沱江流域（内江段）综合治理工作，成立了由市委书记、市长为组长的工作推进领导小组，举全市之力全面打响沱江流域（内江段）综合治理保卫战。[①] 近年对沱江流域（内江段）的积极治理取得了明显成效，也为四川自贸区内江协同改革先行区的建设打下了坚实基础。

按区域布局划分，内江经济技术开发区聚力发展新材料、新装备、新医药、新能源和大数据产业，致力打造培育壮大"四新一大"千亿产业集群。市中区城南新区重点发展电子商务、现代物流、文化旅游、现代金融、健康养老五大现代服务业，加快现代服务业集聚发展示范区建设，同时，培育进口商品展示展销中心等高附加值现代服务业。内江高新技术产业园区加快聚集发展一流科技创新、产城融合和人才集聚的产业集群。内江高新技术产业园区白马片区加快"蓉欧+"东盟国际班列内江基地建设，推进电子商务产业园、川南农副产品冷链物流中心等物流载体建设。其中，海关特殊监管区域复制推广和创新贸易便利化制度，申报建设保税物流中心（B型）、开展保税服务等业务。

为此，四川自贸区内江协同改革先行区的主要任务包括创新推动老工业基地城市转型发展、着力构建开放及协同发展新格局、推动"内自"同城化发展更大突破、增强投资贸易便利化和加快推进政府职能转变。

6.5.3.7 成都市温江区

温江协同改革先行区的实施范围为 277 平方千米，覆盖成都市温江区全域，包括成都医学城、成都健康服务业集聚区、成都都市现代农业高新技术产业园三个部分。

按照《中国（四川）自由贸易试验区温江协同改革先行区建设总体方案》，温江协同改革先行区要增强成都建设全面体现新发展理念的国家中心城市功能体系，以开放促改革、促发展、促创新，加大压力测试，率先复制推广自由贸易试验区改革经验，深化政府职能转变和"放管服"改革，持续优化营商环境，大力发展更高层次开放型经济，为成都建设国际健康产业新高地、四川构建全面开放新格局发挥示范带动、创新引领的积极作

---

① 省发展改革委. 四川省沱江流域（内江段）获批全国首批流域水环境综合治理与可持续发展试点［EB/OL］. 四川省人民政府网站，2017 - 11 - 22，http：//www.sc.gov.cn/10462/10464/10465/10574/2017/11/22/10438839.shtml.

用。着力打造四川引领、西部领先、国际一流的"三医两养一高地"健康产业核心功能区,努力在"三医融合"健康产业链改革及花木全球供应链改革等方面走在前列,加快建设国际健康产业高地、西部创新公园城市,打造"健康中国"的四川样本。

按区域布局划分,成都医学城着力推进"三医融合"的健康产业链综合改革开放,重点发展医药制造、医疗器械制造及专业服务、医学研发、医疗服务等产业。成都健康服务业(现代服务业)集聚区着力推进医疗服务扩大开放,重点发展医疗卫生服务、健康管理与促进服务、健康保险和保障服务等产业。成都都市现代农业高新技术产业园着力推进花卉苗木全球供应链和绿色发展改革创新,重点发展都市农业、医养健康、生态旅游、花卉苗木等产业。

为此,四川自贸区温江协同改革先行区的主要任务包括探索"三医两养一高地"生命健康产业链综合改革、加快打造中欧花木全球供应链枢纽平台和构建现代政府治理体系。

7

四川自贸区与"一带一路"建设协同发展路径

7.1 明确四川自贸区战略定位

2015 年底，国务院发布了《关于加快实施自由贸易区战略的若干意见》，其中指出我国自由贸易区的建设应与我国"一带一路"的建设相结合，根据"一带一路"沿线经济体建设与发展的实际情况对自由贸易区的建设进行合理规划。与此同时，2016 年，在国务院颁布的《中华人民共和国国民经济和社会发展第十三个五年规划纲要》中，再次强调了自由贸易区建设与"一带一路"倡议相结合的重要性及加快自由贸易区建设的关键性。加快四川自贸区与"一带一路"建设的对接是落实国家对自贸区建设要求的具体体现。而要实现四川自贸区与"一带一路"建设的准确对接，首先应从四川自贸区建设的顶层设计出发，根据"一带一路"倡议的基本要求与目标，结合自贸区建设具有的平台优势及四川本地所具有的资源与产业优势，做好准确的布局与规划。

7.1.1 打造西部门户城市开发开放引领区

天府新区是四川自贸区建设的重要区域。首先，从地理条件来看，其具有得天独厚的地理优势。一是其所属成都地区地势平坦；二是成都在整个四川省处于中心位置；三是成都周边各大城市积累了一定的产业基础；四是成都是四川省会，巨大的优势累积使天府新区具有发展成为"中心"的潜力。

其次，从产业发展的状况来看，关于装备制造业，成都、德阳、自贡等均具有重装产业基础，以德阳为例，当地有重大技术装备制造基地。在汽车制造业方面，成都、德阳、绵阳、南充、资阳有着发展汽车制造业的条件及良好的资源、市场优势，具有汽车生产的装备技术与完整的作业流水线。在航天航空方面，成都、绵阳都有发展航天航空产业的条件，成飞集团更是中国飞机生产制造和研发的重要基地。这些成都周边城市的产业优势也有利于天府新区向"中心"发展，为周边产业提供技术支持。

综上所述，天府新区建设高端装备制造业，有利于解决周边产业的技术难题；建设高新技术产业，可以为周边产业的发展寻求突破。同时，依托"中心"的流量优势，建设临空经济、口岸服务、现代服务等产业，最终建成集高端产业、交通物流、金融创新等为一体的西部城市开放高地。

青白江铁路港片区和川南临港片区，前者位于成都平原城市群与川东北城市群的交界处，后者位于长江经济带与丝绸之路经济带的交界点。从地理位置来看，两者都处于交通要道，一为陆路，二为水路，所以两者皆适合建设为"桥梁"。川南方面，其虽然拥有丰富的油气资源、装备制造业基础和汽车工业基础，但在地理位置上均不是以川南临港片区为中心，川南临港片区在地理上所具有的真正优势是长江水道。因此，川南临港片区不宜像天府新区那样建设"中心"，而是应该依托长江水道沟通长江中下游发达地区，依托陆地辐射滇黔，发挥"桥梁"作用，重点发展航运物流、港口贸易产业，打造区域综合交通枢纽、川渝地区向南开放和辐射滇黔的重要门户。青白江铁路港片区和川南临港片区略有不同，它连接着四川交通基础设施最为发达的两个地区——成都平原地区和川东北部地区，一方面可以向"中心"输血，另一方面借由川东北可以沟通中国中部。青白江铁路港片区作为成都的一部分，应该重点发展如商品集散、保税、物流仓储、特色金融等口岸服务业及相关现代服务业，打造内陆地区向西进行国际贸易的支点，成为辅助天府新区发展的"副中心"。

7.1.2 打造内陆开放战略支撑带先导区

四川省地处内陆，与沿海地区相比，缺乏区位优势，一直以来在对外贸易中处于被动位置。"一带一路"倡议的实施使我国内陆地区与亚、非、欧等国家的联系进一步加强，内陆与相关地区国家间的各类交通运输体系得到不断改善，内陆地区可供依赖的基础条件得到进一步的优化。四川自贸区可充分利用自身发展特点与优势，结合"一带一路"倡议所带来的机遇，以自由贸易区建设为中心，打造内陆开放战略的支撑带与先导区，向周边辐射发展，最终带动全省及周边邻近地区经济建设。四川自贸区的建设是以成都、泸州两地的经济基础为依托的。成都虽位处内陆，但"一带一路"让过去的区位劣势转变为内陆开放的前沿。成都市具有良好的科技创新能力与科技发展基础，在高新技术产业发展及信息产业建设上具有相对优势，可依托现有的软件园区、科学城及金融城等大力发展信息服务、文化创意、科技研发、新兴金融等新经济，同时依托成都市具有的国际博览城、国际会展中心等，结合"一带一路"建设进程，加强四川省与国际的交流合作，大力发展会展及总部经济，加快实现知识产权的运营，简化对外投资的项目备案管理，以激发企业在对外贸易活动中的活力。除此以外，"一带一路"与四川自贸区的对接将对自贸区内人才的素质与能力提出更高的要求，在四川自贸区的顶层设计中，应建立起人才培养与引进的实施方案。譬如，加大高端人才的引进力度，落实人才签证的实施细则，加大青年学生的创业支持力度，开展海外人才离岸双创试点，对创新型人才管理服务模式采用不一样的方式，采取特殊定位、兼职挂职等方式，引进一批优秀人才，促进地方高校与国外大学合作开展学科建设，积极稳妥地扩大国际学生规模。

7.1.3 打造国际开放通道枢纽区

互联互通是"一带一路"倡议实施的血脉，互联互通的实现在很大程度上取决于基础设施的完善，特别是交通基础设施的完善，因此，我国在进行"一带一路"规划时，将交通基础设施建设作为"一带一路"建设的优先领域，指出我国在进行"一带一路"建设时，应推进国际骨干通道的建设，以逐步形成连接亚洲各区域及亚非欧之间的基础设施网络。国际贸易的开展也离不开便利的交通条件，四川自贸区在与"一带一路"倡议进行对接时，应充分利用自身优势，完善区内交通体系的建设与规划，抓住交通基础设施的关键通道、关键节点和重点工程，加快与国际技术标准体系的对接。在铁路建设上，充分利用中欧班列所起的桥梁、纽带作用，依托成都国际铁路港建设国家对外开放口岸，并搭建以物流信息调度为核心的铁路港片区。在航空建设上，积极推动双流国际机场的改造与成都天府国际机场的建设，支持国际航班代码的共享，在区内建设国际航空货运枢纽和国内航空综合枢纽。

7.1.4 打造内陆开放型经济新高地

一国或某一地区所具有的比较优势能使该国或该地区在国际贸易往来中取得较大收益。"一带一路"倡议的实施拓展了我国对外贸易伙伴关系的范围，提升了我国内陆地区对外交流的能力。四川自贸区应充分利用"一带一路"建设所带来的机遇，结合本省现有的资源能源及产业优势，进行技术创新，培育产业优势，提升四川省在国际贸易往来中的竞争优势。首先，要大力发展高端制造业，出台积极的发展政策，鼓励电子信息、装备制造、医药健康、新型材料等产业向自贸区内聚集，同时加快传统产业变革，推动传统产业如食品饮料等加快向价值链与创新链的高端延伸，积极发展会展、物流、金融、文旅等现代服务业。其次，要进一步增强自贸区的产业技术创新能力，全方位综合创新改革试验区、自主创新改革区、天府新区和自由贸易区，促使各个示范区深度融合，发挥整合效应，在引进科技成果转化、军民融合产业等创新方面进行探索，建立自由试点，将自贸区打造成区域示范和区域创新平台的典范，并指引资本和外国投资者为创新和创业项目提供投资和资金支持，同时为创新和创业项目开发海外融资渠道。

7.1.5 打造内陆与沿海沿边沿江协同开放示范区

习近平总书记在党的十九大报告中指出，要以"一带一路"建设为重点，形成陆海内外联动、东西双向互济的开放格局。四川自贸区位处西部，作为协调我国东部沿海地区和中西部内陆地区经济发展水平与开放力度的重要枢纽，是对接我国"一带一路"倡议的重点区域。在与"一带一路"进行对接的过程中应进一步深化经贸合作，加强内陆与沿边合作，深化沿江开放合作机制，实现与沿海地区的协调联动，以促进片区发展。加强沿边合作，是探索与周边地区产业合作发展的新路径，促进研发设计、生产销售和物流配送等环节的协同配合；深化沿江开放合作机制，打造长江口岸现代航运服务系统和长江港口智能物流网络，推进与沿海沿江口岸信息之间的互联互通；实现与沿海地区的协调联动，打造与东部产业发展相配套的高端制造业、现代服务业基地，承接沿海地区劳动密集型产业的转移，并充分利用东部地区的口岸优势，利用港口航道出口自身优势产品，以服务贸易、双向投资为重点，推进与欧洲地区在不同领域中的深度合作。

7.2 推进区域全面经济伙伴关系建立

7.2.1 加快中巴、孟中印缅经济走廊的建设

中巴经济走廊、孟中印缅经济走廊与四川有着密切的联系。从地理优势方面来说，四川与巴基斯坦距离较近，中巴经济走廊的建设能够给四川带来新的活力。从产业优势方面来说，四川拥有规模最大的装备制造和种类非常齐全的工业制造门类，与孟中印缅经济走廊沿线国家和地区中相对落后的国家之间的产业水平可以很好地实现互补。一方面，经济走廊沿线国家正在走向工业化，四川在装备制造上的优势刚好可以弥补，且中巴、孟中印缅经济走廊途经亚洲中部和南部，占据人口优势；另一方面，可以推动四川的工业产品"走出去"，将优势集中起来，重点带动大数据、现代制造业的发展，从而使国际市场得到更进一步的扩展。因此，加快中巴、孟中印缅经济走廊的建设能够更快地促进四川对外经济的发展。

7.2.2 密切联系"一带一路"沿线国家

"一带一路"倡议的实施给四川的发展注入了新鲜的血液，融入了新的发展动力，尤其是对外贸的发展格局产生了较大的影响，除了能够更深入地同原有的贸易伙伴合作与交流，由于"一带一路"建设所经过的国家大多为发展中国家，国内公共基础设施建设还未完善，而四川省又具有明显的制造业优势，刚好与沿线国家互补，使其与"一带一路"沿线国家建立新的贸易伙伴关系，发展对外贸易的潜力巨大。在"一带一路"倡议推进的过程中，四川自贸区应充分利用其平台优势，主动出击，抓住机遇，一是加快区域内的国际交通体系建设；二是充分发挥文化"润滑剂"角色，潜移默化地促进各国、各地区人民产生共同语言，加深彼此之间信任度，与沿线人民培养出深厚的情谊；三是借助"一带一路"倡议完善金融市场，打通经济脉络。同时，四川省也应发挥自身的比较优势，与沿线国家建立合作机制，通过打造模范城市、展现四川特色、促进创新发展、建立合作机制等途径，最终实现四川国际贸易的良好发展。

7.2.3 扎实推进"蓉欧+"战略实施

秉持共商、共建、共享的原则,四川积极融入"一带一路"建设,伴随"蓉欧+"战略的实施,四川省成都市打破地理区位限制,变地缘劣势为优势,从不沿海、不靠江的内陆城市跃升为口岸城市,连接中欧、西欧、南欧地区及俄罗斯,通过与国内多个城市固定班列相连和设分拨点的方式,覆盖日韩、东南亚、西班牙巴塞罗那、法国巴黎、德国汉堡等地。

在中欧班列(成都)开通之前,往来于成都与欧洲之间的货物,除了海运就是空运。海运需要付出高昂的时间成本,还要承担较大的风险,空运虽然克服了时间长的缺点,却需要承担较高的运输成本。而中欧班列(成都)在多次提速后,最快可在 17 天到达欧洲,仅为海运所需时间的 1/3,成本却仅仅是空运的 1/8~1/6。中欧班列(成都)的建设和开通降低了成都与中欧班列沿线国家和地区的外贸综合运输成本,在追求利益最大化的条件下,越来越多的商品通过中欧班列(成都)输送,四川(尤其是成都)面向欧洲市场的对外贸易额大幅增长,进一步加速四川与中欧班列沿线国家贸易的双向互动,激发亚欧经贸合作的潜力,促进中欧经贸往来。借助中欧班列的运输优势,"四川制造"逐步走入中欧班列的沿线国家。

7.3 "一带一路"倡议下加强四川 自贸区建设的政策建议

7.3.1 承接产业转移,加强环境建设

现行经济发展条件下,随着"一带一路"倡议和长江经济带的进一步落实和深化,我国产业向内陆转移的速度加快,四川自贸区作为内陆地区对外开放的重要平台,是承接沿海产业转移的重点区域,在这一过程中,自贸区应抓住产业转移的机会,大力发展自身经济。

首先,要提升区内发展的动力,更新思想观念,强化竞争意识,在承接沿海转移产业的同时引入沿海先进管理理念,实现区内经济管理理念的

更新换代。把握好产业转移的节奏，注重在承接产业转移的过程中实现经济结构的优化，以带动当地经济发展。

其次，要优化服务，提升功能，搭建好项目孵化、政策支持及产学研一体化研究平台，以确保先进技术的落地转化，保障转移进来的产业能够落地生根。加强区内基础设施建设，创新园区发展模式，增强管理经验，增进人才和信息交流，改善上下游产业对接，以实现产业的转型和提升。

再次，要精简机构，提高办事效率。为更好地达到产业转移的预期效果，四川自贸区必须为产业转移配套相关的政策支持。在经济建设过程中明确自身定位，不断提高办事效率，以使产业实现顺利转移，带动西部地区经济发展。要坚持互惠互利的"双赢"原则，充分发挥本地的资源禀赋优势。

最后，要完善自贸区的政务服务。加强机关行政效能建设，更好地为投资者提供方便、快捷、高效的办事环境和服务。四川省政协社会法制委员会在调研过程中发现，四川自贸区的政府职能还没有实现从管理向服务的转变，政府服务与法治建设还是四川自贸区建设的"短板"，四川自贸区在建设过程中应进一步完善相关配套服务建设，进行制度创新，以促进良好政务环境的形成。在"一带一路"倡议实施的条件下，不断推行简政放权，优化办事规则和办事流程，使政府服务朝着法治环境规范、监管高效便捷的方向前进，有利于区内更好更快地承接东部产业。

当然，新时代经济发展的背景下，仅仅承接经济的"转移"而不进行"转型"是不行的，现行经济的发展形势要求四川自贸区在承接东部产业转移的同时，加强技术、生态等方面的发展，将经济的"转移"与"转型"结合起来，实现平台综合实力的提升。要实现产业的"转移"与"转型"同步发展，就必须加强四川自贸区软环境的建设，特别是文化软环境的建设。其不仅包含片区成员共同的价值观念、行为方式、道德准则，也包含片区人文环境和人文氛围。应在区内努力构建具备包容性、引领性和整体性的创新、人本、绿色的文化。首先发挥地区优势，推进精神文化、制度文化和环境文化等方面的创新，实现区域特色文化发展。其次要强化人文关怀，构建片区人本文化。强调物质需求的满足，关注自我价值的实现、工作潜能的激发、情感需要的满足及兴趣爱好的发展等精神需求上的"以人为本"原则，建立起系统完善的人本文化体系（见图7-1）。

除此以外，生态环境保护作为约束经济发展的外部条件，四川自贸区要实现产业的"转移"与"转型"协调发展，还应在区内推动循环经济的

图 7-1 四川自贸区软环境构成要素

发展，用绿色低碳的发展原则指导区域科学发展，直面发展中的绿色问题，填补发展中的绿色"短板"，创新发展中的绿色理念，追求绿色发展模式，力求开拓出有效的经济结构转型升级、新型城市化建设、现代信息化和现代工业化深度融合和更高质量的"互联网+"时代，立足产业发展，追求转型、升级、高效、公平和绿色。

7.3.2 面向国际市场，优化营商环境

"一带一路"建设使我国与其他国家之间的联系进一步加深，国家间的经济往来更为频繁，同时交易的环境与背景也变得更为复杂，自由贸易区作为我国与其他国家经贸往来的先行地，其营商环境建设对经济贸易往来的发展具有重要意义。在进行顶层设计时，就应考虑改善区内营商环境条件，加快与国际市场的对接，以减少贸易过程中的交易成本，吸引国外优质企业进驻，加快区内投资与贸易发展的进程，从而带动经济增长。在加快四川自贸区与"一带一路"倡议对接的过程中，首先应营造国际化、法制化、便利化的营商环境，充分发挥其作为西部门户开放引领城市的作用。推进制度改革，建立和完善市场的相关监督、服务和管理制度。针对区内国有企业的发展，完善国有企业现代企业制度，设立国有资本运营平台，推进区内国有企业产权的多元化改革，从而激发国有企业的活力。推进开放平台建设，"一带一路"倡议为国家间的交流合作提供了大量机会，四川自贸区在建设过程中应充分利用"平台+园区""政府+机构+企业"的共享开放合作模式，加强与发达国家之间的产业合作园区建设及进行国际科技平台建设，以实现产学研的协同发展及提升区内自主创新能力。

应努力构建四川自贸区与沿线国家统一的市场环境，在保证现有经济集聚优势的基础上加强与"一带一路"沿线地区的产业互动。加快政府职

能的转变，改革现有的商业与金融体制，强化社会信用评估体系，营造良好统一的市场环境。具体而言，在优化法治环境方面，应在制度建设上进行大胆的探索和设想，最大限度地建立起对外开放的标准政策和高标准规则。按照统一、公开、公平的原则，选取试点，重点开展国内对外开放的司法建设与政策建设，实现市场参与者之间的公平竞争。加强建设自由贸易试验区政府的规章制度，加强建设社区参与规范规章制度，探索第三方监管法规。设立专业的检测机制，以解决自贸区中发生的投资、贸易事件；建立重点行业知识产权保障机制，以完善知识产权执法体系。

在创新行政管理体制方面。按照权责一致的原则，建立责任管理制度，明确政府行使职能的责任清单。深化行政审批制度的改革，简政放权，最大限度简化行政审批，使企业真正得到实惠。加快行政审批标准化、信息化、电子化的发展，制定标准化的检验信息及行政审批，规范电子注册流程和商业电子商务许可证，建立同步验收的有效服务模式，构建统一的市场准入平台，实现信息和多部门信息协作和管理。建立全面综合的行政法律体系，相对集中执法力量，建立在线执法处理系统，建立联合作战互动指挥平台。加强知识产权行政执法与特殊保护的协调。探讨法定机构，并为法定机构提供强大的专业、技术或社会参与的公共管理及服务功能。建立行政咨询系统，为自由贸易区试点项目的发展提供咨询。

在促进服务要素便捷流动方面。打造川渝地区区域发展综合服务区，通过自贸区推动川渝地区开展广泛的合作，更好地发挥自贸区辐射和带动作用。建立健全对外贸易体制，鼓励自贸区内企业开展国际和国内贸易。支持和发展外国服务企业，为中小企业提供清关、资金、纳税申报和国际结算等服务。加强对四川和重庆的集聚和市场辐射功能，开展国际大宗商品现货交易和贸易，探索建设国际商品中心、信息中心和价格形成中心。

7.3.3 促进资源整合，推进基础建设

随着经济的快速发展，市场供求关系和产业的发展都发生了重大变化，市场资源的配置逐渐改变了区域要素禀赋优势。在政策引导与企业发展内在动力的推动下，产业的空间布局与产业内的分工协作得到进一步的优化，有利于区域产业的互动发展。而优良便捷的基础设施也是区域产业链发展的重要驱动因素。在产业互动过程中，必然伴随着生产要素的流动，有序、自由的生产要素流动与便捷的网络通信息息相关。物流运输条件能够有效优化区域环境、综合物流资源及减少区域良好互动和企业成本负荷，优化

资金、人员、货物的最优库存，进而加强产业链前后的联系，充分利用互动发展效应，推动相关产业的继承和联系，有利于加快四川自贸区与"一带一路"和长江经济带的对接。在四川自贸区内，应加快各城市与地区交通网络的构建，实现地区间交通网络资源的共享，也有利于带动区域间产业的互动发展。

7.3.4　强化人才支撑，创新产业支撑

人才对经济社会的发展有着至关重要的作用，四川自贸区挂牌成立的时间短，发展经验还不足，区内的人才机制体制尚未完善。而在"一带一路"倡议推行的过程中，免不了涉及与沿线国家进行交流沟通、实地考察调研、协议起草签订、产品询价还价等一系列事项，其中需要大量的国际型复合人才，因此引进和培养高素质人才尤为重要。完善人才培育和引进相关政策，吸引人才来自贸区发展，确保人才队伍的专业化和职业化，形成人才聚集高地，同时也对四川自贸区成功实现与"一带一路"建设的对接具有重要作用。

在四川省"十三五"规划中，关于人才建设，其中指出：人才引进政策要秉承更加开放、更加有效的制定原则，争取吸引多层次的人才来蓉工作、来蓉创业。另外，也要强化与国内外知名高校和科研院所之间的合作，积极引进专家学者，深入实施高层次人才引进的"千人计划""天府高端引智计划"等重大人才工程；建设海外人才来川就业试点，为国外高层次人才来川发展创造良好的就业创业环境。

四川自贸区在进行人才队伍建设时要立足自身优势，坚持"人才引领产业、产业集聚人才"的发展思路，强化"人才链"以配合"产业链"，促进人才集聚与产业培育共同发展。要带头实施旨在提高知识价值的分配政策，以提高知识技术人才的主动性、积极性和创造性，引导形成创新创业人才有活力、有想法、有成果的良好局面。

一般来说，不同类型和不同发展阶段的产业对人才的要求也不尽相同，因此，在四川自贸区发展过程中，要对产业的发展有深刻的认识和了解，为不同类型和发展阶段的产业提供针对性的人才服务，最大限度地提高人才工作的实效性。尊重人才成长的规律，重视人才的培养、使用和管理工作。引进人才和培养本土人才两种模式互为补充，做到人尽其才，才尽其用。通过大力搭建"人才对接项目""人才服务产业"等各类平台，为人才创新创业提供良好的机会。引导人才做好职业与产业的发展规划，充分利

用好土地、人力、扶持优惠政策等优势，实现集约化发展转型升级的崭新局面。

7.3.5 提升发展质量，构建互动机制

四川自贸区与"一带一路"对接的实现，还需提高自贸区的发展质量。在区内培育龙头企业和骨干企业，积极开展与科研院所等专业机构的合作，充分发挥龙头骨干企业和科研院所的示范作用，打造专业、高效、体系完善的众创空间，鼓励民间资本等各类资本参与众创空间的建设。

支持实体经济健康发展。通过构建完善的孵化体系，引导社会资本全面参与建设面向小微企业的社会化技术创新公共服务平台，推动大批具有创新活力的小微企业不断涌现。

制定协同开放发展规划。引进世界顶级咨询和研究机构，以服务四川、辐射西南、连接东西、面向世界为总体指南，以加快建设与沿海、沿边、沿江等发达地区的协同开放为主要方向，以产业合作与产业转移为主要任务，研究制定四川自贸区与沿海、沿边、沿江区域协同开放的发展规划，以深化各区域之间的合作领域和合作模式。

创新川内产业合作机制。譬如，针对川南临港片区，要建立两港口物流交付交换机制、发展机制和创新机制，加强港口间互动。积极推进与西南地区城市的合作；以无水港和川南城际铁路为纽带，进行大宗商品交易，发展贸易加工、物流及其他相关服务业。探索设立驻市州自由贸易办事处，主动服务成都平原经济区，加强与青白江港和双流机场的合作，优化联合水运、联合空运等合作机制，推进蓉欧班列到港口的直达线路。

探索自贸区与"一带一路"沿线国家的协同开放机制，以自贸区成熟的创新政策实现成果共享、监管互认、业务互通，加快与沿海沿江物流信息互通建设，打造协同开放产业园区。制定颁发跨地区产业园区合作建设政策，与川渝黔等相关城市建立"飞地"合作产业园区，优先考虑先进制造业、进出口加工贸易等产业合作园区的建设。

7.3.6 加强地方合作，加快集群发展

为加强区域自由贸易试验区产业上下游企业的联系，发挥产业跨区域协调互动的整体效应，形成在中央政府协调下地方政府有效合作的机制，第一，需制定科学的自由贸易试验区考核办法。通过严格、科学合理的经

济考核办法促进四川自贸区各种要素流向趋于合理，以促进产业的良性互动。第二，需加强对自由贸易试验区各片区跨区域的产业互动发展与布局进行规划。为避免重复建设，防止资源浪费，政府应综合考虑各地的资源禀赋、经济发展等因素，对各自由贸易试验区间的产业互动重大项目进行总体布局，并严格执行数量控制与市场准入，以避免因过度投资带来产能过剩，减少污染和浪费。譬如，依据青白江铁路港片区的区域特性，对其产业布局进行优化，构建具有较大投资规模、较强关联性、较高科技含量、较强带动作用和较高产品附加值的特色产业集群，对当地经济发展起到支撑作用。

产业集群的发展有利于提升区域产业的竞争力，特别注重企业总部在自贸区的集聚集群发展。通过制定和支持公司总部在自由贸易试验区的扶持政策，推进总部经济集聚区服务环境建设，引进与金融、设计、餐饮、文化等总部经济发展相关的服务业，有利于在自贸区内建成总部经济集聚区，形成自己的产业竞争优势。产业优化度、产业集中度和产业转移力度在很大程度上又决定了产业能够发展的空间。在培育和发展产业集群时，应结合各片区具体的发展规划与发展优势，兼顾其邻近产业区及腹地产业发展状况，在促进区域产业互动的同时，将产业链向外延伸，在实现要素集聚与形成产业集群的同时，扩大辐射效应。

以金融领域为例，在自贸区内加快构建和完善区域金融服务体系，释放金融服务业活力，畅通资金跨境通道，扩大境外投融资规模，发展融资租赁等金融产业，打造四川自贸区金融服务中心。大力引入具有竞争力且知名度高的金融机构总部和专业分支机构，引进外资及中外合资金融机构，引进和建立健康和养老金等专业保险机构，整合政府的投融资平台，以启动本地资产管理或并购基金。支持境内外资企业在自由贸易试验区设立专门机构，如货币存储库和信用信息、商业事实公司、证券业分支机构或专业子公司，支持个人资本按照法律法规进入金融业，能推动金融产业在自贸区内的聚集，形成产业发展高地。

7.3.7 引导企业整合，推进产业升级

四川自由贸易试验区是内陆自由贸易试验区，和沿海地区自由贸易试验区相比，引入外资较少，本土企业与跨国公司的合作相对较少。四川自由贸易试验区的本土企业与跨国公司在生产技术和研发水平方面存在明显的差距，中小企业是四川自贸区经济发展的主力军，在区域经济发展中具

有不可替代的作用。但是，由于企业规模相对较小，产品的重复开发和产业的同构问题突出，在与外资企业特别是跨国公司的竞争中处于相对不利的地位。

为提高自贸区企业的市场竞争力，一方面，应当培育本土企业（尤其是中小企业）联盟。中小型企业在发展过程中经常会面临融资难、融资贵等问题，银行等金融机构考虑到资金风险，对中小企业的贷款审核较严，利率较高。而很多高科技企业往往都是中小型企业，资金问题一度给这些企业的发展带来严重的挑战。因此，建立中小企业联盟，以联盟的形式申请贷款，减少中小企业融资难的问题，可以为四川自贸区科技型中小企业的发展壮大创造有利环境。此外，中小企业的体系也不够完善，在决策方面缺乏指导，因此，要建立和完善中小企业服务系统，解决中小企业研发、咨询、管理等方面的难题，为中小企业提供一体化的服务，着力培养打造一批具有临港特色的大型企业。在此基础上，逐步培育一批在规模和质量上能够与跨国公司展开有效竞争与合作的、具有四川自贸区特色的行业和大型企业集团。对已经拥有自己的研发部门的企业集团，或者具备较强创新实力的集团机构，应改变过去各自为政的经济发展模式，组建研发战略联盟，以提高四川企业的整体创新能力，为参与全球竞争做准备。四川自贸区的港口物流、跨境电商、酒业等和成都与重庆地区具有互补性，航运优势突出，为更好发挥港口贸易经济的优势，可适当进行产业重组和跨区域联盟，对成都地区和重庆地区进行产业上的重组和升级，组成更具规模和竞争力的龙头企业，然后通过这些龙头企业联合、控股四川自贸区的上下游配套企业，形成一批立足于四川自贸区与"一带一路"建设的大型企业集团，带动跨地区产业协同发展。

另一方面，应大力培育区域优势企业与本土企业的联盟，努力提升成渝经济区的产业优势，以带动区域产业技术水平的升级。重点围绕航运物流、港口贸易、装备制造、电子信息、生物医药、食品饮料等产业支持四川自贸区产业发展的政策支撑体系建设，大力发展对外贸易进出口投资、航运物流、跨境电子商务、金融业、跨境投融资、上市融资、经济总部、高端制造、医疗卫生教育等服务业，并制定和实施相关政策，落实产业发展要素集聚、人才引进、产业承接等招商引资政策，鼓励和支持跨区域交叉的产业合作和企业兼并重组等活动。区域内科研院所和研发中心要积极开展与龙头企业、行业内的代表企业的合作，以更好地抓住投资机会，积极主动地与龙头企业和大型企业合作，充分吸取龙头企业和大型企业在科技创新中的溢出效应，加快融入到企业整合和升级的新环境中。

7.4 "一带一路" 倡议下四川自贸区市场秩序的政府规制

7.4.1 四川自贸区市场秩序建设中存在的不足

（1）开放的业务仍有限。由于各国经济发展水平不同，国情差异较大，政府在制定相应的规制时，需要考虑东道国的相关法律法规、敏感产业保护等方面的问题，所以制定的相关规制很难有统一的模板，一些业务还是被限制，导致市场开放并不充分，比如电信服务、金融服务等领域的限制，使四川自贸区对外开放的难度加剧。尤其是金融领域方面，地处内陆的四川自贸区要加强开放和先行先试。

（2）信息还不对称。从四川自贸区的运营情况来看，仅成都高新区就有9万家各类市场主体，各个方面需要监管的事务数量极大。所以，面对如此多纷繁杂乱的信息，政府监管部门不可能做到完全掌握。加上市场的运行变幻莫测，通常情况下，政府部门所掌握的信息往往呈现为静态的和滞后的，因而导致监管方面的滞后，甚至可以说难以跟上。川南临港片区为解决有市场有技术的产品却缺乏资本的情况，组建了政府参与的金融供应链平台，动员更多的企业参与并使用，尽量消除由信息不对称带来的融资难等情况。但截至2017年4月，仅泸州三家金融机构加入了供应链金融平台，信息不对称导致的融资难这一情况还是很普遍，并且信息不对称带来的其他情况也未改善，如信息的失真导致交易成本的增加，使一方经济受损等情况。

（3）政策的利用效率待提高。在我国，在对自贸区政策的运用上，不仅是企业甚至政府都存在问题。首先，要使自贸区发展得更好，改革的地方就会很多，改革的方方面面涉及的政府主体也会很多。改革不是单方面的，各个环节各个方面都是有联系的，因为利益的调整可能会使有些地区吃亏，所以有些试验和改革等政策往往无法有效落实。《自贸区蓝皮书》披露：现阶段，国内企业也并未用好自贸区的相关政策，一方面在于自贸区过于庞杂的相关政策内容，另一方面也在于这些企业缺乏对自贸区的了解和认识。

（4）适应新自贸区规制有过程。在投资和服务贸易领域中，四川自贸区虽然借鉴采用了准入前国民待遇原则和负面清单制度，但是在对其研究使用中，开放程度相比沿海地区仍有差距。尤其是在对外开放过程中，我国在应对新的国际标准和规则时，难以实现有效对接。所以，四川自贸区要想发展得更好，就需要充分发挥主动性制定新策略，在竞争中赢得优势。

7.4.2 完善四川自贸区的政府法规制度

首先，要确保政策法规的规范性与可操作性。制定政策法规，需要注重联系自贸区发展的实际情况，并积极地吸纳现代法治思想和立法理念，大胆地借鉴和引进甚至直接移植发达国家或地区的法律制度和规章，形成具有规范性的法规政策。另外，法律的生命在于能够被实施，法律的权威在于能够被执行，所以，在立法上不求数量，但求要有质量，毕竟执行不了也是没有意义的。深圳曾在这方面有过深刻教训，深圳曾经率先在全国出台了控烟条例，却由于执法太难，导致十多年都不曾开出过罚单，后来重新修改了条例，并明确了各个执法部门的责任，禁烟措施才初现成效。执法是一项长期而又艰巨的行动，为了保证法律法规能够贯彻执行，立法就要追求可操作性，避免脱离国情现实、远离人民群众，要积极适应新时期经济新常态，为自贸区的发展提供保障。

其次，法规政策要与国际接轨，以及有后续服务的跟进。在四川自贸区探索与国际贸易新规则相配套适应的制度措施，以适应我国新一轮高水平高层次的对外开放贸易格局。一是要实现与世界经济的接轨，需要在园区内创造出高水平的贸易投资环境，并且实行高标准的开放规则，设计出既具有中国特色又能兼容国际贸易新规则的经济运行制度。二是要落实政策的实施。可以通过加强解读新出台的创新政策，尤其是需要专业人士来解读政策并加以推广，让更多的民众和企业家充分了解并可以加以应用。三是各个部门也要持续跟进，及时了解政策运行情况，必要的时候需要对政策的实施进行纠偏，以此保障政策的实施效果。

7.4.3 完善四川自贸区政府管理职能

（1）加强政府管理的规范性。为了规范政府的运作机制，需要逐步开放采购市场。政府对采购市场的保护会使采购成本提高，不利于经济的自由发展，甚至还会导致其他国家采取类似措施进行报复，产生其他害处。目前，在签署自由贸易区协议时，越来越多国家的自由贸易区市场实现了高度开放。逐步开放政府采购市场，有利于有效推动我国依法进行行政体制建设，实现政府职能的顺利转变。

（2）完善相关信息的披露制度。目前，我国的资本项目还处于尚未完全开放的阶段，因此，有一些公司以贸易公司的名义，从事高频交易，并通过暗箱操作转移资金，造成大量"热钱"流出现象，因此，完善信息披露制度是促进自贸区健康发展的重要方向。在金融活动中，为了减少信息不对称所产生的问题，首先需要建立起定期与临时兼具的信息披露制度。这种信息披露制度，不仅包括投资者和被投资者之间的信息互动，更包括了自贸区内外及境外之间，各个关联企业甚至与政府间的信息互换与披露。这样一方面有利于稳定投资者信心后进行有效的风险监控，另一方面可以给予投资者期待，有利于跨国投资活动。另外，我国的信息披露制度是比较零散的信息披露制度，所以需要针对自贸区建立起单独的信息披露制度，这样有助于实时监控投资的异动。

（3）建立健全行政问责制。行政问责制度通常是指由于相关工作人员不作为等行为，致使相关任务不能及时完成或不能完成本职工作，需采取相关惩罚措施来防止这类行为的再次发生。而要保证行政问责制度的完善，首先，需要把信息公之于众，让公众充分参与进来。由于问责制度是一项综合性的体系，因此必须通过大家一起参与进行有效配合，才能随时进行监控，保证问责制度真正执行好，才能有利于四川自贸区的发展；其次，内部也需要考核，可以根据其工作岗位制定合理目标，用工作成效来检验其是否渎职。内外相结合的问责制度，才能让行政人员更加认真地对待自己的工作，为四川自贸区的发展贡献力量。

参考文献

［1］ Aloise P G, Macke J. Eco-innovations in Developing Countries: The Case of Manaus Free Trade Zone (Brazil) ［J］. Journal of Cleaner Production, 2017 (168): 30-38.

［2］ Casarini N. Is Europe to Benefit from China's Belt and Road Initiative ［J］. Istituto Affari Internazionali, 2015, 15 (40): 1-11.

［3］ Chengrong Pan. Achievements and Problems of Reform of Investment Management System for Shanghai Pilot Free Trade Zone ［J］. Asian Agricultural Research, 2014, 6 (11): 30-33.

［4］ Cai K G. The One Belt One Road and the Asian Infrastructure Investment Bank: Beijing's New Strategy of Geoeconomics and Geopolitics ［J］. Journal of Contemporary China, 2018, 27 (114): 831-847.

［5］ Cheng L K. Three Questions on China's "Belt and Road Initiative" ［J］. China Economic Review, 2016 (40): 309-313.

［6］ Clarke M. "One Belt, One Road", and China's Emerging Afghanistan Dilemma ［J］. Australian Journal of International Affairs, 2016, 70 (5): 563-579.

［7］ Das D K. China's Contribution to Recent Convergence and Integration among the Asian Economies ［J］. Journal of East Asian Economic Integration, 2013, 17 (1): 15-16.

［8］ Guangyou Z, Sumei L. The Construction of Shanghai Pilot Free Trade Zone and the Interest Rate Liberalization in China ［M］//New Strategic Research on China (Shanghai) Pilot Free Trade Zone. World Scientific, 2016: 133-167.

［9］ Herrero A G, Xu J. China's Belt and Road Initiative: Can Europe Expect Trade Gains? ［J］. China & World Economy, 2017, 25 (6): 84-99.

［10］ Hosseini M R, Rameezdeen R, Chileshe N, et al. Reverse Logistics in the Construction Industry ［J］. Waste Management & Research, 2015, 33 (6):

499-514.

［11］ Huang D，Van V T，Hossain M E，et al. Shanghai Pilot Free Trade Zone and Its Effect on Economic Growth：A Counter-Factual Approach ［J］. Open Journal of Social Sciences，2017，5（9）：73.

［12］ Irshad M S. One Belt and One Road：Does China-Pakistan Economic Corridor Benefit for Pakistan's Economy? ［J］. Journal of Economics and Sustainable Development，2015，6（24）.

［13］ Jacob J T. China's Belt and Road Initiative：Perspectives from India ［J］. China & World Economy，2017，25（5）：78-100.

［14］ John J. Mearsheimer. "China's Unpeaceful Rise"，in Current History ［J］. East Asian Economic Integration，2006（4）：160-162.

［15］ Ji M，Li M，King B. The Impacts of China's New Free-trade Zones on Hong Kong Tourism ［J］. Journal of Destination Marketing & Management，2015，4（4）：203-205.

［16］ Lai L，Guo K. The Performance of One Belt and One Road Exchange Rate：Based on Improved Singular Spectrum Analysis ［J］. Physica A：Statistical Mechanics and its Applications，2017（483）：299-308.

［17］ Leonard K. Cheng. Three Questions on China's "Belt and Road Initiative" ［J］. China Economic Review，2016.

［18］ Nature. Build a Sustainable Belt and Road ［J］. Nature，2019，569（7754）：5.

［19］ Ploberger C. One Belt，One Road—China's New Grand Strategy ［J］. Journal of Chinese Economic and Business Studies，2017，15（3）：289-305.

［20］ Shah A R. China's Belt and Road Initiative：The Way to the Modern Silk Road and the Perils of Overdependence ［J］. Asian Survey，2019，59（3）：407-428.

［21］ Siu R C S. China's Belt and Road Initiative：Reducing or Increasing the World Uncertainties? ［J］. Journal of Economic Issues，2019，53（2）：571-578.

［22］ Scobell A，Lin B，Shatz H J，et al. At the Dawn of Belt and Road：China in the Developing World ［M］. Rand Corporation，2018.

［23］ Shepherd B，Wilson J S. Trade Facilitation in ASEAN Member Countries：Measuring Progress and Assessing Priorities ［J］. Journal of Asian Economics, 2009, 4 (20): 367-383.

[24] Tirmizi F, Masooma S. Pakistan's Next Economic Crisis [J]. Pakistan Today, 2017 (20).

[25] Wan Z, Zhang Y, Wang X, et al. Policy and Politics behind Shanghai's Free Trade Zone Program [J]. Journal of Transport Geography, 2014 (34): 1-6.

[26] Wells liz. Park Logistics Looking to Buy [J]. Motor Transport, 2004.

[27] Wilson J S, Mann C L, Otsuki T. Assessing the Benefits of Trade Facilitation: A Global Perspective [J]. World Economy, 2005, 28 (6): 841-871.

[28] Wilson J S, Mann C L, Otsuki T. Trade Facilitation and Economic Development: A New Approach to Quantifying the Impact [J]. The World Bank Economic Review, 2003, 17 (3): 367-389.

[29] Yu Song. Analysis on the Characteristics of Shanghai Pilot Free Trade Zone [A]. International Research Association of Information and Computer Science. Proceedings of 2014 3rd International Conference on Information, Business and Education Technology (ICIBET 2014) [C]. International Research Association of Information and Computer Science, 2014.

[30] Yiping Huang. Understanding China's Belt and Road Initiative: Motivation, Framework and Assessment [J]. China Economic Review, 2016.

[31] Zbignew Brezinsiki, John J. Mearsheimer. Clash of the Titans, in Foreign Affairs [J]. East Asian Economic Integration, 2005 (46): 46-50.

[32] 毕莹. "一带一路"倡议下亚洲区域贸易整合路径探析——以与中日韩自贸区的对接为例 [J]. 浙江学刊, 2018 (3): 123-135.

[33] 柴寿升, 鲍华, 常会丽. 基于区位与空间结构理论的城市会展产业空间布局与功能优化研究 [J]. 青岛科技大学学报 (社会科学版), 2010 (3): 21-26.

[34] 车文斌, 衡浩钰. 在"一带一路"战略中抢抓四川机遇 专访四川省政协副秘书长、九三学社四川省委副主委沈光明 [J]. 当代县域经济, 2015 (6): 17-20.

[35] 车文斌. "一带一路"加速复制自贸区 [J]. 当代县域经济, 2017 (6): 18-21.

[36] 车文斌. 自贸西进, 内陆开放趋深水 [J]. 当代县域经济, 2016 (11): 22-27.

[37] 陈虹, 杨成玉. "一带一路"国家战略的国际经济效应研究——

基于 CGE 模型的分析 [J]. 国际贸易问题, 2015 (10): 4-13.

[38] 陈丽芬, 周小付, 王水平. 中国上海自由贸易试验区货物贸易转型升级战略研究 [J]. 经济学动态, 2013 (11): 68-75.

[39] 陈利, 朱喜钢, 杨阳等. 基于空间计量的云南省县域经济空间格局演变 [J]. 经济地理, 2017, 37 (1): 40-49.

[40] 陈淑梅. "一带一路" 引领国际自贸区发展之战略思考 [J]. 国际贸易, 2015 (12): 48-51.

[41] 陈武. 发展好海洋合作伙伴关系——深入学习贯彻习近平同志关于共建 21 世纪 "海上丝绸之路" 的战略构想 [N]. 人民日报, 2014-01-15 (7).

[42] 陈希勇, 胡晓兰. 绿色发展视角下四川县域特色资源开发利用初探 [J]. 西部经济管理论坛, 2018 (2).

[43] 陈耀. 我国区域规划特点、问题及区域发展新格局 [J]. 创新, 2010, 4 (3): 5-7.

[44] 储殷, 高远. 中国 "一带一路" 战略定位的三个问题 [J]. 国际经济评论, 2015 (2): 6, 90-99.

[45] 崔陈冬. 成都国际铁路港: 四川自贸区的大手笔 [J]. 现代国企研究, 2017 (9): 76-80.

[46] 崔华伟. 制度安排对外贸出口的影响机制及对我国的启示 [J]. 呼伦贝尔学院学报, 2012, 20 (2): 28-32.

[47] 董红, 林慧慧. "一带一路" 战略下我国对外贸易格局变化及贸易摩擦防范 [J]. 中国流通经济, 2015, 29 (5): 119-124.

[48] 董思雁. "一带一路" 背景下我国制造业企业优化出口贸易的策略探析 [J]. 对外经贸实务, 2017 (10): 34-37.

[49] 杜尚儒. 四川自贸区: 打造内陆开放型经济高地 [J]. 新西部, 2017 (8): 32-35.

[50] 樊杰, 刘汉初. "十三五" 时期科技创新驱动对我国区域发展格局变化的影响与适应 [J]. 经济地理, 2016, 36 (1): 1-9.

[51] 方虹, 杜萌. 国际贸易新格局中上海自贸区发展的思考 [J]. 北京财贸职业学院学报, 2013, 29 (6): 34-38.

[52] 冯臣. 新加坡自贸区启示录 [J]. 现代国企研究, 2017 (9): 81-83.

[53] 冯麟清. 四川自贸区建设的优势与挑战 [J]. 时代金融, 2017 (30): 37-41.

［54］冯兴华等．长江经济带县域经济空间格局演变分析［J］．经济地理，2016，36（6）：18-25．

［55］高丁涵．四川自贸区对成都建设区域金融中心影响分析［J］．时代金融，2017（27）：71-72．

［56］高虎城．深化经贸合作共创新的辉煌——"一带一路"战略构建经贸合作新格局［J］．国际商务财会，2014（6）：5-7．

［57］龚星宇，罗茜．四川自贸区发展思路研究——基于产业链金融创新［J］．经贸实践，2018（3）：61．

［58］辜胜阻，李华，易善策．推动县域经济发展的几点新思路［J］．经济纵横，2010（2）：34-38．

［59］郭爱君，毛锦凰．丝绸之路经济带：优势产业空间差异与产业空间布局战略研究［J］．兰州大学学报（社会科学版），2014（1）：40-49．

［60］郭志刚，贾善和．产业集群助推四川县域经济发展［J］．特区经济，2006（4）：140-142．

［61］国家发展改革委，外交部，商务部．推动共建丝绸之路经济带和21世纪海上丝绸之路的愿景与行动［J］．城市规划通讯，2015（7）：1-2．

［62］何茂春，张冀兵，张雅芃，田斌．"一带一路"战略面临的障碍与对策［J］．新疆师范大学学报（哲学社会科学版），2015（3）：2，36-45．

［63］何其春，孙萌．对外贸易、金融改革和经济增长：来自中国的证据［J］．经济学（季刊），2012，11（3）：833-852．

［64］何茹．四川自贸区贸易便利化路径初探［J］．对外经贸，2017（5）：38-39．

［65］胡建绩，张锦．基于产业发展的主导产业选择研究［J］．产业经济研究，2009（4）：38-43．

［66］胡键．"一带一路"战略构想与欧亚大陆秩序的重塑［J］．当代世界与社会主义，2015（4）：13-19．

［67］姜安印．"一带一路"建设中中国发展经验的互鉴性——以基础设施建设为例［J］．中国流通经济，2015（12）：84-90．

［68］姜玉梅，姜亚鹏，邓富华．四川自贸试验区建设难点及战略思考［J］．国际贸易，2017（6）：38-41，51．

［69］金玲滟．对创立四川省自贸区的"冷"思考［J］．中国管理信息化，2016，19（24）：135．

［70］金涌．低碳经济：理念·实践·创新［C］．全国循环经济与生态

工业学术研讨会，2008.

[71] 金泽虎，李青青．上海自贸区经验对促进长江经济带贸易便利化的启示 [J]．国际贸易，2016（4）．

[72] 赖庆晟．我国从保税区到自由贸易试验区的渐进式扩大贸易开放路径研究 [D]．华东师范大学博士学位论文，2016.

[73] 李丹．"一带一路"：构建人类命运共同体的实践探索 [J]．南开学报（哲学社会科学版），2019（1）：136-145.

[74] 李丹．工行四川分行：践行大行担当，引领自贸金融 [J]．中国金融家，2017（6）：115-116.

[75] 李娟，唐鄰，姚星．四川自贸试验区制度创新差异化路径研究 [J]．国际贸易，2018（10）：58-62.

[76] 李静．"一带一路"系列报道全域开放四川还需要做什么 [J]．四川党的建设（城市版），2015（7）：40-41.

[77] 李猛．中国自贸区服务与"一带一路"的内在关系及战略对接 [J]．经济学家，2017（5）：50-57.

[78] 李明山，张青松，朱陈逸．四川省出口贸易下降的原因及对策浅析 [J]．四川劳动保障，2016（S2）：105-112.

[79] 李庭辉．自贸区对上海国际贸易中心建设的影响研究 [J]．新金融，2015（2）：28-32.

[80] 李晓，李俊久．"一带一路"与中国地缘政治经济战略的重构 [J]．世界经济与政治，2015（10）：30-59，156-157.

[81] 李洋，臧秀玲．美国—以色列自由贸易区的深层政治动因探析 [J]．中共济南市委党校学报，2012（5）：115-120.

[82] 李育东．"一带一路"战略下的中国内陆自贸区发展定位分析 [J]．现代商业，2017（1）：118-119.

[83] 林毅夫．一带一路与自贸区：中国新的对外开放倡议与举措 [J]．北京大学学报（哲学社会科学版），2017，54（1）：11-13.

[84] 凌耀初．中国县域经济发展分析 [J]．上海经济研究，2003（12）：3-11.

[85] 刘海燕．海关特殊监管区域对上海国际贸易中心建设的贡献和制约 [J]．理论界，2013（8）：92-95.

[86] 刘建昌．自由贸易区：中国对外贸易发展的稳定器 [J]．对外经贸实务，2011（7）：4-9.

[87] 刘金花. 浅议四川自贸区仲裁制度创新与发展研究 [J]. 经贸实践, 2017 (12): 176.

[88] 刘毅. 对外贸易与经济增长关系文献综述 [J]. 价格月刊, 2010 (12): 34-37.

[89] 刘志澄. 统筹城乡发展 壮大县域经济 [J]. 农业经济问题, 2004 (2): 4-6.

[90] 卢光盛, 邓涵. 经济走廊的理论溯源及其对孟中印缅经济走廊建设的启示 [J]. 南亚研究, 2015 (2): 1-14.

[91] 卢丽文, 宋德勇, 李小帆. 长江经济带城市发展绿色效率研究 [J]. 中国人口·资源与环境, 2016, 26 (6): 35-42.

[92] 陆大道. 中国区域发展的新因素与新格局 [J]. 地理研究, 2003, 22 (3): 261-271.

[93] 罗向明. 成都扩大蓉欧快铁"朋友圈" [N]. 四川日报, 2018-01-26 (9).

[94] 毛蒋兴, 古艳, 朱慧方, 刘金宇. 临空型产业园区的产业选择与空间布局——以南宁市明阳工业区为例 [J]. 规划师, 2014 (10): 19-24.

[95] 毛敏, 程硒. 成都自贸区的发展现状及对策分析 [J]. 现代经济信息, 2017 (24): 102.

[96] 梅新育. "长江经济带+自贸区"图景 [J]. 重庆与世界, 2016 (12): 12-14.

[97] 孟良. "蓉欧+"助推成都加速融入亚欧经济新版图 [J]. 大陆桥视野, 2016 (10): 63-65.

[98] 庞红英, 王仙青, 邓先华, 余娜, 何川. 自贸区背景下成都国际铁路港促进区域发展的研究 [J]. 中共成都市委党校学报, 2017 (5): 89-92.

[99] 裴长洪. 全球治理视野的新一轮开放尺度: 自上海自贸区观察 [J]. 改革, 2013 (12): 30-40.

[100] 彭红碧. 四川对外贸易竞争力的基本特征及培育 [J]. 成都师范学院学报, 2017, 33 (2): 112-116.

[101] 彭红碧. 新常态下四川外贸的发展路径 [J]. 开放导报, 2016 (6): 106-109.

[102] 彭茂, 欧俊兰. "一带一路"背景下四川省多式联运体系构建 [J]. 商业经济研究, 2016 (3): 210-211.

[103] 彭清华. 关于《中共四川省委关于深入学习贯彻习近平总书记对

四川工作系列重要指示精神的决定》和《中共四川省委关于全面推动高质量发展的决定》的说明 [J]. 四川党的建设（城市版），2018（13）：32-41.

[104] 漆先望，吴学刚. 四川县域经济发展的现状及主要制约因素分析 [J]. 四川省情，2003（4）23-24.

[105] 乔乔，袁波，张雪妍. 中日自贸区战略特点、比较与合作思路 [J]. 国际经济合作，2018（8）：36-39.

[106] 秦书生，王旭，付琀宁. 我国推进绿色发展的困境与对策——基于生态文明建设融入经济建设的探究 [J]. 生态经济（中文版），2015，31（7）：168-171.

[107] 山风. 四川自贸区川南临港片区：努力建设内陆开放型经济新高地 [N]. 四川日报，2017-05-25.

[108] 申现杰，肖金成. 国际区域经济合作新形势与我国"一带一路"合作战略 [J]. 宏观经济研究，2014（11）：30-38.

[109] 沈孟康. 因子分析法对区域战略性新兴产业选择的实证研究 [J]. 企业经济，2012（9）：106-109.

[110] 沈铭辉. "一带一路"、贸易成本与新型国际发展合作——构建区域经济发展条件的视角 [J]. 外交评论（外交学院学报），2019，36（2）：1-28.

[111] 沈铭辉，张中元. "一带一路"融资机制的实践探索与创新 [J]. 新视野，2018（5）：27-34.

[112] 四川天府新区成都管理委员会地方税务局课题组，张小强，邬启春，汤兰. 税收促进自贸区创新经济发展研究——以四川自贸区天府新区片区为视角 [J]. 国际税收，2017（7）：74-78.

[113] 唐德淼. 自贸区溢出效应背景下的现代流通产业发展战略 [J]. 中国流通经济，2014（3）：29-33.

[114] 万惠萍. 紧抓长江经济带发展机遇，迈步踏上新征程——四川自贸区川南临港片区 [J]. 中国中小企业，2017（7）：42-45.

[115] 王得新. 自由贸易试验区创新发展的路径研究 [J]. 区域经济评论，2018（6）：71-77.

[116] 王德蓉. 十八大以来我国加快实施自由贸易区战略的背景与思路 [J]. 党的文献，2016（1）：25-30.

[117] 王冠凤. 贸易便利化机制下的上海自由贸易试验区跨境电子商务研究——基于平台经济视角 [J]. 经济体制改革，2014（3）：38-42.

［118］王冠凤．上海自贸区新型贸易业态发展及服务功能的拓展——基于平台经济视角［J］．现代经济探讨，2015（2）：68-72.

［119］王国刚．"一带一路"：基于中华传统文化的国际经济理念创新［J］．国际金融研究，2015（7）：3-10.

［120］王桂军，卢潇潇．"一带一路"倡议与中国企业升级［J］．中国工业经济，2019（3）：43-61.

［121］王辉．立足打造命运共同体 扎实推进"一带一路"合作［N］．中国经济时报，2014-12-05（001）.

［122］王广谦．"一带一路"助推全球经济增长［J］．中国金融，2019（8）：17-18.

［123］王洪．我国自由贸易试验区发展比较分析及提升对策［J］．天津师范大学学报（社会科学版），2017（3）：67-74.

［124］王鹏玉．浅析自由贸易区的建立对我国对外贸易的影响——以上海自由贸易区为例［J］．时代金融，2015（8）：51-56.

［125］王文，刘英．"一带一路"完善国际治理体系［J］．东北亚论坛，2015（6）：57-66，125-126.

［126］王钺．综合保税区推动贵州省对外贸易增长的效果预测［J］．品牌，2015（10）：123-124.

［127］王晓辉．国外自由贸易发展经验及对我国的启示［J］．价格月刊，2017（2）：86-89.

［128］王煜洲．"一带一路"倡议下四川省与中东欧国家物流合作对策研究［J］．铁道运输与经济，2018（8）：28-32.

［129］王英资．略论"一带一路"下的区域经济合作［J］．商业经济研究，2018（18）：141-143.

［130］谢开华．"251"：四川"一带一路"行动计划［J］．四川党的建设（城市版），2015（9）：38-39.

［131］谢来荣，陈爽，郑有旭，黄亚平．内陆自贸区总体规划编制的思路及方法［J］．规划师，2019，35（3）：51-57.

［132］谢孟军．文化能否引致出口："一带一路"的经验数据［J］．国际贸易问题，2016（1）：3-13.

［133］徐林．以制度创新为核心 加快推进自贸区建设［N］．南方日报，2015-03-28（1）.

［134］徐胜，He Jing．爱尔兰香农：世界第一个自由贸易区［J］．重庆

与世界，2017（23）：54-59.

[135] 许毅. 上海自贸区创新经验在四川的推广应用研究 [J]. 中共四川省委党校学报，2017（4）：47-51.

[136] 薛力. 中国"一带一路"战略面对的外交风险 [J]. 国际经济评论，2015（2）：5，68-79.

[137] 薛伟贤，顾菁. 西部高新区产业选择研究——基于一带一路建设背景 [J]. 中国软科学，2016（9）：73-87.

[138] 阎星，姚毅. 融入国家战略和全球经济，打造具有"一带一路"特色的内陆自贸区 [J]. 先锋，2016（11）：27-29.

[139] 杨保军，陈怡星，吕晓蓓，朱郁郁. "一带一路"战略的空间响应 [J]. 城市规划学刊，2015（2）：6-23.

[140] 杨成万. 四川自贸区建设提速：公司有机可寻 [N]. 金融投资报，2017-04-05（1）.

[141] 杨春媛. 四川自贸区建设背景下高职培养综合型外贸人才的路径研究 [J]. 职业教育研究，2017（12）：19-24.

[142] 杨春媛，梅德平. 供给侧改革背景下四川自贸区建设路径分析 [J]. 商业经济研究，2018（19）：146-149.

[143] 杨依婷. 中国与"一带一路"国家贸易潜力和贸易效率的实证分析 [J]. 价格月刊，2019（5）：47-54.

[144] 杨志勇. 自贸区、逆全球化与未来中国对外发展思路 [J]. 国际税收，2017（10）：16-19.

[145] 衣保中，张洁妍. 东北亚地区"一带一路"合作共生系统研究 [J]. 东北亚论坛，2015（3）：65-74，127-128.

[146] 尹政平，李光辉，杜国臣. 自贸试验区主动对接国际经贸新规则研究 [J]. 经济纵横，2017（11）：39-44.

[147] 袁新涛. "一带一路"建设的国家战略分析理论 [J]. 理论月刊，2014（11）：5-9.

[148] 曾婧. "一带一路"战略下的中国自贸区机遇 [J]. 特区经济，2015（8）：13-16.

[149] 曾静. "一带一路"形势下我国对外贸易面临的障碍与对策 [J]. 中国商论，2016（10）：123-125.

[150] 曾静. 自贸区建设对我国国际贸易的影响研究 [J]. 现代商业，2015（34）：64-65.

［151］曾培英．"一带一路"：全球共同需要人类共同梦想［J］．求是，2015（10）：14-16.

［152］曾文革，党庶枫．"一带一路"战略下的国际经济规则创新［J］．国际商务研究，2016（3）：25-36.

［153］曾小明，刘友金，尹延钊．中国向"一带一路"国家产业转移的规模测算及影响机制研究［J］．湖南科技大学学报（社会科学版），2019（2）：68-75.

［154］张国军．中国与"一带一路"沿线经济体自贸区建设现状及推进策略［J］．商业经济研究，2017（10）：140-143.

［155］张国军，庄芮，刘金兰．"一带一路"背景下中国推进自贸区战略的机遇及策略［J］．国际经济合作，2016（10）：25-30.

［156］张国庆，杨驰．"一带一路"及自由贸易区协调发展研究——基于主题基金的视角［J］．企业经济，2018，37（9）：35-41.

［157］张建平，韩旭．把握"成都优势"，全面建设四川自贸区［J］．先锋，2016（12）：22-24.

［158］张洁．中国周边安全形势评估："一带一路"与周边战略［M］．北京：社会科学文献出版社，2015.

［159］张军．我国西南地区在"一带一路"开放战略中的优势及定位［J］．经济纵横，2014（11）：93-96.

［160］张磊，辜寄蓉，刘帅君等．成渝城市群（四川）经济发展水平评价与分析［J］．地理信息世界，2017（6）：20-22，28.

［161］张素伦，孙刚．自贸区集体协商机制面临的问题与完善思路［J］．理论观察，2018（8）：72-74.

［162］张微微．"一带一路"四川如何做"加法"［J］．四川党的建设（城市版），2015（5）：42-43.

［163］张远鹏，张莉．陆海统筹推进"一带一路"建设探索［J］．太平洋学报，2019（2）：63-70.

［164］张钰静．浅析"一带一路"战略中四川的机遇与挑战［J］．经营管理者，2015（20）：137.

［165］张云．第三批自贸区金融改革创新的 SWOT 分析——以四川自贸区双流片区为例［J］．时代金融，2018（3）：58-60.

［166］郑长德．开放带动"一带一路"建设与西部地区的经济发展［J］．南开学报（哲学社会科学版），2017（3）：40-49.

［167］郑蕾，宋周莺，刘卫东，刘毅．中国西部地区贸易格局与贸易结构分析［J］．地理研究，2015，34（10）：1933-1942.

［168］郑鲁英．新时代中国自贸区知识产权战略：内涵、发展思路及应对［J］．企业经济，2018，37（7）：129-136.

［169］郑志来．"一带一路"地方战略实施中的问题与融合发展对策［J］．理论探索，2016（3）：87-92.

［170］郑志来．"一带一路"战略与区域经济融合发展路径研究［J］．现代经济探讨，2015（7）：25-28，42.

［171］中共成都市青白江区委党校课题组，刘文道，张桃荣．自贸区背景下成都市青白江区临港经济发展研究［J］．成都行政学院学报，2018（6）：93-96.

后 记

丝绸之路是陆海相连的商路，也是华夏文明绵延万里的传播之路。在新的历史条件下，"一带一路"倡议更是被赋予全新的时代内涵，正如习近平总书记强调："要继承和发扬丝绸之路精神，把我国发展同沿线国家发展结合起来，把中国梦同沿线各国人民的梦想结合起来"，秉持共商、共建、共享原则，共谋发展的阳光大道。

在长江经济带与新时代西部大开发的发展过程中，四川具有重要的战略意义及战略地位。近年来，四川省外向型经济得到较快发展，对我国内陆地区发展国际贸易起着至关重要的带头作用。特别是成都，不仅是四川发展的"领头羊"，甚至对于整个西部地区来说，其经济发展模式都有着很好的借鉴意义。尤其是四川自贸区的建设，更是将四川与"一带一路"越来越紧密地联系在一起，体现了西部发展"一带一路"过程中四川的重要地位。研究四川自贸区在落实"一带一路"倡议中具备哪些优势、存在什么样的问题及如何更好地落实"一带一路"倡议，对于四川自贸区深度参与"一带一路"建设，全方位提高国际竞争能力，加快产业升级、产品创新和市场现代化等有着重要的现实意义。

本书历时较长，从 2017 年联系对接开始动笔，到 2018 年写成初稿，又几经修改，2019 年 9 月提交定稿。在此过程中，得到了出版社张永美、赵亚荣老师的大力支持与帮助。同时，本书也得到了四川省社科重点研究基地沱江流域高质量发展研究中心重大专项招标课题（TYZX2020-01）、中国攀西康养产业研究中心重点项目（PXKY-ZD-202005）、西部交通战略与区域发展研究中心一般项目（XJQ18003）、资源型城市发展研究中心重点项目（ZYZX-ZD-1703）、四川县城经济发展研究中心项目（xy2018027、xy2020074）、成渝地区双城经济圈科技创新与新经济研究中心项目、成都市软科学研究项目（2019-RK00-00181-ZF）、成都理工大学哲学社科研究基金项目（YJ2019-ZH002、YJ2019-JX004、YJ2017-JD003、2019-883）等的支持，特致谢忱。

　　本书是成都理工大学区域创新与绿色发展研究中心、四川高校哲学社会科学重点研究基地成渝地区双城经济圈科技创新与新经济研究中心团队合作的结晶，编写组成员包括黄寰、刘丹丹、吴灿霞、陈智莲、伍卓敏、肖义、周慧灵、王洪锦、李源、张义、甘晶云、杜艳君、彭丽娟、周兴芳、千昀卉、袁芳、杨琴、张晓亚、胡云涛、李敏、牛长健、吴孟霜、杨康、杜燕君、邓会龙、付丹妮、闫明瑶、周桂秋、陈静、蒋孟璇、杨苏一、秦思露、白良玉、袁广、唐珊、吴波、尹涛涛、雷卓亮、潘启宏、张静莹、龙海军、王凡、况嘉欣、贺林、余丽、徐霞、欧阳逸、田可、柴继兴、王瑞、周航、张怡、黄鸿涛、郭云飞、田立洲、刘伟、彭亮、宋双双、徐豪、徐沁雯、徐倪帆、李楚祎、向泓颖、李籽萱、朱艳霞、潘正、叶文静、唐欢欢、王天翔、左悦琦、韩冬雪、王晓婷、王宇潇、邓雨艾、丽特苏杨、杨亮等。具体地，黄寰、刘丹丹负责总体设计与各章节的部分写作；陈智莲、甘晶云、杨康等撰写了第 1 章；周兴芳、彭丽娟、甘晶云、杜燕君、千昀卉等撰写了第 2 章；吴灿霞、伍卓敏、李敏、牛长健等撰写了第 3 章；袁芳、甘晶云、杨琴、千昀卉、张晓娅、吴灿霞等撰写了第 4 章；伍卓敏、李敏、袁芳、杨晓、吴孟霜等撰写了第 5 章；肖义、周慧灵、李源、张义等撰写了第 6 章；杨琴、吴孟霜、杜燕君、伍卓敏、吴灿霞、陈智莲、付丹妮等撰写了第 7 章；黄寰、吴灿霞、陈智莲、伍卓敏进行了最后的校正工作。

　　由于编者才疏学浅，书中难免有不足之处，敬请包涵并提出宝贵意见。

黄寰

2019 年 9 月